编辑委员会名单

主　任：张伟斌　迟全华
副主任：葛立成　毛　跃　潘捷军　陈柳裕　王金玲
成　员：（按姓氏笔画排序）
　　　　万　斌　毛亚敏　卢敦基　华忠林　杨建华
　　　　吴　蓓　谷迎春　宋月华　陈　野　陈永革
　　　　陈华兴　林华东　徐吉军　徐剑锋　董郁奎
　　　　解力平　戴　亮

中国地方社会科学院学术精品文库·浙江系列

中国地方社会科学院学术精品文库·浙江系列

商业秘密的法理与技术

The Legal Theory and Technology
of Trade Secrets

● 王 坤/著

社会科学文献出版社
SOCIAL SCIENCES ACADEMIC PRESS (CHINA)

本书由浙江省省级社会科学学术著作
出版资金资助出版

本书为浙江省社会科学院年度重点课题成果，
课题编号是 2021CZD02

打造精品　勇攀"一流"

《中国地方社会科学院学术精品文库·浙江系列》序

光阴荏苒，浙江省社会科学院与社会科学文献出版社合力打造的《中国地方社会科学院学术精品文库·浙江系列》（以下简称《浙江系列》）已经迈上了新的台阶，可谓洋洋大观。从全省范围看，单一科研机构资助本单位科研人员出版学术专著，持续时间之长、出版体量之大，都是首屈一指的。这既凝聚了我院科研人员的心血智慧，也闪烁着社会科学文献出版社同志们的汗水结晶。回首十年，《浙江系列》为我院形成立足浙江、研究浙江的学科建设特色打造了高端的传播平台，为我院走出一条贴近实际、贴近决策的智库建设之路奠定了坚实的学术基础，成为我院多出成果、快出成果的主要载体。

立足浙江、研究浙江是最大的亮点

浙江是文献之邦，名家辈出，大师林立，是中国历史文化版图上的巍巍重镇；浙江又是改革开放的排头兵，很多关系全局的新经验、新问题、新办法都源自浙江。从一定程度上说，在不少文化领域，浙江的高度就代表了全国的高度；在不少问题对策上，浙江的经验最终都升华为全国的经验。因此，立足浙江、研究浙江成为我院智库建设和学科建设的一大亮点。《浙江系列》自策划启动之日起，就把为省委、省政府决策服务和研究浙江历史文化作为重中之重。十年来，《浙江系列》涉猎领域包括经济、哲学、社会、文学、历史、法律、政治七大一级学科，覆盖范围不可谓不广；研究对象上至史前时代，下至21世纪，跨度不可谓不大。但立足浙江、研究浙江的主线一以贯之，毫不动摇，为繁荣浙江省哲学社会科学事业积累了丰富的学术储备。

贴近实际、贴近决策是最大的特色

学科建设与智库建设双轮驱动，是地方社会科学院的必由之路，打造区域性的思想库与智囊团，是地方社会科学院理性的自我定位。《浙江系列》诞生十年来，推出了一大批关注浙江现实，积极为省委、省政府决策提供参考的力作，主题涉及民营企业发展、市场经济体系与法制建设、土地征收、党内监督、社会分层、流动人口、妇女儿童保护等重点、热点、难点问题。这些研究坚持求真务实的态度、全面历史的视角、扎实可靠的论证，既有细致入微、客观真实的经验观察，也有基于顶层设计和学科理论框架的理性反思，从而为"短、平、快"的智库报告和决策咨询提供了坚实的理论基础和可靠的科学论证，为建设物质富裕、精神富有的现代化浙江贡献了自己的绵薄之力。

多出成果、出好成果是最大的收获

众所周知，著书立说是学者成熟的标志；出版专著，是学者研究成果的阶段性总结，更是学术研究成果传播、转化的最基本形式。进入20世纪90年代以来，我国出现了学术专著出版极端困难的情况，尤其是基础理论著作出版难、青年科研人员出版难的矛盾特别突出。为了缓解这一矛盾和压力，在中共浙江省委宣传部、浙江省财政厅的关心支持下，我院于2001年设立了浙江省省级社会科学院优秀学术专著出版专项资金，从2004年开始，《浙江系列》成为使用这一出版资助的主渠道。同时，社会科学文献出版社高度重视、精诚协作，为我院科研人员学术专著出版提供了畅通的渠道、严谨专业的编辑力量、权威高效的书稿评审程序，从而加速了科研成果的出版速度。十年来，我院一半左右科研人员都出版了专著，很多青年科研人员入院两三年就拿出了专著，一批专著获得了省政府奖。可以说，《浙江系列》已经成为浙江省社会科学院多出成果、快出成果的重要载体。

打造精品、勇攀"一流"是最大的愿景

2012年，省委、省政府为我院确立了建设"一流省级社科院"的总体战略目标。今后，我们将坚持"贴近实际、贴近决策、贴近学术前沿"的科研理念，继续坚持智库建设与学科建设"双轮驱动"，加快实施"科研立院、人才兴院、创新强院、开放办院"的发展战略，努力在2020年年底总体上进入国内一流省级社会科学院的行列。

根据新形势、新任务，《浙江系列》要在牢牢把握高标准的学术品质不放松的前提下，进一步优化评审程序，突出学术水准第一的评价标准；进一步把好编校质量关，提高出版印刷质量；进一步改革配套激励措施，鼓励科研人员将最好的代表作放在《浙江系列》出版。希望通过上述努力，能够涌现一批在全国学术界有较大影响力的学术精品力作，把《浙江系列》打造成荟萃精品力作的传世丛书。

是为序。

张伟斌

2013年10月

目　录

导　论 ……………………………………………………………… 1
　第一节　西方商业秘密保护的历程 ………………………………… 1
　第二节　中国商业秘密保护历程 …………………………………… 9
　第三节　商业秘密保护的理论依据 ………………………………… 19
　第四节　本书的研究方法、核心观点和基本结构………………… 28

第一章　商业秘密构成论 …………………………………………… 37
　第一节　商业秘密基本概念………………………………………… 37
　第二节　商业秘密的符号、载体、密点…………………………… 43
　第三节　非公知性…………………………………………………… 54
　第四节　价值性……………………………………………………… 63
　第五节　保密性……………………………………………………… 78

第二章　商业秘密客体论 …………………………………………… 86
　第一节　商业秘密的分类…………………………………………… 86

第二节　商业秘密与保密义务 …… 96
第三节　商业秘密与竞业禁止 …… 101
第四节　商业秘密与反向工程 …… 105
第五节　商业秘密的保密期限 …… 108
第六节　商业秘密与国家秘密 …… 111
第七节　商业秘密与剩留知识 …… 116
第八节　商业秘密与个人信息 …… 119

第三章　商业秘密权利论 …… 123
第一节　商业秘密权的对象 …… 123
第二节　商业秘密权的性质、特征及其与知识产权的关系 …… 129
第三节　商业秘密权的取得、内容及其限制 …… 135
第四节　商业秘密权的权属状态 …… 142
第五节　商业秘密权转让 …… 146
第六节　商业秘密许可使用与质押 …… 150
第七节　商业秘密权善意取得 …… 156
第八节　商业秘密的交付 …… 162
第九节　商业秘密占有与丧失 …… 164

第四章　商业秘密体系论 …… 168
第一节　企业商业秘密体系存在的问题 …… 168
第二节　企业商业秘密4.0体系的基本构想 …… 172
第三节　企业商业秘密战略体系 …… 176
第四节　企业商业秘密管理体系 …… 183
第五节　企业商业秘密利用体系 …… 193

第六节　企业商业秘密保护体系 …………………………………… 196

第五章　商业秘密保护论 ………………………………………………… 199
　第一节　商业秘密国际立法保护现状 ……………………………… 199
　第二节　我国商业秘密法律体系状况 ……………………………… 202
　第三节　商业秘密与专利两种保护模式之比较 …………………… 204
　第四节　商业秘密的民法保护模式 ………………………………… 206
　第五节　商业秘密的行政保护模式 ………………………………… 212
　第六节　商业秘密的刑法保护模式 ………………………………… 215

第六章　商业秘密侵权论 ………………………………………………… 223
　第一节　具体侵权行为 ……………………………………………… 223
　第二节　主体资格 …………………………………………………… 235
　第三节　归责原则 …………………………………………………… 239
　第四节　原告举证范围 ……………………………………………… 242
　第五节　司法鉴定 …………………………………………………… 248
　第六节　诉前禁令 …………………………………………………… 254
　第七节　被告抗辩理由 ……………………………………………… 258
　第八节　民事责任方式 ……………………………………………… 261
　第九节　确认不侵权诉讼 …………………………………………… 276

主要参考文献 ……………………………………………………………… 288

后　记 ……………………………………………………………………… 296

导 论

第一节 西方商业秘密保护的历程

一 古罗马时期的商业秘密保护

世界上只要有利益冲突,"保密"就是一个永恒的话题。古巴伦王国颁布的《汉谟拉比法典》规定:"窥探他人秘密者,抓住后挖去一只眼睛。"商业秘密作为秘密的一种,产生于商品经济发展过程中,是市场竞争的产物。世界上只要有商品经济存在,有市场竞争,就会产生各种形式的商业秘密。

从历史记载来看,人类对商业秘密的认知,至少可以追溯到2000多年前的古罗马帝国时代。古罗马大土地所有者通常把农庄交给管家去经营,自己住在大城市中。当时的罗马农学家认为,农业是一门内容非常丰富、包罗万象的科学,要掌握它,不仅需要聪明才智,而且要非常勤勉刻苦。有的奴隶主甚至要交学费请人讲授农业知识,有很多奴隶主同时又是农学家。奴隶主常用算账的方法进行经营预测,以选择经济效益最高的经营方案。比如，在奢侈成性的大奴隶主的宴会上，孔雀是珍馐美馔，价钱昂贵。因此，养孔雀可以赚大钱。另外，奴隶主精于经营管理，所以罗马的农业一度非常发达。有的地方的农作物产量高达种子的 100 倍。[①] 由此，古罗马农庄中沉淀着大量的技术秘密和经营秘密，掌握在普通奴隶以及奴隶身份的农庄管理人员手中。奴隶主和奴隶之间的关系非常紧张，奴隶经常通过怠工、毁坏财产、暗杀、参与暴动等各种办法进行反抗，使得奴隶主提心吊胆。当时流行着一句话："有多少奴隶，就有多少仇敌。"奴隶被诱使出卖商业秘密成为一个普遍问题。

在罗马法中，由于奴隶缺乏独立的法律人格，对奴隶的诉讼变得毫无意义。罗马私法规定，第三人（通常是竞争者）如果恶意引诱或强迫对方奴隶泄露商务方面的秘密，奴隶所有人可以提起"奴隶诱惑之诉"，请求双倍赔偿，赔偿范围甚至包括丧失一个原本诚实奴隶的损失。但更多的商业秘密徘徊在法律保护的大门之外，处于自然状态。对商业秘密的保护更多的是依靠商业道德来完成，仅仅是当事人所持有的一种法外利益。[②] 总之，古罗马法中虽然存在"商业秘密"这一概念，但当时的罗马法并没有针对商业秘密本身提供法律保护。[③]

二 西方近代的商业秘密保护

在中世纪，早期的商人拥有客户名单、产品配方、工艺方法以及重要的经营记录和财务记录等。由于商业秘密能够带来竞争优势，商人们通常会积极采取一些措施对其进行保护。至少在中世纪和文艺复

---

① 参见孙明良《古代罗马奴隶制农庄的经营管理》，《山东大学学报》（哲学社会科学版）1996 年第 1 期。
② 参见吴汉东等《知识产权基本问题研究》，中国人民大学出版社，2009，第 589 页。
③ 参见宋建宝《美国商业秘密的法律保护》，法律出版社，2019，第 2 页。

兴时期，未经许可，禁止擅自使用行会（guild）及其他企业的商业计划和方法，这方面的商业规则就已经存在了。但是令人奇怪的是，有关早期商业秘密法律保护的情况却未见历史记载。可以说，直到中世纪，商业秘密的保护仍未能通过法律制度来实现。[①]

到了近代，随着工业革命的爆发，企业成为市场竞争的主体，市场竞争越来越激烈。而企业之间的竞争很大程度上是一种技术水平的竞争。在整个18世纪，盗取技术机密的现象非常普遍。英国作为工业革命的萌发地，也成为商业秘密泄露的重灾区。商业秘密第一次作为法律术语的时间是英国《垄断法令》面世的1623年。英国法律运用刑事制裁手段防止技术外泄到其他国家，尤其是禁止诱使英国有技术的工匠到国外工作，对违反者处以刑罚，包括拘禁和罚款等。

德国军火大王阿尔弗雷德·克虏伯（Alfred Krupp）就曾化名施鲁普（Schroop）到英国首都伦敦。在伦敦，这个德国绅士受到英国工商业界人士的热情欢迎，他经常参加伦敦商界巨头的聚会，风度翩翩地向客人介绍自己"对钢铁产品感兴趣"。英国商界对他没有半点戒备，反而详尽地介绍英国最新的钢铁生产流程，以至于这个德国绅士在品着威士忌，抽着雪茄聊天的时候，轻而易举地获得了一流的钢铁生产技术，最后在德国生产出类似的产品。阿尔弗雷德·克虏伯仅仅是去英国刺探技术情报的人中的一个人。19世纪上半叶，很多德国企业都派员工去英伦半岛进行"学习旅行"，实际上就是去窃取技术秘密。当然，并非所有工业间谍都能像克虏伯那样幸运。一个叫荷西的德国人逼着一家英国炼钢厂主管说出厂里最先进的工艺流程，英国人派人

---

① 参见宋建宝《美国商业秘密的法律保护》，法律出版社，2019，第2页。

去报警，警察到来后，荷西已经逃得无影无踪。①

美国建国初期，技术落后，一些美国企业家把目光投向欧洲，力图盗窃技术，节省发明的成本和时间，英国成为他们重要的窃取对象。在18世纪晚期到19世纪早期，美国的工业间谍不但在英国刺探有关新机器的情报，还同时挖走有技术实力的工人。美国人把英国纺织机伪装成普通商品运往美国，同时积极招募能够组建和操作纺织机的熟练工人。

在早期商业秘密诉讼案例方面，在1817年 *Newbery v. James* 案②中，被告擅自使用原告治疗痛风的配方进行生产，法院判令被告向原告支付赔偿金，但未禁止被告停止侵权行为，可以继续生产。主要原因是：法律规定一切案件均须公开审理，原告害怕在审理过程中泄露更多商业秘密，因而不肯举出全部证据。因此，法庭无法确定案涉配方的具体范围，因而无法禁止被告继续生产。

在1820年 *Yovatt v. Winyard* 案③中，被告是原告的雇员，被告偷抄原告配方，想日后自己生产。法院以被告违约为由判决被告败诉，既需要赔偿损失，也不得使用该配方，还不得泄露秘密。在该案中，针对商业秘密的特点，英国法院开始采用秘密审理程序。该案触及了商业秘密侵权和违约的竞合处理问题。

在1851年 *Morison v. Moat* 案④中，原告 Morison 发明眼药水，与被告 Moat 达成生产和销售的合伙合同，约定不以任何形式向任何人泄露秘密。后来被告向其子泄露秘密，后者用该配方进行生产。法庭判决

---

① 《【观察】德国制造的童话：从"厚颜无耻"到卓越》，豆瓣网，2014年12月26日，https：//www.douban.com/note/474199791/？_i=1723270p19nM_R，最后访问日期：2023年3月3日。
② 35 Eng. Rep. 1011（Ch. 1817）.
③ 1 Jac. & W. 394, 37 Eng. Rep. 425（1820）.
④ 68 Eng. Rep. 492（Ch. 1851）.

其子永远不得用该配方制作任何药品,理由是父亲行为违反诺言,导致儿子"偷偷摸摸"取得配方,因而儿子不能等同于对保密约定一无所知的、普通的、付出价金的间接购买者。该案的意义在于:对第三人取得商业秘密的方式进行区分,开始有对商业秘密交易安全、善意取得等方面的考量。在特定情况下,可能会考虑第三人的合法权益。

在美国,最早的商业秘密案是 1837 年的 *Vickey v. Welh* 案①。该案中,原告曾与被告达成协议,由被告向原告转让制作巧克力的生产技术和秘密方法。其后,被告改变主意,只同意转让一般生产技术,而不附带秘密方法。因双方有约在先,故法庭支持原告,判决被告赔偿损失。尽管该案承认了"技术转让合同"的合法性,但由于商业秘密的特殊性,在被告不愿意转让的情况下,无法强制执行,只能采用赔偿损失的方法。

在 1854 年 *Deming v. Chapman* 案②中,被告曾向原告保证,不向他人泄露其从原告处习得的大理石花纹状铸铁的技术。被告违约后,原告以被告泄露技术秘密为由起诉,遭法庭驳回。原因是:原告的技术是从第三人那里获得的,该第三人违反保密承诺,将其所学技术泄露给原告,原告对此完全知悉。自此,美国在商业秘密保护中,确立了"手脚不干净者不得保护"原则。在商业秘密保护方面,该案最大的启示在于:非法占有商业秘密的人不能获得相应的权利。

美国早期另一个比较经典的案例是 1892 年的 *Eastman Co. v. Reichenbach* 案③。在该案中,原告 Eastman 公司从 1889 年开始销售相机和胶片、相纸等产品,被告是原告雇佣的一批化工专业高级技术人才,主要工作内容是研发新产品,且与公司签订了保密协议。在受

---

① 36 Mass. 523 (1837).
② 11 How. Pr. 382, 384 (N. Y. Sup. Ct. 1854).
③ 29 N. Y. S. 1143 (1894).

雇期间，被告在外面自行设立了公司，并且该公司与原告有竞争关系。法庭认为，被告受雇期间将公知的成分，以独特方式混合成新产品，产生了新效果。这种产品的产权由于雇佣关系的存在，属于雇主。原告因该配方获得巨大竞争优势，原告认识到其重要性，因而将配方和材料妥善保管，原告在市场上购买原料是以第三人名义进行的，故竞争者不能发现原料的来源，也就不能解开原告的商业秘密。法庭据此得出结论：原告的商业秘密具有竞争价值，其财产权不能被雇员侵犯，从而禁止被告利用受雇期间因职务关系而接触到的原告商业秘密。在商业秘密保护方面，该案最大的意义在于：确立了商业秘密的几个构成要件，如价值性、秘密性、保密性等。

以上为美国地方法院的判例。美国最高法院最早的商业秘密案为1889年的 *Fowle v. Park* 案[1]，在该案中，最高法院认定商业秘密许可使用合同不违反公共利益。另一个有名的案件是1917年的 *E. I. Dupont de Nemour Powder Co. v. Masland* 案[2]，该案中有关商业秘密权产生于合同义务的论述，后来被作为经典广泛引用。[3]

三　国际商业秘密保护态势

当前，信息革命持续向纵深发展，企业之间的竞争日趋激烈，企业的管理诀窍日渐丰富，各种经营信息也日积月累。同时，为获得市场竞争优势，企业不断进行技术改造和革新。在整个生产经营过程中，企业累积了大量的商业秘密，成为市场竞争中的制高点。

曾有日本人认为，既然可以花100万美元贿赂收买工程技术人员

---

[1] 131 U. S. 88, 9 Sup. Ct. 658, 33 L. ed. 67 (1889).
[2] 244 U. S. 100 (1917).
[3] 以上案例见 Melvin F. Jager, *Trade Secrets Law Handbook*, Clark Boandman, New York, pp. 9—22, 转引自张玉瑞《商业秘密法学》，中国法制出版社，1999，第6～7页。

从而十分快捷地解决问题,为何要花10年时间和10亿美元来进行研究呢?因此日本很早就提出"情报立国"的思路。"二战"后,日本有一万多人被派到美国学习新工艺和管理技术。美国人后来经调查研究得出结论:这些日本人仅仅花费25亿美元,就几乎把西方所有技术都搞到手。日本大企业集团每年将其营业额的1.5%用于商业情报搜集,触角伸向全世界。日本人自夸:除了地球的南北两极,世界上凡有商品市场的地方都有我们的商业情报网。著名的九大综合商社先后在海外设立了690个办事处,及时获得世界各地的科技、商业情报。日本的汽车、摩托车、摄像机、电视机、手表等产品进入并占领欧美市场,首先要归功于得力的情报工作。[①]

世界500强企业中,90%以上都有自己的情报机构,建立了较为完善的情报系统,收集并储存有关市场和竞争者的一切消息,甚至监视同行公司的信心和士气,并将获得的情报直接用于公司的发展策略上。美国大公司情报部门提供的报酬(年薪一般都在15万~20万美元)远高于政府发放的薪水,这对于面临退休或子女大学学费尚无着落的政府特工而言,非常有吸引力。政府特工带来了更专业、更先进的技术,极大地提高了私人情报机构的专业水平,私人情报机构的专业能力近乎和政府机构一样,在很多方面甚至比政府情报机构更有效率。

美国工业安全协会(ASIS)、普华永道会计师事务所和美国商会进行的一年两次的调查问卷2002年版分析显示:2000年6月至2001年6月,美国最大型公司因专有信息泄露所损失金额达530亿~590亿美元。这些损失是已上报、公司知晓且在调查问答中已承认的损失。由于大多数被调查的公司没有关于商业秘密被窃取的正式报告机制,

---

① 参见江涌《工业间谍:搜窃中国商业机密》,《世界知识》2009年第16期。

这些数字完全可以假设是少报了。联邦调查局局长罗伯特·S.穆勒三世在2003年的讲话中说,经济间谍每年带来的经济损失高达2000亿美元。① 由美国国家反间谍执行办公室(ONCIX)出版的、向美国国会提交的关于"2004年外国经济捐助和工业间谍年度报告"(以下简称"ONCIX报告")称,"在2004财政年度,来自近100个国家的私营和公共部门的外国个体想窃取美国的敏感技术",但美国公司都没有意识到危险的存在。ONCIX报告指出:"去年,大多数试图获取美国技术的外国公司使用了方便、便宜、低风险甚至有时是合法的工具和技术。在大部分案件中,国外的信息人员仅仅通过邮件、电话、传真、信件甚至是人员亲自来询问信息。"至于这种情况是否得到了改善,ONCIX报告称:"反间谍委员认为,在未来几年中,外国对美国的敏感技术的需求不会下降。美国拥有世界多数最先进的技术资源,而外国公司依赖这些创新来提高自己工业的竞争力。"② 2013年5月,根据美国知识产权窃取委员会的评估,美国每年因盗窃商业秘密造成的经济损失超过3000亿美元,相当于美国每年对亚洲的出口贸易总额,并使美国每年减少210万个工作机会。③

2013年2月20日,美国政府发布"减少盗窃美国商业秘密战略"(Administration's Strategy to Mitigate the Theft of U.S. Trade Secrets),将美国的商业秘密保护上升到国家战略层面。该战略的目的是协调和改进政府对驱动美国经济发展和保证就业的创新活动的保护工作,阻止

---

① 参见〔美〕马克·R.哈里根、〔美〕理查德·F.韦加德《商业秘密资产管理》,余仲儒译,知识产权出版社,2017,第11页。
② 参见〔美〕马克·R.哈里根、〔美〕理查德·F.韦加德《商业秘密资产管理》,余仲儒译,知识产权出版社,2017,第11页。
③ The IP Commission, The Report of the Commission on the Theft of American Intellectual Property (May 2013),转引自傅宏宇《美国〈保护商业秘密法〉的立法评价》,《知识产权》2016年第7期。

外国竞争对手或外国政府以包括网络在内的任何方式窃取商业秘密。该战略由美国白宫牵头，商务部、国防部、国土安全部、司法部、国务院、财政部、国家情报总监办公室和美国贸易代表办公室等多个部门参与执行。"减少盗窃美国商业秘密战略"阐述了美国政府在减少盗窃商业秘密行为、保护商业秘密方面采取的五项战略行动，这五项战略行动分别是：通过外交途径保护商业秘密；建立和分享企业保护商业秘密的最佳实践方案；加强国内执法；完善国内立法；提高公众对美国经济遭受商业秘密盗窃威胁与风险的认识。

2020年1月5日，美国政府与中国政府之间达成经贸协定，其中第一章即为知识产权，知识产权中最先提及商业秘密。美国强调商业秘密保护，中国将商业秘密保护视为优化商业环境的核心要素。双方同意确保对商业秘密和机密商业信息进行有效保护，并有效防止此类信息被盗用。

第二节 中国商业秘密保护历程

一 中国古代保密文化

中国古代有非常丰富的保密文化。《周易·系辞上》说："君不密则失臣，臣不密则失身，几事不密则害成，是以君子慎密而不出也。"老子提出："鱼不可脱于渊，国之利器不可以示人。"韩非子提出了多项保密措施，如"备内"，即要防备王后、后妃、太子及左右服侍之人；"独寝"，防止说梦话泄露机密。从整体上来说，中国古代保密制度是以维护皇权为核心的，体现出较为浓厚的秘密政治文化色彩。在传统社会中，对于君主，保密主要是作为一种统治之术而存在，是否保密以及如何保密几乎完全取决于皇帝的意志和利益。①

在中国古代，许多行业都要求从业者进行职业技能的训练，训练路径通常有两种，一种是家庭世代相传。人们称工、商是"家其专业，以求利者"。《太平广记》中记载，北海人李清，其家世代从事印染业，十分富有。洛阳官锦坊的李氏家族也是"世织绫锦"。陆游曾说，南宋时亳州出产一种上乘轻纱，一州之内只有两家能织出这种纱，为了防止技术外传，两家世世通婚，"自唐以来名家，今三百余年矣"。家庭或家族式的经营，往往都依靠这种方式传承技艺，并在市场中占据优势地位。

雷发达生于1619年，死于1693年，字明所，原籍江西建昌（今永修县），明末时迁居南京，康熙初年参与修建宫殿工程。在太和殿工程上梁仪式中，他爬上构架之巅，以熟练的技巧运斤弄斧，使梁木顺利就位。因此被"敕封"为工部营造所长班，负责内廷营造工程，有"上有鲁班，下有长班"之说。其子雷金玉继承父职，担任圆明园楠木作样式房掌案。直至清末，雷式家族都有人在样式房任掌案职务，负责过北京故宫、"三海"、圆明园、颐和园、静宜园、承德避暑山庄、清东陵和西陵等重要工程设计，同行称这个家族为"样式雷"。

这种把专门技艺作为家产传给子孙的方式，很早就得到官府的认同与保护。先秦时期士农工商"四民分业"不改行，各行技艺父传子继。《国语·齐语》解释这样做的好处在于："其父兄之教，不肃而成；其子弟之学，不劳而能。夫是，故工之子恒为工。"耳濡目染，教者省力，学者亦快，结果便形成了《荀子·儒效》上说的"工匠之子，莫不继事"的传统做法。《魏书·刑罚志》说"其百工伎巧，驺卒子息，当习其父兄所业"。唐宋以来，匠户、灶户等"百工"称谓

---

① 参见张群《论中国古代保密文化》，《北京电子科技学院学报》2013年第1期。

和"匠籍"管理制度，也是家庭世袭传继手工技艺的体现。

另一种是拜师学艺。但即使招徒弟，师傅也极少轻易传授各种祖传绝技。如宋代秀水有家制泥鳅干的拥有独到技术，他家的徒工多方探寻制作秘密，都没能学到手。清末广州制革业中的熟皮配料是关键技术，由师傅掌握，配料时在小房内操作，有时还把窗帘拉住，不让徒弟看见。徒弟只能在日常帮师傅做活时用心观察，对关键技艺还不能随便打问，全靠心领神会，行话叫"偷师"。

中国古代的手工技艺没有系统理论和基础学科支撑，基本上都是经验技术，属于工匠文明。[①] 工匠文明背景下，技术保密产生了两个显著的特征。

第一，易于保密。由于技术存在于工匠的脑海中，体现在具体的行为上，因而相对易于保密，不容易传播出去。比如，瓷器与丝绸是古代中国出口贸易的拳头产品，既赚取了海量的黄金白银，也为我国赢得了"瓷之国"与"丝之国"的美名。我国丝绸的起源可以追溯到5000年前的新石器时代。商周时期，已出现罗、绮、锦、绣等不同品种。秦汉以后，整个丝绸生产形成了完备的技术体系。但直到13世纪，中国丝绸纺织技术才传入意大利，其间整整保密了数千年之久。

第二，过度保密。在保密方面形成了很多潜规则，如传男不传女，传嫡不传庶，传内不传外，教会徒弟饿死师傅，等等。"国人有一极不良之特性，即各事内容喜守秘密，不愿公开研究，局外人不知某项问题之内幕，遂觉无从研究，因此而不能产生有价值之议论。例如中国之工艺，发达甚早，其具有此项经验者，自诩已得不传之秘，不愿授诸他人，历时既久，良法遂亦失传。商业中人，染有此项特性亦深，

[①] 第一，技术和它的目的物，也就是产品不能分离；第二，技术和匠人的手与脑不能分离。参见刘青峰《让科学的光芒照亮自己：近代科学为什么没有在中国产生》，新星出版社，2006，第89页。

大都守口如瓶，不愿将本人经验心得，轻于泄露……"①

在古代中国，不管是家庭内部传承，还是师徒间的授受，都尽量缩小范围，越是"绝技"越倾向于单传。这种工匠文明背景下的过度保密现象，不仅阻碍了技术交流，造成技术止步不前，也导致大量技术失传。所谓绝技、绝活的"绝"往往含有传不长久的意思。

明初，吴江张铜锁的制锁技艺高超，"远近争购，一时称绝技焉。其子传其技，稍逊其父，至孙不务故业，法遂绝"②。明初首富沈万三有一种冶铁用的特殊药物，可使炉火极盛，因此获利甚多。沈万三被朱元璋治罪流放后，御史向其子索要秘方，说交出秘方便可赦免沈万三。可秘方单传，其子不清楚在何人之手，只有"先世所遗成药"数盒，此后再也没人知道此秘方了。

明代著名建筑师冯巧，从万历到崇祯，所有宫殿他都参与设计。直到老年，仍孤身一人。学徒董九"往执役门下数载，终不得其传；而服事左右，不懈益恭"，终于感动了冯巧，"一日，九独侍，巧顾曰：'子可教矣！'于是尽传其奥"。③ 最终董九等了几十年才学到了手艺。景德镇魏家的砌窑技术后来也授徒，据说，由于过于保密，最后只剩下两个老师傅和两个徒弟，徒弟还没学会技术，两个老师傅就死了，技术就此失传。

明朝时的几家绝活都在家庭内部传继中传丢了，如：制笔业中的金陵陆继翁、王自用，吉水的郑伯清，无锡的张天锡，杭州的张文贵等都有绝技，所制毛笔各有特色，却因"不妄传人"而"惜乎近俱传失其妙"；制陶业中的宜兴陶家对陶土的"取舍、配合各有心法，秘

---

① 唐庆增：《中国经济思想史》，商务印书馆，2010，第27页。
② 《续外冈志》卷四。
③ （清）王士禛：《梁九传》，载苗禾鸣、潘恩群主编《中华经典诗文诵读 七》，山东教育出版社，2019，第169页。

不相授";彝鼎业中的松江胡文明能"按古式制彝、鼎、尊、卣之类，极精，价亦甚高，誓不传他姓";织布业中的丁娘子布名声很大，"造法秘不示人"。①

近代中国逐步引入西方的知识产权制度，包括著作权法、专利法、商标法等，但很少引进商业秘密保护方面的立法。这主要是由于西方国家本身在商业秘密立法方面不够成熟，对商业秘密的定位也存在诸多争议。另外，商业秘密保护主要存在于各种判例之中，本身也不像成文法一样容易引进。同时，经营者本身也可以对商业秘密进行管理。当时，企业在技术方面总体上处于一种落后的境地，不管是专利技术，还是非专利的商业秘密，均不发达。这就使得商业秘密立法缺少一种迫切性。

延伸阅读：早在17世纪时，来自中国的茶叶就席卷了英伦三岛，成为从贵族到平民的生活必需品。英国政府每10英镑税收中，就有1英镑来自茶叶的进口和销售。为了平衡巨大的贸易逆差，英国开始向中国出售鸦片。两种植物——罂粟和茶叶，在两个国家之间扮演着微妙的角色。

喝了几个世纪茶叶的欧洲人，在相当长的一段时间内，连茶树长什么样都不知道。这种"清澄碧玉，氤氲生香"的东方树叶，从种子到植株，再到采摘、炒青、揉捻、发酵、干燥等工艺，完全被中国所垄断。鸦片战争结束后，封闭的中国被撬开了一道缝隙，东印度公司决定来中国盗窃茶叶的核心技术。

福琼是英国的一名植物学家，曾经在鸦片战争结束后的1843年，

---

① 《在中国古代传统的师徒制下，为何产生了代代相传的"工匠精神"？》，"一本正经说历史"公众号，2016年9月7日，https://mp.weixin.qq.com/s/ZipWubuXGqAqvGZ5_DemLg，最后访问日期：2022年12月15日。

带领一支考察队前往中国，带回大量稀有植物样本，并根据经历撰写了《华北各省三年漫游记》一书，这使他成为英国著名的"中国通"。植物学家和"中国通"的身份，让福琼得以被英国东印度公司选中，承担全球史上最大的技术盗窃任务。

福琼于1848年6月从伦敦出发，9月份抵达香港，之后转到上海。在上海，他让雇佣的中国仆人帮他剃光了头发，用马鬃编织出一条假辫子，穿上灰色的丝绸大褂，完全伪装成一个清朝人。此后他深入中国内陆地区，采集了大量的茶苗和种子，装在帆布袋和玻璃箱中，通过海运发往英国殖民地印度。他的首次盗窃并不成功：茶苗在漫长的海运途中枯萎死亡，种子也因为潮湿而腐烂发霉。之后，福琼做了大量的试验，终于探索出了正确的方法：在玻璃柜子里铺满泥土，种上小桑树，把茶种撒在上面，再覆盖上半寸厚的土壤，浇上水，用木板盖紧装箱上船，四个月后，抵达印度的茶种成功发芽。

1851年2月，福琼用探索出的新方法，把在浙江、安徽、福建采集到的茶叶种子装了整整16个巨大的玻璃柜，带上了8名武夷山制茶师傅（每人月薪15美金），以及大批的制茶设备，从上海坐帆船前往香港，4天后在香港换乘"玛丽伍德夫人"号蒸汽船，3月15日抵达了印度加尔各答。

福琼带给印度的，是17000粒茶种，23892株小茶树，一个成熟的茶叶种植团队和全套的茶叶制作工艺：这是当时中国最大出口行业的全部核心机密。福琼带去的茶种和植株遍布喜马拉雅山麓，印度制茶行业迅速崛起，阿萨姆、大吉岭、尼尔吉里成为全球著名产茶区。

1858年，他又接受了美国人的聘请，前来中国窃取茶种和茶树。1858年8月，福琼抵达中国，12月就为他的美国雇主采集了满满两大箱的茶种。这种东西方之间的"搬运"，为他带来巨额的财富：他的遗产多达4万英镑，相当于现在的2000万美元。

这位茶叶盗贼，在英国人眼里是机智、勇毅和传奇的代表。《大不列颠生活》杂志热情地称赞道："福琼打破了（中国）的茶叶垄断，将喝茶的权利带给富人和穷人！"①

二 新中国成立后商业秘密保护情况

新中国成立后，在计划经济体制中，企业不是一个独立的经营者，而仅仅是国家的一个生产单位。不存在知识产权法体系，著作权法、商标法、专利法等核心的知识产权法律部门尚付阙如，更不用说商业秘密保护方面的专门立法了。对一些重要的非专利技术和精湛的民族传统工艺的重视不够，导致大量泄密。

20世纪50年代，我国把700多件大豆的品种资源无偿提供给苏联，使苏联的大豆生产迅速发展起来。70年代，我国又将非常珍贵的野生大豆赠送给美国野生大豆资源考察团，之后美国大豆占领了国际市场。②我国的"英雄""金星"笔不锈钢笔套抛光技术曾是领先世界的先进技术。派克公司两名副总裁参观中国名牌钢笔"英雄"的生产车间时携带摄像机，在听接待人员讲解的同时，把生产车间里抛光技术中所使用的抛光机的结构及运作全部拍下，直接导致我国的"英雄""金星"钢笔在国际上失去竞争优势。③

到了20世纪80年代，还发生了多起严重的泄露商业秘密事件。

---

① 《茶叶大盗》，"径山茶"搜狐号，2018年8月30日，https：//www.sohu.com/a/251154297_815512，最后访问日期：2023年3月3日。
② 《愚昧当作"慷慨"使》，挂云帆学习网，2021年11月16日，https：//www.guayunfan.com/lilun/365659.html，最后访问日期：2023年3月3日。
③ 《我国重大泄密事件（中国泄密事件案例）》，"wangqiang2022bixu8"稻草号，2021年10月15日，https：//www.08ts.cn/77289.html，最后访问日期：2023年3月3日。

"杂交水稻之父"袁隆平几十年呕心沥血的研究成果，却因连篇累牍地发表宣传文章、印发大量技术资料，而被"有心"的外国人不劳而获。① 中国的"二步发酵法生产维生素C"是人类需求极大、前景无比广阔的科学成果，属于国家重大科技发明成果。世界两大产业国瑞士和美国的企业竞相要买下这项重大技术。后来，我国某学报将该项成果的研制过程、细节、配方、剂量全部刊登无遗，导致该项技术成果完全泄密。②

进入20世纪90年代以后，国家在立法上逐步重视商业秘密，将其纳入法律调整的范围。在1991年4月9日修改颁布的《民事诉讼法》中，"商业秘密"作为一个法律术语被第一次提出，到1993年9月2日，全国人大常委会通过的《反不正当竞争法》对商业秘密的范围和构成要件作了比较完整的界定。1997年新修改的《刑法》中，规定了侵犯商业秘密罪。具体内容包括：侵犯商业秘密罪的概念和构成要件，以及有期徒刑或者拘役、罚金等刑罚适用制度。这标志着对侵犯商业秘密行为的制裁手段由原来的民事责任和行政责任上升到刑事责任，加大了对商业秘密的保护力度。

不过，一些企业缺乏对游戏规则的遵守和对竞争对手的尊重。比如，1995年8月，三株公司专门发出了第25号文件《三株公司信息工作规范》，该文件毫无顾忌地要求力争在较短的时间内，在竞争对手的内部建立"线人"：（1）对竞争对手内部人员进行耐心细致的调查，寻找合适人员，通过直接、间接方式，联络感情、施以恩惠、建立长期关系，为三株公司提供竞争对手的内部信息；（2）针对部分竞

---

① 《间谍也是生产力？（五）》，新浪财经，2009年12月24日，http://finance.sina.com.cn/roll/20091224/23317152016.shtml，最后访问日期：2023年3月3日。
② 《我国重大泄密事件（中国泄密事件案例）》，"wangqiang2022bixu8"稻草号，2021年10月15日，https://www.08ts.cn/77289.html，最后访问日期：2023年3月3日。

争对手发布的有关招聘启事,派人应聘或通过他人介绍进入竞争对手内部任职,建立三株公司自己的情报员。[1]

三 当前我国商业秘密保护形势

当前,中国企业在一些行业领域(如电信、网络、生物、航天等)与西方的差距迅速缩小,甚至在个别领域还超越了西方的竞争对手,因此这些企业的核心技术、企业发展规划等信息便成为竞争对手极力想获取的"竞争情报"。更为重要的是,中国市场不断开放,日益成为国际市场的一个重要组成部分,是众多跨国企业极力争夺、尽可能多地拓展份额的市场,而掌握相关市场资源、在本行业有影响力的中资企业,便成为跨国企业想极力"摆平"的对象。国有企业尤其是大型央企,不仅是行业龙头,更掌握众多资源(市场资源、政策资源、实际矿产资源),成为经济间谍工作的关注中心。

除了经济间谍以外,内鬼是导致泄密最为重要的主体,其中又以离职员工为主。中国商业秘密刑事案件中有60%的案件与人才跳槽有关,85%的企业员工可以很容易地下载"有竞争力"的资料和信息,并带到下一份工作中去。笔记本电脑、U盘、打印机、扫描仪、电子邮件、MSN、手机等办公常用的信息传播载体都起到了作用。比如在东软泄密、招行工商等客户信息泄露、友达光电泄密等案件中,这些工具都发挥了重要作用。实际上,在电子信息化的时代,绝大部分信息泄露是通过以下三种方式实现的。第一,利用移动存储介质拷贝涉案信息。第二,利用手机、数码相机拍照。有些企业保密制度严格,工程师不敢拷贝和发送电子邮件,于是通过在电脑上面打开涉案信息,并对着电脑屏幕的技术图纸拍照。第三,发送电子版资料到电子

---

[1] 参见吴晓波《大败局Ⅰ》(修订版),浙江大学出版社,2013,第188页。

邮箱。发送电子邮件的时候，工程师们往往通过私人邮箱发送，不会用公司邮箱。

信息产业和制造业成为近年来的泄密事件多发行业。据统计，发生在信息产业的泄密事件占60%；24%的泄密案件发生在制造业。[①] 2010年5月，海尔前职工齐某违反保密协议，通过邮件形式，向同行业某公司非法透露海尔洗衣机重要生产数据，并在当年7月辞去海尔公司的职务到该公司就职。而后齐某通过邮件，又从张某某、王某、张某三人处获取海尔洗衣机生产和采购环节的重要商业数据。经评估，齐某等给海尔集团分别造成直接经济损失372.44万元和间接经济损失2579.81万元。[②]

2010年3月29日下午，力拓四名员工涉嫌"非工作人员受贿罪"和"侵犯商业秘密罪"一案[③]宣判。胡某某等四名力拓员工因泄露商业机密和受贿被判入狱，刑期从7年到14年不等。上海市第一中级人民法院3月对力拓案宣判时表示，商业机密的泄露给中国钢铁行业带来了巨大损失，使中国企业在铁矿石谈判中处于不利地位。因为力拓案四名案犯的犯罪行为，去年有逾20家中国钢铁企业为铁矿石进口累计多支付了10.2亿元。

2012年，中国最大的IT解决方案与服务供应商——东软集团，其公司前副总经理李某某为牟取暴利，伙同公司CT机研发部负责人张某、采购负责人岳某等人，以许诺高额经济利益为手段，让CT机研发部17名核心技术人员窃取公司核心技术资料，后相继离职。经司法鉴定，东软研发项目延迟，损失高达1470余万元，犯罪嫌疑人窃取

---

① 《盘点2010年以来的企业泄密案件》，广东省国家保密局，2014年3月30日，http://www.bmj.gd.gov.cn/content/detail/422.html，最后访问日期：2023年3月3日。
② 《海尔前高管跳槽窃取商业秘密 获刑三年》，环球网，2015年1月24日，https://m.huanqiu.com/article/9CaKrnJH29C，最后访问日期：2023年3月3日。
③ 上海市第一中级人民法院（2010）沪一中刑初字第34号一审刑事判决书。

技术价值总计 2400 余万元。警方还在现场及居住场所查获了存有大量商业秘密的电脑 30 余台及大量 U 盘、移动硬盘。①

秦某原系大型国企中兴公司的技术员工，负责主流产品 IPTV 游戏业务开发，跳槽后与企业合作方田某开设新企业。为加快自己公司 IPTV 游戏平台研发速度，秦某违反与中兴公司签订的保密协议，将中兴公司 IPTV 游戏平台相关保密文档和程序发送给田某，田某又转发给技术人员于某等人。而后三人公司的 IPTV 游戏平台上线，共造成中兴公司损失 161.6 万元。②

上述仅仅是略举数例而已。当前，商业间谍的出现、猎头公司的挖墙脚行为以及企业人才流动的日益频繁，使得商业秘密保护问题越来越严峻。但在现实生活中，很多企业，特别是中小企业缺少商业秘密制度，甚至连商业秘密的意识也没有；在一些大中型企业中，在企业层面上有商业秘密制度，但缺少商业秘密的精细化管理，对商业秘密类型、等级等方面的问题缺少深入思考；对商业秘密的考量往往停留在保护层面上，对商业秘密的使用、商业秘密与企业其他经营资源之间的关系缺少战略层面上的思考，对商业秘密的管理也往往浮于企业的上层，不能深入基层。

第三节　商业秘密保护的理论依据

为什么要保护商业秘密？这是商业秘密保护正当性基础，不仅具有理论意义，而且对于具体制度的建构以及个案的处理均具有实践意

---

① 《东软集团大量商业秘密外泄 20 名涉案员工被捕》，央视网，2012 年 7 月 25 日，http://news.cntv.cn/20120725/108201.shtml，最后访问日期：2023 年 3 月 3 日。
② 《选择商业秘密还是公开专利？教你建立高效商业管理机制》，新浪财经头条，2016 年 7 月 27 日，https://cj.sina.com.cn/article/detail/5859352353/35272?isfromsina=no，最后访问日期：2023 年 3 月 3 日。

义。当前，主要有以下几种观点：契约说、财产权说、人格权说、企业权说、不正当竞争说。

一　契约说

英国法学界大多不承认商业秘密是一种对世权，更多地将它归类于信用或者契约关系，英国早期判例对侵犯商业秘密大多依据违反保密义务或者信任义务来处理。信任义务是指不管当事人之间是否有合同关系，只要基于信任关系而知悉商业秘密，就负有保密义务。行为人辜负了此种信任，违背了商业道德，即应受到惩罚。如师傅将技艺披露给了学徒，就产生了保密义务，即使双方没有签订相应的保密协议。[1]

契约说具有一定的优势。首先，基于民法诚信原则所产生的缔约过失责任、附随义务、后合同义务贯穿于合同缔结、履行的全过程中，对商业秘密的保护可以合理地被解释为合同义务的组成部分，哪怕在合同履行完毕后依然存在。

其次，对商业秘密的要求不会太高，既然保密是一种合同义务，那么，对商业秘密的非公知性、保密性等要求就无须太高，关键在于行为人是否违反了契约关系或信任关系。

最后，一定程度上能够满足社会对商业秘密保护的要求，主要是因为非法获取、使用、披露商业秘密的人在大多数情况下是有信任关系、存在保密义务的人。

契约说的缺陷在于适用范围太窄：第一，在主体方面，合同理论只能适用于合同关系当事人之间，对于非合同关系当事人则无法适

---

[1] 参见孙山《反思中前进：商业秘密保护理论基础的剖解与展望》，《知识产权》2011年第8期。

用；第二，在责任形式方面，基于契约说，侵犯商业秘密仅仅是一种违约行为，至多承担民事责任，无法承担行政责任和刑事责任，惩治力度明显不够。

二 财产权说

早期的英国判例体现了这种学说，而美国更是该学说的代表，并有财产说与准财产说之分。

财产说认为，商业秘密权在性质上与专利权、商标权、著作权并无二致，都是人类智力活动的结果，是一种财产权，可以进行转让、继承、信托。准财产说认为，商业秘密权只具有类似于财产的性质，应通过竞争法而不是财产法对商业秘密进行保护。

在日本，有财产价值说、财产权说和相对财产权说。其中：财产价值说认为，商业秘密不具有支配性，但持有人能够据此获得竞争优势，类似于"事实上的财产"，具有相应的财产价值；财产权说认为，商业秘密权是一种无形财产权，也是人类智力活动的结果；相对财产权说认为，商业秘密权应为相对的债权，不具有独占性，对商业秘密的保护多基于契约，是否构成不正当行为也是根据行为人的主观状况以及维护交易安全的需要来判断。[①]

财产权说的优势在于：首先，提高了商业秘密的保护标准，对非公知性、实用性、经济性以及保密性等提出更高的要求；其次，拓展了商业秘密的保护方式，不仅可以通过《合同法》进行保护，而且也可以通过侵权法进行保护；最后，扩大了责任主体的范围，合同主体以外的第三人都有可能成为侵权者。

财产权说的缺陷在于以下几点。

---

① 参见孔祥俊《商业秘密保护法原理》，中国法制出版社，1999，第155页。

第一，商业秘密不具有公知性，不能进行登记，权利边界不清晰，缺少公示公信的法律效力，保护范围具有不确定性，不同于物权以及知识产权。

第二，支配性不强，各国对商业秘密制度的设置往往是从消极权能方面进行规制，而很少设置积极权能。

第三，不具有排他性，不能排斥他人取得同样的商业秘密，甚至不能阻止他人通过反向工程获得商业秘密。

第四，权利主体的不确定性。正因为商业秘密具有较强的隐蔽性，商业秘密的占有人是否为真正的权利人往往无法确定，不能肯定其是原始取得、继受取得，还是通过窃取、反向工程等方式获得商业秘密。

第五，很多商业秘密，特别是经营信息，系自动产生，没有特别的付出，这些信息很难具有财产价值。

第六，除了极少数专有技术能够通过评估方式进行投资以外，其他类型的商业秘密，比如经营信息，很难作为出资。

第七，如果仅仅是一种财产权，无法解释何以需要公权力对侵犯商业秘密的行为进行干预，甚至涉及刑罚。

正因为商业秘密本质上是一种信息，在美国早期的司法实践中，格瑞恩法官认为："商业秘密这种资讯不属于公共财产也不属于公共知识，不能作为财产来保护。"罗德法官和科恩法官也坚持认为："总的来说，资讯根本不是财产。"[1]

延伸阅读：在今天的信息经济时代，许多公司的账面价值接近于0。高科技公司租赁建筑、家具和计算机设备，没有实体生产设备或服

---

[1] 参见汤茂仁《商业秘密民事法律保护研究》，博士学位论文，南京师范大学，2013，第33页。

务车辆，但它们的股票价格高达几百美元，市值高达上百亿美元。在信息经济时代，必然是信息的价值推动股票价值。布鲁金斯学会的玛格丽特·布莱尔（Margaret Blair）和史蒂文·沃尔曼（Steven Wallman）报道："至少50%，可能高达85%公司的资产和经济部门的其他价值资源不会出现在公司的账面上。在一些公司中，所说的'账面'价值（公司资产的价值）和公司的市值之间的差距不大，但在其他一些公司里差距确实高达95%。"[1] 新经济的信息需求已经远远超过传统核算体系所能表达的内容。公司账面价值与市值之间的差距在于公司无形资产的市面价值，在使用传统计算方法计算账面价值时，并没有考虑这些无形资产。这些无形资产的价值的绝大部分都是由商业秘密构成的，而不是企业信誉、品牌形象或其他无形资产。商业秘密让谷歌超过像雅虎、美国在线和微软这样已经建立了良好的商誉和品牌形象的竞争对手，占据了搜索引擎领域的统治地位。正是商业秘密促成了谷歌的成功，进而提高了其商誉和品牌形象，并非商誉和品牌形象促成其成功。截至2005年第二季度，谷歌账面价值是1190亿美元，其中840亿美元是现金、有价证券和应收账款，而地产、厂房和设备价值为270亿美元。同期谷歌的市值是3600亿美元，是其实物财产的13倍。商业秘密信息如果在公司价值中占主导地位的话，也有不利的方面。如果公司的商业秘密失去或泄露，公司的股票价值有可能就大幅度下降。在信息技术公司，商业秘密一旦失去或泄露，其账面价值就难以对其股票价值进行安全保障。截至2005年第二季度，谷歌账面价值是每股174美元，而其股票交易价格是每股525美元。[2]

---

[1] Margaret M. Blair and Steven M. H. Wallman, *Unseen Wealth: Report of the Brookings Task Force on Intangibles*, Washington, D. C.: Brookings Institution Press, 2000, p. 136.
[2] 参见〔美〕马克·R. 哈里根、〔美〕理查德·F. 韦加德《商业秘密资产管理》，余仲儒译，知识产权出版社，2017，第10~11页。

三 人格权说

在德国,有关商业秘密权的主要观点之一是人格权说,该说认为商业秘密权是从人格权中衍生出来的,以不正当方法获得他人的商业秘密是侵犯人格权的行为。保护商业秘密的目的在于防止以不正当竞争的方式公布或使用他人隐私,防止减损他人的人格。[①]

从形式上看,商业秘密和个人隐私也具有相似的地方,商业秘密和个人隐私都具有秘密性,都必须由权利人采取合理的保密措施予以保护,二者存在某些交叉和重合,有的个人隐私能为权利人带来经济利益和竞争优势、具备商业秘密构成要件时,也可成为商业秘密。商业秘密相当于企业的隐私权,但商业秘密权与人格权之间存在本质的区别。

首先,主体以及权利性质不同。人格权是自然人所享有的一项权利,且不能让与、放弃,也不能继承,但商业秘密权通常属于企业,可以让与、放弃,也可以继承。

其次,对象不同。人格权的对象是各种人格利益,如人身自由、生命健康、隐私等,而商业秘密权的对象主要是各种智力成果。

最后,存续不同。人格权是自然权利,在自然人存续期间始终享有,而商业秘密权的存在是有条件的,要具备商业秘密的几项构成要件。

四 企业权说

该理论认为,企业是结合动产、不动产、无体财产权、债权,并

---

① 参见彭学龙《商业秘密法基本问题研究》,《民商法论丛》(第25卷),金桥文化出版(香港)有限公司,2002,第658页,转引自汤茂仁《商业秘密民事法律保护研究》,博士学位论文,南京师范大学,2013,第35页。

结合企业家的策划、组织与活动，建立有商誉、信用、劳动关系以及经营经验的一个组织体。企业权是企业设立和从事经营活动的权利。商业秘密对于企业的生存与发展有重大影响，商业秘密权由此也就属于企业权。[①]

企业权说的优势在于看到了商业秘密与企业的联系，强调了商业秘密在企业发展中的巨大作用。但缺陷也很明显，企业权本身是一种框架性的权利，涵括内容极广，本身并无太大的法律意义。而且，商业秘密也不完全属于企业，个人也可以保有和使用商业秘密。

五　不正当竞争说

在大陆法系国家，不正当竞争说是商业秘密法律保护最为重要的理论基础。主要原因有以下几点：第一，商业秘密本身的范围不确定，产权界限不清；第二，对商业秘密的侵犯往往是对公认的商业道德的侵害，商业秘密在本质上与竞争秩序相连，保护商业秘密是出于维护公平竞争秩序的需要；第三，大陆法系的竞争法，尤其是反不正当竞争法十分发达，将商业秘密纳入竞争法的调整范围足以实现对商业秘密的保护。

不正当竞争说的理论逻辑在于：侵犯商业秘密的行为侵犯的是法益，违反商业竞争伦理，扰乱市场竞争秩序。所以，一方面，这种行为是一种侵权行为，只不过其所侵犯的并非具体的、明确的民事权利，而是不确定的、需要在个案中进行衡量的法益；另一方面，这种情形违反了商业竞争伦理，扰乱了市场竞争秩序，也需要受到公权力机关的惩治。

从不正当竞争说的角度分析，其优势在于：第一，商业秘密的范

[①] 参见孔祥俊《反不正当竞争的适用与完善》，法律出版社，1998，第425页。

围可以是不确定的,只有在他人侵犯的时候才需要予以确定;第二,商业秘密自身的要求不用很高,主要是行为本身违反了商业竞争伦理,扰乱了市场竞争秩序;第三,能够合理解释商业秘密制度主要设置了各种消极权能;第四,更易于解释商业秘密在立法目的、规制范围、模式等方面同传统知识产权对象之间具有根本的差异;第五,合理地阐释了公权力干预的必要性,从维护市场秩序高度上保护商业秘密,不仅可以责令行为人承担停止侵害、赔偿损失的责任,还可以对其进行行政处罚,甚至刑事制裁;第六,不用纠缠于商业秘密价值评估问题,特别是有助于摆脱判断经营信息是否属于企业资产问题的困境。

不正当竞争说的缺陷在于:第一,无法提升商业秘密保护力度和水平,商业秘密制度也无法得到进一步的完善,且无法有机地融入知识产权法体系;第二,无法充分地阐释商业秘密的运用问题,难免总是局限于被动地保护,使得商业秘密的价值无法充分地体现出来;第三,无法解释商业秘密善意取得制度,因而该理论对善意获取权利人商业秘密的第三人应当承担的义务和责任不能作出合理解释。①

六 几种模式的差异

第一,立法理念的差异。主要看该制度保护的重心是什么,是市场竞争秩序,经营者的合法权益,还是消费者的合法权益?② 这几个方面的立法目标在多数情况下是一致的、重合的,但基于立法理念的差异,制度设计的重心应当有所区别。从应然的角度上看,如果商业

---

① 参见汤茂仁《商业秘密民事法律保护研究》,博士学位论文,南京师范大学,2013,第35页。
② 《反不正当竞争法》(2019年修正)第2条第2款规定:"本法所称的不正当竞争行为,是指经营者在生产经营活动中,违反本法规定,扰乱市场竞争秩序,损害其他经营者或者消费者的合法权益的行为。"

秘密保护注重市场竞争秩序，维护商业竞争伦理，就通过反不正当竞争法来实现；如果注重保护经营者利益，就应当通过财产权制度来实现。

第二，保护水平的差异。构成商业秘密的具体要求高低不同。基于契约说，只要双方约定了保密义务，或者是基于信任关系产生了保密义务，对构成商业秘密的要求就不用很高。同样，不正当竞争说主要制止的是违反商业竞争伦理的行为，窃取、披露、非法使用行为本身也说明了该信息的价值。但人格权说，特别是财产权说，对构成商业秘密的要求最高，信息不仅需要符合非公知性等条件要求，更要符合经济性、实用性等要求。① 比如，即使可以通过公开的途径知悉某信息，但被告却采用了不正当的手段从原告处知悉并使用。从不正当竞争说的视角上看，这种行为应当被认为是侵害了商业秘密的行为，但从财产权说角度上看则不属于侵权。

第三，保护模式的差异。是否需要公权力介入？基于契约说、人格权说以及财产权说，商业秘密一般只涉及私益，不会涉及公益，公权力一般不能够介入，除非侵犯商业秘密的行为同时损害了公共利益。但基于不正当竞争说，若侵犯商业秘密的行为不仅损害了私益，而且扰乱了市场竞争秩序，公权力可以名正言顺地介入。

第四，责任方式差异。是否需要赔礼道歉等责任方式？主要是针对人格权说，其他三种学说均主张不需要赔礼道歉，但是基于人格权说，可以要求侵权人承担赔礼道歉的法律责任。在侵犯商业秘密案件中，也有一些权利人提出赔礼道歉的诉讼请求，个别法院判决支持了

---

① "商业秘密新颖性的地域范围标准在认定时不能过于严格，在甲地公知的技术信息只要在乙地的同行业中并非公众所周知，则它同样构成乙地的商业秘密。"孔祥俊：《商业秘密保护法原理》，中国法制出版社，1999，第40页。其中，到底要不要严格，关键还是在于认定的标准是什么？是否要将其作为一种财产权进行保护？

该诉讼请求，这也是基于人格权说的考量。

第五，财务要求不同。涉及是否计入资产问题，如果商业秘密是财产权的话，从法理上讲，应当是属于企业的资产，应当纳入企业资产负债表中去。如果不属于财产权，则不存在是否计入企业资产的问题。

第六，国家征收、征用方面也存在不同。如果商业秘密是一项财产，政府就不能随便征收或征用，须依据法定程序进行。如果不涉及财产权，就不会发生征收或征用问题。比如，2021年9月，美国政府召开半导体高峰会，以提高芯片"供应链透明度"为由，要求台积电、三星等半导体企业在45天内交出芯片库存量、订单、销售纪录等数据。如果企业不自愿分享信息，美国政府会援引冷战时期的《国防生产法》，迫使半导体企业分享信息。显然，在美国政府眼里，上述芯片信息并非财产，因而不涉及征收或征用问题。

第四节 本书的研究方法、核心观点和基本结构

一 本书的研究方法

本书综合采用符号学方法、信息学方法和民法学方法研究商业秘密问题。

1. 符号学方法

现代符号学主要是由瑞士语言学家索绪尔和美国哲学家皮尔斯建立的。索绪尔认为，符号是"能指"和"所指"之间的二元关系，"能指"是语言符号的"音响形象"，"所指"是符号所表达的概念，也就是符号的意义。他把符号比作一张纸，思想概念是纸的正面，声音是纸的反面，它们永远处于一个不可分离的统一体中。皮尔斯提出

了符号的三元关系理论,认为符号是"符号形体""符号对象""符号解释"三者之间的三元关系。符号形体是"某种对某人来说在某一个方面或以某种能力代表某种事物的东西";符号对象就是符号形体所代表的"某一事物",这些事物可以是实存的物,也可以是虚拟的事物,如神仙、鬼怪、龙等,还可以是抽象物,如真、善、美等;符号解释也被称为解释项,即符号使用者对符号形体所传达的意义。在皮尔斯看来,正是这种三元关系决定了符号过程的本质。如商店招牌是符号,招牌上的文字或图案是符号形体,它所代表的商店是符号对象,文字和图案所传递的意义就是符号解释。① 上述两种观点本身并不矛盾。"能指"相当于符号形体,"所指"相当于符号解释,也就是"符释",至于符号对象,索绪尔的二元关系理论没有涉及。索绪尔和皮尔斯关于符号"二元关系"和"三元关系"的学说,奠定了现代符号学的坚实的理论基础。本书主要采用"二元关系"学说,认为符号是符号形式和符号意义的统一体,或者说是"能指"和"所指"的统一体。

从符号学视角上看,商业秘密中的战略规划、管理方法、商业模式、改制上市、并购重组、产权交易、财务信息、投融资决策、产购销策略、资源储备、客户信息、招投标事项等经营信息,以及设计、程序、产品配方、制作工艺、制作方法、技术诀窍等技术信息,绝大部分都是以符号组合的方式呈现出来的。

2. 信息学方法

"信息"是一个争论颇多的尚无定论的概念,不同的学科对于信息也有不同的理解。信息概念基本上可以划分为两种:一是客观信息;二是主观信息。其中,客观信息是客观事物的属性或关系,既不是物

---

① 参见陈宗明、黄华新主编《符号学导论》,河南人民出版社,2004,第3页。

质，也不是能量。例如，北极星提供的方位信息，日月运行状态提供的时间信息，以及风雨雷电提供的气象信息等，都是人们常见的自然信息。它不因是否有关注者、关注者是否能收到、是否能识别而独立客观地存在。客观信息作为客观事物的属性以及它们相互之间的关系，无法作伪，也无法传递。

一般而言，在自然科学中多秉持客观信息论。主观信息也被称为"人文信息"或"精神信息"，是对自然信息的认识和反映。主观信息分为感知信息和再生信息两种。其中，感知信息是客观信息作用于人之感官后所产生的一种主观信息，是人在感知阶段所获得的信息。再生信息是主观信息的高级阶段，是人对感知信息进行分析加工后创造的新信息。这种再生信息也被称为"文化信息"，与自然信息（客观信息）相对应。再生信息根据其存在方式，可以分为两种：一种是存在于人脑中的再生信息；另一种是以符号方式客观地表现于外部的再生信息，也就是符号信息。符号信息具有明确的表现形式，这种形式可能是形象的，也可能是抽象的，同样内容的信息可用不同的形式来表达。

符号和信息之间的关联在于：信息通过符号形式进行传递，人们对符号中的意义进行解读，也就是在获取符号中蕴含的信息。

从信息学的视角上看，商业秘密本质上为一定的信息，这种信息并非客观信息，而是一种再生信息。但这种再生信息并不存在于人的脑海中，而是需要以客观方式表现于外部，是一种符号信息，是人们对符号形式进行解读后获得的意义。

基于符号学和信息学，商业秘密法中有必要区分三个概念：密点、符号和载体。密点就是具体的商业秘密，是需要保护的各种商业信息；符号则是这些商业秘密赖以存在的具体表现形式，具体表现为各种图稿、流程、技术方案；而载体则是各种介质，包括电脑、U盘以及各种纸质载体等。

3. 民法学方法

民法学方法指的是通过民法的基本原理来研究、探讨商业秘密问题。采用民法学方法的必要性在于以下几点。

第一，经营者是最为重要的民事主体之一，商业秘密涉及判断经营者在市场竞争中产生的一项重要的民事权益属于权利还是法益，需要通过民法学的理论进行研究。

第二，商业秘密是经营者拥有的各种特定的信息，其能否成为民事权利的客体需要通过民事权利客体理论进行研究。

第三，如果商业秘密权是一项民事权利，则需要通过民事权利的基本理论确定商业秘密权的基本权能，包括各种积极权能和消极权能。

第四，如果存在商业秘密权，其法律地位需要在民事权利体系中进行确定。商业秘密权属于哪一个层级上的民事权利？是财产权还是人身权，抑或是二者兼而有之？是支配权，还是请求权？是相对权，还是绝对权？以上问题均需要进行界定。

第五，商业秘密权和知识产权的关系也需要厘清。知识产权是一项普通的民事权利，通说认为商业秘密是知识产权的对象之一，但毕竟商业秘密制度的立法目的、保护模式等方面与传统的知识产权存在巨大的差异。

因此，在研究商业秘密问题的时候，势必会涉及民事权利主体理论、民事权利客体理论、民事权利权能理论、民事权利体系理论、民事权利共有理论、合同理论、善意取得理论、占有理论、担保理论、侵权理论等。另外，在判断侵权行为是否成立的时候，还涉及民法中的帝王条款——诚信原则，商业道德其实就是民法诚信原则在市场竞争中的具体体现。

综上，民法学理论应当贯穿于商业秘密制度研究的全过程。离开民法学的指导，商业秘密研究就会沦为一种单纯的经验总结、枯燥的案例汇编，从而丧失严谨、精良的理论品格，游荡于民法逻辑体系之外。

二 本书的核心观点

人类生活在一个物质的世界中，也生活在一个意义的世界中。每天所触及的，无非是各种有体物、符号和人的行为，人们能够从物、符号以及人的行为中进行解读，获得大量信息。物、符号、信息三者之间既存在密切的联系，也有根本的区别。符号必须依附于一定的载体，这个载体就是物。而信息大部分是存储于符号之中的，是符号的意义。

在物、符号、信息这三种事物中，物是物权的对象，符号是知识产权的对象。但并非所有的物和符号都能够成为支配权、绝对权的对象。不管是物，还是符号，需要具备三个条件才能够成为支配权、绝对权的对象，这三个条件是：可支配性、价值性和公共利益排除。只有具备可支配性，才能够产生排他性，独享支配利益；只有具备价值性，才值得法律赋予支配权；只有不损害公共利益，才能被赋予支配权。

总之，支配权产生的前提就是：必须可以支配、值得支配并不会损害公共利益。并非所有的物、符号都能够成为支配权的对象。商业秘密保护问题的关键在于：信息是否可以成为支配权的对象？换言之，商业秘密财产权是否具有可能性？同物和符号一样，信息要成为支配权的对象，也必须解决可支配性、价值性和公共利益排除这三个条件。

导 论

本书认为，部分信息可以成为支配权的对象，作为商业秘密进行保护，原因在于：该部分信息可以支配，产生排他性；具有经济价值，产生保护的必要性；不损害公共利益，可以进行保护。具体分析如下。

第一，信息具有可支配性的前提在于其具有秘密性和保密性。信息具有公共产品的部分属性，可以依附于不同的载体上，具有不同的表现形式，可以为多数人同时占有、使用。在海量的信息中，有部分信息不为其他人所知，具有秘密性，他人无法获取、使用、传播这些信息，从而排除他人的使用，具有排他性。同时，这些信息具有可识别性，权利人采取了保密措施，因而可以对其进行支配。

第二，信息具有价值性的前提在于，其能够产生直接或间接的经济效益，获得市场竞争优势，并且这些信息的产生需要付出智力、物力、财力。只要能够产生商业价值，该部分信息就值得进行保护，就需要进行保护。

第三，公共利益排除。也就是说，对该部分信息进行保护没有损害社会公共利益，没有侵犯公众的知情权、健康权等权利。

当然，并非所有的信息都能够成为商业秘密权的对象。在海量的信息中，那些能被识别出来具有经济价值，且采取了保密措施，处于权利人的控制之下，没有进入公共领域，也不损害公共利益的这一类信息能够成为支配权的对象，商业秘密权就能够存在。

商业秘密权是一种支配权，其权能包括占有、使用、收益、处分等四项积极权能，但一般不具有排除他人妨碍、干涉的消极权能。[①] 商业秘密权的取得路径也包括原始取得和继受取得两种，原始取得的途径有研发、整理和自然获得，继受取得主要是转让、继承和善意取

[①] 这是商业秘密权的支配权属性弱化的一个具体体现。如果承认商业秘密具有排除他人干涉、妨碍的消极权能，就意味着在商业秘密具有被侵害之虞时可以采取预防措施，适用"不可避免透露原则"，对劳动者的就业自由影响太大。

得等。商业秘密权可以进行转让、许可使用、质押，交付的方式也多种多样，包括载体移转和内容告知等。同物一样，商业秘密也存在占有问题，包括有权源占有、无权源占有、善意占有、恶意占有等。商业秘密的占有形式包括对载体的占有和对内容的知晓两种。

同普通知识产权相比较，商业秘密权的立法目的既在于保护权利人的经济利益，也在于维护商业竞争伦理，维护市场竞争秩序。而知识产权的立法目的在于通过对知识产权的授予和限制，以公开促进创新。两者旨趣不同，这是二者之间的根本区别，决定了商业秘密不属于知识产权的对象。二者是远亲，是近邻，但不是一家人。不过，部分符合条件的商业秘密可以转化为知识产权；转化后，原商业秘密权就不复存在。

在商业秘密权确立后，物、符号、信息都有可能成为支配权的对象。物因占有具有公示公信效力，可以被支配，从而形成物权；符号因公权力机关登记或署名具有公示公信效力，可以被支配，从而形成知识产权；而信息则因处于秘密状态且处于保密措施之下，可以被支配，从而形成商业秘密权。

商业秘密权是一种财产权、绝对权、支配权。在民事权利体系中，作为一种特定信息财产权，同物权、知识产权、债权、人格权、身份权等民事权利处于同一位阶。

三 本书的基本结构

理论是实践的先导，没有科学的法学理论就没有科学的法律制度和法律实践。商业秘密的规划、管理、使用、保护本质上为实务性、操作性问题。在商业秘密理论方面，国内外对商业秘密的研究观点存在重大的分歧。其中最为重要的问题就是商业秘密的属性：是否存在着商业秘密权？它究竟是财产权、知识产权、信息权，还是一种新的权利类型？这是研究商业秘密的关键性问题。与此问题紧密关联的则是商业秘密客体、商业秘密权变动，商业秘密权内容、特征、归属、限制，以及商业秘密的法律保护模式等。这些是商业秘密理论研究中的重要问题。本书将商业秘密理论和实务问题融合在一起，前三章主要涉及上述基础理论研究。后三章为实务研究，探究企业商业秘密体系建构、商业秘密实务保护模式以及商业秘密侵权诉讼中的种种问题。

其中：

第一章为商业秘密构成论，首先探讨了商业秘密的概念、本质、符号、载体、密点，着重研究了商业秘密的三大构成要件，包括非公知性、价值性、保密性等。

第二章为商业秘密客体论，主要研究商业秘密的分类、保密期限等，包括商业秘密与保密义务、竞业禁止、国家秘密之间的关系等。

第三章为商业秘密权利论，主要研究商业秘密权的主要内容、特征、归属、限制、出资，包括研究商业秘密权的取得、交付、许可使用、善意取得、丧失等。

第四章为商业秘密体系论，在分析企业商业秘密现存问题的基础上，提出一种企业商业秘密4.0体系，包括商业秘密战略体系、管理体系、利用体系、保护体系，探讨商业秘密4.0体系的基本概念、核心理念、发展阶段、关键节点等问题，力图建立一种全新的企业商业秘密体系。

第五章为商业秘密保护论，主要介绍商业秘密的几种主要保护模式，包括民法保护模式、行政保护模式、刑法保护模式等。

第六章为商业秘密侵权论，主要研究商业秘密民事侵权诉讼中存在的各种问题，包括具体侵权行为、主体资格、归责原则、举证责任、司法鉴定、诉前禁令、抗辩事由、民事责任方式、确认不侵权诉讼等。

第一章
商业秘密构成论

任何个人都有隐私,任何企业都有商业秘密。商业秘密权是任何企业都拥有的一项财产权。

第一节 商业秘密基本概念

一 各国对商业秘密概念的界定

美国联邦第五巡回上诉法院认为,在法律中,商业秘密是最难理解和最难下定义的概念之一。[①] 在汉字中,"秘"字从禾从必,"禾"指谷物、粮食,"必"指"存在而不可确知其地点",两者联合起来表示"隐藏粮食"。"密"字从宓从山,"宓"意为"隐藏处","宓"与"山"联合起来表示"山中的隐藏处"。"秘密"指有所隐蔽,不为人知;隐蔽不为人知的事情或事物。《晋书·刘隗传》记载:"隗虽在外,万机秘密皆豫闻之。"吴曾《能改斋漫录·记诗》记载:"王元之

---

① 参见〔美〕马克·R. 哈里根、〔美〕理查德·F. 韦加德《商业秘密资产管理》,余仲儒译,知识产权出版社,2017,第2页。

诗云：'……中使宣来赐近臣，天机秘密通鬼神。'"唐顺之《答王遵岩书》记载："此意更不敢露于人，以兄念我太厚，忧我太深，故特披露之，兄万无泄我秘密，重增哓哓之口也。"

1. 美国对商业秘密概念的界定

《布莱克法学辞典》中的解释为：商业秘密是指"用于商业上的配方、模型、设计或信息的汇集，而能使人较其不知或不使用的竞争者更有机会获得利益"。

美国法律协会（American Law Institute）于1939年制定的《侵权行为法第一次重述》将其界定为："可以包括任何配方、图纸、装置、信息的集成，其被用于某人的经营，因此给其以有利机会，相对于不知或者没有利用这个秘密的竞争对手，将占据有利的优势地位。"

美国《统一商业秘密法》（1985年修改文本）第4条规定："商业秘密"包括配方、样式、编辑产品、程序、设计、方法、技术或工艺等特定信息，这些信息必须（1）并非为公众所知悉，且其他人无法通过正当途径而轻易获得，若其被泄露或被他人使用，能够为他人带来经济利益，因而具有直接或间接经济价值；同时（2）是在特定情况下已采取必要的、合理的保密措施予以保护的对象。

2020年1月5日，美国政府与中国政府达成经贸协议，"双方同意，保密商务信息是涉及或与如下情况相关的信息：任何自然人或法人的商业秘密、流程、经营、作品风格或设备，或生产、商业交易，或物流、客户信息、库存，或收入、利润、损失或费用的金额或来源，或其他具备商业价值的信息，且披露上述信息可能对持有该信息的自然人或法人的竞争地位造成极大损害"。①

---

① 《关于发布中美第一阶段经贸协议的公告》，中央人民政府网，2020年1月16日，http://www.gov.cn/xinwen/2020-01/16/content_ 5469650.htm。

2. 德国对商业秘密概念的界定

德国有关商业秘密保护制度主要规定于《反不正当竞争法》中。在德语中，往往将商业秘密和营业秘密称为"企业秘密""经济秘密"。在德国法学界的理论和实践中，商业秘密指具有一定技术性的、包含认知经验的知识，或者具有技术性、管理性、商业性，且在企业经营活动中具有反复使用价值的经验及知识。这些经验和知识必须通过相关人员的努力或长期积累方可取得，具有较高的经济意义。较早的时候，德国对于商业秘密这一概念有明显的分歧，无论是理论研究的学者，还是具体案件的审判实例，对其本质和内涵有不同的看法，大致可以分为两大类，一是意思说，二是利益说。

前者认为，如果一个企业中的所有人或者绝大多数人都对一个信息具有保密意思，那么就可以认为这个信息是一种商业秘密，也就是说，是否属于商业秘密取决于这个信息所在企业的所有人的保密意思。只有在一个企业中所有人员都有这个意思，而且都将之付诸行动，那么该信息才可以称得上是商业秘密。而后者则更加强调利益，但同样是针对所有人的，也就是说，只有当一个企业中的所有人都可以因为这个信息的保密而获得一定的利益，而且这个利益的获得必须是合法的，才可以认为这个信息属于企业的商业秘密。

这两种看法实际上都有些片面，若一项事实被认定为商业秘密，必须同时具备保密意思及正当利益。反不正当竞争法的立法宗旨是更好地保护那些诚实守信的企业，防止不正当的竞争手段损害了这些诚实企业的利益。这种理论上的分歧也同样存在于德国司法界。从目前的情况来看，德国的审判案例中比较认可的商业秘密对象主要有：客户名单及信息、保险公司代理人名单、企业年度财务报表、定价方法及要素、合同条款（如前期谈判的阶段性成果，产品及价款的支付条件)、招投标材料、组织销售的材料、广告设计、广告委托书、产品营销方案等。

3. 日本对商业秘密概念的界定

日本继承了德国的传统,将商业秘密保护制度规定于《反不正当竞争法》之中。1911年,日本制定的《不正当竞争防止法(草案)》中,有三个条文涉及商业秘密保护,其表述为商业秘密是指营业秘密、业务秘密和技术秘密,主要内容为"因业务委托关系而持有产品模型、制造方法、封存样本或者其他与技术有关的秘密的受托方,违反约定泄露或使用者,委托方得请求其赔偿损失。雇员在委托或者雇佣关系存续期间,泄露其所知悉的业务秘密的,雇主就因此所受损害,得请求其赔偿损失"。

1993年,日本对其《反不正当竞争法》进行修订时增加了对商业秘密保护的相关规定,其对商业秘密概念的表述为"在商业活动中能为企业带来经济利益的产品制造方法、市场营销策略或其他技术策略或企业管理信息,而且这些信息必须通过秘密方式予以保守,并且不易被公众所知"。

4. TRIPs协议对商业秘密概念的界定

《与贸易有关的知识产权协议》(以下简称"TRIPs协议")将商业秘密规定为知识产权的重要客体之一,要求各成员国承担相应的保护义务。TRIPs协议第二部分第七节规定了"未披露信息的保护"(protection of undisclosed information),此处的未披露信息(undisclosed information)即商业秘密,只是称谓不同而已。

根据TRIPs协议之规定,商业秘密指的是满足下列条件的信息:第一,相关信息作为一个整体或其各部分的具体构造或组合,并且不为通常接触该种信息的领域内的人们所普遍知悉或者容易获得;第二，属于保密范畴而具有现实或者潜在的商业价值；第三，合法持有该信息的人根据实际情况采取了合理的、必要的保密措施。虽然各国对商业秘密的概念规定得不尽相同，但基本都体现了 TRIPs 协议中所规定的"不为人们普遍知悉"、具有"商业价值"和采取了"保密措施"的基本要素。1996 年，世界知识产权组织公布了《反不正当竞争保护的示范法》，该法使用"秘密信息"（secret information）一词体现对商业秘密的保护。

5. 我国对商业秘密概念的界定

在原《反不正当竞争法》中，商业秘密是指不为公众所知悉、能为权利人带来经济利益，具有实用性并经权利人采取保密措施的技术信息和经营信息。2017 年 11 月，我国对《反不正当竞争法》进行修改，修改后的《反不正当竞争法》第 9 条第 3 款规定："本法所称的商业秘密，是指不为公众所知悉、具有商业价值并经权利人采取相应保密措施的技术信息和经营信息。"主要是将经济性和实用性合并为价值性。

2019 年 4 月 23 日，第十三届全国人民代表大会常务委员会第十次会议决定修改《反不正当竞争法》，此次针对《反不正当竞争法》的修改集中于商业秘密相关条款。根据修改后的《反不正当竞争法》第 9 条第 4 款的规定，商业秘密的定义被扩展为"本法所称的商业秘密，是指不为公众所知悉、具有商业价值并经权利人采取相应保密措施的技术信息、经营信息等商业信息"。

由此，商业信息作为技术信息和经营信息的上位概念，能够覆盖部分难以被界定为技术信息或经营信息，但具有商业价值的信息，如公司实际控制人、股权代持信息等，这些信息在《反不正当竞争法》修改之前将较难被纳入"经营信息"的范畴，在《反不正当竞争法》

修改之后则可以作为商业信息被纳入商业秘密范畴。

也就是说,将商业秘密的本质界定为一种商业信息。本章主要厘清商业秘密的本质,包括商业秘密与其表现形式、载体、密点之间的关系,以及商业秘密的构成要件。

二 商业秘密的本质

我国《反不正当竞争法》将商业秘密界定为信息,这是非常准确的,商业秘密的本质就是一种信息。要理解商业秘密,首先需要界定何为信息。在我国,"信息"一词有悠久的历史,早在两千多年前的西汉,即有"信"字的出现。"信"常可作消息来理解。作为日常用语,"信息"经常是指"音讯、消息",但至今"信息"还没有一个公认的定义。"信息"一词在英文、法文、德文、西班牙文中均是"information",日文中为"情报",我国台湾地区称之为"资讯"。

在现代社会中,信息通常指音讯、消息、通信系统传输和处理的对象,泛指人类社会传播的一切内容,是减少人类不确定性的事物。人们通过获得、识别自然界和社会的不同信息来区别不同事物,认识和改造世界。

商业秘密的本质是信息,这说明商业秘密不是各种图纸,不是软件程序,也不是其他各种客观事物、行为,而是这些图纸、程序、事物、行为中所蕴含的意义、所要传递的内容,是人们对这些图纸、程序、事物、行为进行解读所获得的结果。如果不理解这一点,将商业秘密视为一大堆图纸、文字、程序或者其他各种客观事物,就大错特错了。[1]

---

[1] 法国哲学家福柯曾提出"知识分子的伦理"。在福柯看来,知识分子的工作,就是通过自己专业领域的分析,不停地对设定为不言自明的公理提出疑问,动摇人们的心理习惯、行为方式和思维方式,拆解熟悉的和被认可的事物,重新审查规则和制度,在此基础上将其重新问题化。参见包亚明主编《权力的眼睛——福柯访谈录》,严锋译,上海人民出版社,1997,第147页。

三　商业秘密的生命周期

商业秘密是动态的，都有一个生命周期，包括：创造阶段、开发阶段、专利选择阶段、应用阶段、潜在的许可阶段以及过期阶段。企业应在其生命周期的各个节点上，妥善处置每项商业秘密。在整个生命周期内，企业应对每个商业秘密进行合适的分级，这将保证商业秘密能得以妥善处理；并且根据分级，寻求用最低的安全成本获得最大利益。商业秘密的生命周期管理使得公司从商业秘密那里获得的经济利益最大化，确保保密措施安全有效，并通过减少不必要的安全保密工作降低成本。①

第二节　商业秘密的符号、载体、密点

一　商业秘密的符号

商业秘密作为一种信息，需要借助一定的形式表现出来为外界所感知。比如，技术信息可以表现为技术设备、加工图纸、技术文件、技术文字说明书等，经营信息可以表现为客户名单、报价表、合同文本、管理规定等。上述表现形式均为各种人工符号，商业秘密就是对这些人工符号的意义进行解读后获得的结果。

除了人工符号以外，商业秘密还可以表现为各种具体的事物或行为。比如，在电视剧《大染坊》中，主人公陈寿亭通过鱿鱼打卷的程度判断水温，不用温度计。温度计不仅价格昂贵，而且破损后容易浪费染料。在这里，这些也是商业秘密，其载体是具体的事物（鱿鱼）

---

① 参见〔美〕马克·R. 哈里根、〔美〕理查德·F. 韦加德《商业秘密资产管理》，余仲儒译，知识产权出版社，2017，第95~99页。

和行为（用鱿鱼测试水温）。

同一个商业秘密可以表现为不同的符号。比如，陈寿亭用鱿鱼测水温这个方法可以用文字方式记载下来，也可以通过图示方式表达出来。当然，由于不同表达方式特点不同，不同表达方式的信息表达能力存在一定的差异。

延伸阅读：小伙子挠着头笑，寿亭轻打他一下："你还想给我当师傅，我干买卖以来，辞的第一个人就是我师傅，你看着！"说着从旁边的桶里拿起一条鱿鱼，提着尾部，把那鱼头上的爪子洇到槽子里，鱼爪立刻卷起来，寿亭扬手大喊："停止加热，半桶凉水！"小伙子随手提过半桶凉水倒入。寿亭再试，鱼尾还卷："把舀子递给我。"小伙子直接舀起一舀子水，寿亭接过来，加入了一半，再试，鱼尾还是卷，又把剩下的半舀子水加进去，鱼尾还是卷，但似乎卷得慢了一些了。寿亭高喊："开机，下布！"七八个工人忙起来，机器轰轰隆隆地转了起来，大卷筒的布从上面流下，洇入槽子之后，又被这一端的机器卷起。寿亭叫过那个小伙子，把着手里的鱿鱼说："一刻钟一试，这鱼尾巴卷到这个程度为准，凉了就加热，热了就加水。染砸了我揍死你！还自称什么七号槽主！记住，就到这个成色。"说着把那条鱿鱼的尾部掐去，剩余部分横摆在一块木板上。小伙子笑着说："掌柜的，咱要是天天染灰布多好，伙计们就能天天吃鱼了。"寿亭突然想起一件事来："我说，试水温的这些鱿鱼送到伙房的时候，告诉那些做饭的傻瓜，蘸了颜色的这一截子务必去掉。上次我就看见咱那汤里有没弄干净的地方，这矾这酸全有毒，别让那些傻瓜要了咱的命，记住了？"小伙子认真地点点头："记住了，掌柜的，你快去抽根烟歇歇吧！"寿亭后退一步，拿出根烟来点上。叉着腰，看着伙计们干，然后感叹地说:"这是在青岛,有鱿鱼。过去在周村,我是用手试呀,连上烫,带上硫酸烧,我那手指头整天烂乎乎的,唉!"说着顾影自怜地叹口气,走了几步,找一个木箱慢慢坐下来。那小伙子拿着鱿鱼跑过来:"掌柜的,是这个成色不?"寿亭看看:"嗯,行,就这样。"

小伙子回身大喊:"接着下!"然后给寿亭端来一饭碗白水:"掌柜的,你先喝口水歇歇。"寿亭接过水来大口喝着。那小伙子又说:"掌柜的,我看还是用温度表吧,还是那玩意儿更准。"寿亭放下碗:"什么?用温度表?你知道吗?那水温表是德国来的,一根就是三块大洋。上回我听了东家的话,进了十根,还没用一个月,全烫烂了。那水银还蹦出来落到槽子里,毁了一槽子料。十根就是三十块,这桶鱿鱼呢?才一毛钱,咱还能解馋。你怎么不知道勤俭过日子呢!再说了,要是都知道了多少度,不就都会了?别的厂给钱多,挖走咱一个人怎么办?我告诉你这鱿鱼打卷的程度,就是信得过你这王八蛋。滚,少在这里给我支招儿!"(《大染坊》剧本节选)[1]

显然,在上述剧本中,这种商业秘密表现为用鱿鱼爪测水温的行为,是处于个体经验阶段。是否准确,完全取决于个体的感悟,运用之妙,存乎一心。还没有系统化、量化,可复制性、可推广性也受到极大限制。

二 商业秘密的载体

商业秘密的载体指承载商业秘密符号的各种介质。商业秘密主要表现为各种人工符号,这些人工符号需要依附在一定载体上。故商业秘密通常是以文字、数据、符号、图形、图像、声音等人工符号方式

---

[1] 陈杰:《大染坊》,山东文艺出版社,2003,第162页。

记载于纸介质、电磁介质和光盘等各类物品上。其中，磁质载体容量大、体积小、易复制、易携带，一个小小的U盘可以存储上千页图纸的内容。随着信息技术的发展和广泛使用，移动存储载体已经成为工作人员储存、交换信息的工具。

除了上述常规介质以外，商业秘密载体还可以包括服务器等，实施云储存。这是由于数字化技术的发展，图、文、声、像等转化为电子计算机能识别的二进制数字"0"和"1"后进行运算、加工、存储、传送、传播、还原。在这个过程中，商业秘密表现形式——人工符号没有发生变化，发生变化的仅仅是符号的载体。

除了上述载体以外，商业秘密载体还可能表现为人脑。相关信息可以储存于人们的主观意识中，这种信息是一种主观信息，容易产生变异、遗漏。当然，也可能经过加工、创造，形成新的信息。

当商业秘密的表现形式为具体事物、行为的时候，其载体和这些具体事物、行为是重合的。

同一信息可以使用不同形式的表述方法，并负载在不同的载体上。因此，不容易识别各处的信息是否属于同源的秘密，这就给商业秘密案件的办理带来巨大的困难。

2021年4月15日公布的《江苏省高级人民法院侵犯商业秘密民事纠纷案件审理指南（修订版）》2.4部分特别指出："需要注意的是，商业秘密只是某种信息，而不是载体，因此应当将某种信息认定为商业秘密，而不能将承载该信息的载体认定为商业秘密。如化合物为公众所知悉，其本身可能是商业秘密的载体，而不可能成为商业秘密的保护对象，可以作为商业秘密保护的只能是该物质的配方、制造、加工或者储藏的工艺等。"

三 商业秘密的密点

商业秘密的密点指部分可作为商业秘密的信息点,只有这部分信息点才是商业秘密的对象。从商业秘密符号中可以解读出很多种类、很多层次的信息,并非所有的信息都属于商业秘密,都能够成为商业秘密权的对象。只有其中部分信息能够成为商业秘密,这些信息被我们称为密点,这些密点才是真正的商业秘密。

密点范围的确定对权利人的权利保护十分重要,既涉及对相关信息非公知性的认定,也影响到对双方相关信息比对相同性的认定。密点范围越大,非公知性的可能性越小,而双方技术相同的可能越大,反之亦然。技术密点范围的确定对于权利人来说一般存在难度,往往需要权利人、技术人员、法律人士不断互动研究确定。

密点有四个特征。

第一,确定性。确定性是指商业秘密的具体内容,不能明确商业秘密具体内容的,视为商业秘密不存在。主张技术图纸、工艺、生产流程、方案构成技术秘密的,应具体指出设计图纸中的哪些内容、环节、步骤构成商业秘密,包括每一个具体环节的操作流程、设备需求、工艺标准等内容,不能笼统地一概视为商业秘密;主张客户信息构成经营秘密的,应准确地指明客户具体名称、联络人、联系方式、过往交易等具体信息;主张价格策略构成商业秘密的,应指出具体的定价内容和不同的定价方式的选择标准与实施方案;主张进货渠道构成商业秘密的,应提交其购买产品及原材料的交易资料及相应的供应商资料,而不应仅仅包括其所进货物的原产地。

第二,多样性。商业秘密的密点可以是一个数据、一个图示,也可以是相对比较完整的技术方案、工艺、配方、模型。在司法实践中,原告通常模糊地描述自己的技术密点，如声称某一工艺的生产技术方法或培育方法是商业秘密，实际该商业秘密只具有多项信息密点。再比如，罗定市林产化工厂、刘显驰与株洲选矿药剂厂技术秘密侵权纠纷上诉案①中，最高人民法院确认了株洲黄药生产合成工艺的关键设备混捏机具有密封性能好、有效防爆、控温准确、变载性能可靠、出料阀独特等五项特征，该厂自行设计、调试并逐步形成的球磨风选系统具有的封闭循环流程、重力分离器、鼓风机的改造、球磨机进出口端部的封闭装置和管道配置等五项技术，均处于秘密状态，不为公众知悉，这五项技术是一个相对完整的技术方案，构成商业秘密的密点。

第三，静态性。在诉讼中，密点应当"静态"地呈现在法官面前，而不能是动态变化的。司法实践中，确定密点遇到的最大挑战是权利人往往不能一次性地确定密点，权利人提供的信息往往掺杂了很多公知信息，而当事人又很难明确区分两者的边界。即便经过了秘密性鉴定甚至侵权比对，当事人对密点也依然会有争议。密点的提取和确定有可能是一个很漫长的过程，有些案件进行到了二审程序，密点还未完全确定。② 由于可以作为商业秘密保护的商业信息数量巨大，且商业秘密侵权行为方式具有隐蔽性，故不能对商业秘密权利人提出过于严苛的要求，原告有可能在一审诉讼中数次变更其主张的商业秘密。

第四，有限性。权利人所述信息中可能既涉及公知信息，又涉及不为公众知晓的信息，能获得法律保护的只能是不为公众知晓的信息。这就要求权利人划定明确边界，如商业秘密由哪些信息组成、各部分内容及相互关系、哪些是公有信息、与自己的商业秘密的界线等。

---

① 最高人民法院（1999）知终字第5号二审民事判决书。
② 《商业秘密司法保护问题调研报告》，郑州市中级人民法院网站，http：//zzfy.hncourt.gov.cn/public/detail.php?id=15478，最后访问日期：2017年10月15日。

一定程度上，密点类似于作品中的"表达"、专利中的技术特征，是作品中的独创性部分或发明中的创造性部分。

案例参考：湖北洁达环境工程有限公司与郑州润达电力清洗有限公司、陈某等侵害商业秘密再审案[①]。湖北洁达环境工程有限公司主张的第 2 项技术信息是"清洗主泵"，具体技术密点包括流量压力、可操作性和适应场地性。技术信息的载体是湖北省荆州市中级人民法院（2006）鄂荆中民四终字第 67 号民事判决书。需要指出的是，该判决书只是概括性地认定了相关工艺的辅助技术包括用于该类工程的专用设备清洗泵的制造技术，但并没有关于"清洗主泵"相关具体制造或操作技术的记载。况且，人民法院判决书属于公开文件，所载内容一般不具有秘密性。湖北洁达环境工程有限公司主张的第 3 项技术信息是"设备连接"，载体是"技术规范书"；第 5 项技术信息是"固定格式的技术规范书"，但并未进一步提供相关技术内容符合商业秘密构成条件的证据。其主张的第 4 项技术信息为"技术培训"，载体是其与陈庭荣、吴祥林签订的劳动合同，但劳动合同中并没有关于技术培训具体内容的记载。因此，二审法院对于其关于前述技术信息构成商业秘密的主张未予采纳。

本书认为，本案的关键是始终未能查清楚密点是什么，致使案件无法审理。实际上，密点不明确的，不应驳回诉讼请求，而应驳回起诉。

四 商业秘密的符号、载体、密点三者之间的关系及区分意义

一般人不会去区分商业秘密呈现形式和密点的关系，而是将图

[①] 最高人民法院（2016）最高法民申 2161 号审判监督民事裁定书。

纸、报表等文件笼统地称为商业秘密。司法实践中对密点和载体作了区分，而本书首次提出了商业秘密符号概念，符号、载体、密点三者之间的关系如下。

第一，密点是具体的信息，商业秘密的表现形式在绝大多数情况下为符号组合，其组合成果一般称为图纸、报告等，密点存在于具体的符号组合中。密点的确定是商业秘密维权的基础，解决案件审理的对象问题。无论是判断相关信息是否构成商业秘密，还是进行后续的相似性比对，都要围绕确定的密点而展开。

第二，商业秘密表现形式多数情况下是符号组合，蕴含在如图纸、报告、名单等符号组合中。符号组合中可能包含密点，也可能包括很多公知的信息，并不全是商业秘密。当事人主张商业秘密保护时，对商业秘密的具体表现形式（也即对应的符号组合）要进行准确描述。在办案过程中，很重要的一点就是要判断被告或犯罪嫌疑人有无机会接触到该符号组合。

第三，就载体而言，商业秘密表现形式多数情况下为符号组合，符号组合有形无体，必须存在于一定的载体上。二者之间的关系如同作品和著作物之间的关系。作品是符号组合，是著作权的对象；而著作物则是具体的书本等动产，是物权的对象。

明确商业秘密载体的意义在于：首先，在侵权案件中，是否存在窃取、复制载体的行为，这是厘清侵权情节的重要内容；其次，在商业秘密交易过程中，也往往涉及交付问题，这种交付通常就是载体的交付。当然，目前也可能不用交付载体就可以完成交付。比如，通过信息网络进行发送或在计算机上进行拷贝，均没有发生载体的移转。

总之，密点主要存在于符号中，符号依附于一定的物质载体。理清密点、符号、载体三者之间的关系，有助于判断商业秘密侵权行为的具体情形以及商业秘密交付等法律问题。

案例参考：原告河南省天宁种业有限公司诉被告河南光辉种子有限公司侵犯商业秘密纠纷案①。原告主张其"天宁2号"棉花育种方法属于其商业秘密，被告光辉公司生产、销售的"天宁2号"棉花种子侵犯了其育种方法。要判断光辉公司的行为是否构成侵权，需要对原、被告的育种方法进行技术对比，但原告天宁公司讲不清种子培育方法，也讲不清具体密点，因而无法进行比对。本书认为，在此种情况下，原告尚不具备起诉条件，应当驳回起诉。

案例参考：沈阳化工股份有限公司与唐山三友氯碱有限责任公司、辽宁方大工程设计有限公司等侵害技术秘密纠纷案②。三友公司称，沈化公司主张糊树脂技术在整个工艺流程、技术配方、实际操作等方面均属于技术秘密，却未提供技术秘密载体的相关证据，也未明确技术秘密的具体信息和内容，致使三友公司无法进行针对性的答辩、举证和质证，因而不能认定沈化公司的糊树脂技术构成技术秘密。

沈化公司称，技术秘密的内容具体明确，部分密点有：配料及加料工序，聚合、放料及冷却工序，干燥包装工序，以上工序文字表述须结合流程图进行解释说明，文字表述与图纸构成完整的权利载体。密点还有微悬浮法生产聚氯乙烯糊树脂工艺中所采用的主要设备的技术规格、技术参数以及原料组分。

法院认为，在商业秘密侵权纠纷中，请求保护的权利人应列明技术秘密的具体内容，并界定其与公知技术信息之间的不同。由于请求作为商业秘密保护的技术信息或者经营信息的类型、所涉领域不同以

---

① 河南省郑州市中级人民法院（2009）郑民三初字第364号一审民事判决书。
② 河北省唐山市中级人民法院（2018）冀02民初444号一审民事判决书。

及侵权行为方式不同，**不能将商业秘密的具体内容仅仅理解为一段文字的集中体现**。沈化公司请求保护的商业秘密广泛分布于具体工艺流程、核心设备技术规格及技术参数、原料组分等各个环节。为证明涉案技术信息不为公众所知悉，沈化公司在司法鉴定过程中还提供了相关工艺流程图9张（蓝图）及设备一览表2张（蓝图）、2个微悬浮法聚氯乙烯糊树脂生产配方，故其技术秘密信息的载体是明确具体的。因此，三友公司主张沈化公司未明确商业秘密的具体内容的主张与事实不符，法院不予支持。

本书认为，本案中密点、表现形式和载体三个方面的区别特别明显，密点是具体的配方、参数等信息，表现形式为图纸，而载体则是纸质的蓝图本身。法院认为"不能将商业秘密的具体内容仅仅理解为是一段文字的集中体现"，实际上是将密点和表现形式（符号）区分开来。

案例参考：烟台万斯特有限公司与刘云龙侵害商业秘密纠纷案[①]。万斯特公司在诉讼中主张构成其商业秘密的密点为：1. 缸套内孔镀铬的工艺参数；2. 缸套镀铬夹紧内环的结构；3. 阴极面积与阳极面积的比值；4. 阴极与阳极之间的距离；5. 阳极的结构；6. 镀铬后研磨的加工设备——研磨机及其工作原理；7. 镀铬后研磨的加工机具——研磨头的结构；8. 镀铬后研磨的加工机具的研磨方法；9. 镀铬后研磨的夹具的结构；10. 镀铬后研磨的磨料配方及其他工艺参数；11. 研磨后缸套的内孔抛光方法；12. 缸套外圆与镗孔夹具的配合定位方式；13. 缸套外圆与研磨夹具的配合定位方式；14. 使用无味煤油、活塞（即拖把）等清洗研磨后的缸套。

---

① 最高人民法院（2013）民申字第1048号审判监督民事裁定书。

被告辩称，万斯特公司所主张的CROMARD缸套镀铬与处理技术不是商业秘密。我国从20世纪70年代即开始研究薄壁镀铬缸套技术，其原理和工艺流程的研究文章在20世纪80年代初即在专业刊物上公开而成为公知技术，多个单位在使用该技术。如果万斯特公司认为自己的CROMARD缸套镀铬与处理技术构成商业秘密，应当首先明确相应信息的具体内容，即万斯特公司应明确其主张的商业秘密的保密范围或密点的具体内容，将其与所属领域内的公知技术部分予以区分，并提供相应证据予以证明，且有理有据地证明密点与公知技术的本质区别。

对于万斯特公司主张的密点1，2001年4月第2版第13次印刷的《电镀工艺手册》中公开的工艺参数与万斯特公司主张的该密点中的工艺参数基本相同，且在最高人民法院作出的（2013）民申字第1048号民事裁定中已认定万斯特公司主张的该技术信息已为公众所知悉，故万斯特公司主张该技术信息构成其商业秘密不当，法院不予支持。

对于万斯特公司主张的密点2至密点14，三被告没有提供充分证据证明上述密点的具体信息已为本领域普通技术人员所普遍知悉或容易获得，法院认定构成上述密点的技术信息具有秘密性。上述技术信息具有实用性和价值性，万斯特公司也采取了合理的保密措施，法院认定万斯特公司主张的上述密点的技术信息构成商业秘密。

案例参考：艾康生物技术（杭州）有限公司与杭州微策生物技术有限公司、华杰侵害商业秘密纠纷案[①]。本案中，记录原告所主张的商业秘密的载体为《滚刀切割工序操作流程》（或《切割工序操作规程》），在相关市场上存在其他小滚刀切割机。在相关市场已经存在功能、用途与原告一致的小滚刀切割机的情形下，原告无法说明其所

---

① 浙江省杭州市中级人民法院（2017）浙01民终7141号二审民事判决书。

采用的小滚刀切割机操作流程与相关市场上其他小滚刀切割机操作流程有何不同,其密点在何处,以及二者相比,原告的操作流程具备何种优越性及竞争优势。故原告关于涉案的小滚刀切割机操作流程构成商业秘密的主张,缺乏事实依据,法院未予支持。

第三节　非公知性

在决定信息是否属于商业秘密时,秘密性是最为重要的因素,秘密性是商业秘密区别于其他信息的最根本的属性,也是商业秘密和知识产权对象的重大差异。知识产权对象均具有公开性,以公开相关成果、标志为获得法律保护的先决条件。

法律上对非公知性存在着重大的争议:有的认为,不为公众所知悉就是商业秘密的新颖性;有的则认为,不为公众所知悉指的是秘密性;还有的则认为,不为公众所知悉同时包含了新颖性与秘密性两重含义,其中更重要的是新颖性,而秘密性还与采取保密措施有关。[1]

在专利法上,新颖性是指在申请日以前没有同样的发明或者实用新型在国内外出版物上公开发表过、在国内公开使用过或者以其他方式为公众所知,也没有同样的发明或者实用新型由他人向国务院专利行政部门提出过申请并且记载在申请日以后公布的专利申请文件中。

本书认为,"不为公众所知悉"指的非公知性,就是秘密性。至于是否具有新颖性,主要取决于对新颖性的概念如何进行界定。一个信息,只要具有非公知性,相关公众不能从公开渠道取得,则该信息一定同公知信息具有某种差异性;只要其具有差异性,则一定具有新颖性。可以说,差异性即新颖性。从这个角度上看,非公知性即秘密

---

[1] 孔祥俊:《商业秘密保护法原理》,中国法制出版社,1999,第32页。

性，也即新颖性，只是表述方式不同而已。

问题是，在各国商业秘密制度中，为什么不采用新颖性概念，而采用非公知性或秘密性概念。主要原因可能有两个：一是新颖性概念往往同创造性概念联系在一起，新颖性强调与现有技术的差异，创造性则强调针对现有技术的优越性，不使用新颖性概念，也是避免产生针对商业秘密的创造性要求；二是避免同专利法上的新颖性标准混同，专利法上的新颖性标准要求比较高，包括公开的方式、地域范围，但在商业秘密法上，非公知性的标准和要求则相对较低，因而不能比照专利法上的新颖性标准。

一 法律上对"非公知性"的规定

国家工商行政管理局《关于禁止侵犯商业秘密行为的若干规定》第2条第2款指出："本规定所称不为公众所知悉，是指该信息是不能从公开渠道直接获取的。"

《最高人民法院关于审理不正当竞争民事案件应用法律若干问题的解释》（2020年修正，现已失效）确定了考量标准。该解释第9条第2款规定："具有下列情形之一的，可以认定有关信息不构成不为公众所知悉：（一）该信息为其所属技术或者经济领域的人的一般常识或者行业惯例；（二）该信息仅涉及产品的尺寸、结构、材料、部件的简单组合等内容，进入市场后相关公众通过观察产品即可直接获得；（三）该信息已经在公开出版物或者其他媒体上公开披露；（四）该信息已通过公开的报告会、展览等方式公开；（五）该信息从其他公开渠道可以获得；（六）该信息无需付出一定的代价而容易获得。"

上述几项标准中，前五项标准相对具体，而第六项近似于兜底条款,也是认定有关信息是否具有"非公知性"的基本原则。依据这个原则,所谓的"非公知性"并非要求绝对无法从其他途径获得,只是要求从其他途径获得需要付出一定或相当的代价。①

《最高人民法院关于审理侵犯商业秘密民事案件适用法律若干问题的规定》(法释〔2020〕7号)第3条规定:"权利人请求保护的信息在被诉侵权行为发生时不为所属领域的相关人员普遍知悉和容易获得的,人民法院应当认定为反不正当竞争法第九条第四款所称的不为公众所知悉。"

第4条规定:"具有下列情形之一的,人民法院可以认定有关信息为公众所知悉:(一)该信息在所属领域属于一般常识或者行业惯例的;(二)该信息仅涉及产品的尺寸、结构、材料、部件的简单组合等内容,所属领域的相关人员通过观察上市产品即可直接获得的;(三)该信息已经在公开出版物或者其他媒体上公开披露的;(四)该信息已通过公开的报告会、展览等方式公开的;(五)所属领域的相关人员从其他公开渠道可以获得该信息的。将为公众所知悉的信息进行整理、改进、加工后形成的新信息,符合本规定第三条规定的,应当认定该新信息不为公众所知悉。"

TRIPs协议第39条规定:"……属秘密,即作为一个整体或就其各部分的精确排列和组合而言,该信息尚不为通常处理所涉信息范围内的人所普遍知道,或不易被他们获得……"

二 非公知性的特征

第一,客观性。商业秘密的秘密性表现为一种客观的秘密状态,

---

① 在美国联邦宾夕法尼亚东区地区法院审理的原告大陆数据系统公司诉埃克森公司案件中,法院认为:"秘密性这一基本要素必须存在。也即,除了通过不正当手段外,要获得该商业秘密是困难的。"黄武双等译《美国商业秘密判例1 公共政策、构成要件和加害行为》,法律出版社,2011,第430页。

它与信息持有人的主观认识无关。信息持有人主观上认为其处于一种秘密状态，但客观上并非如此，也不具有非公知性。

第二，公众群体的相对性。在不同的知识水平、专业技能和意志、兴趣的人眼中，一种信息的意义往往有天壤之别。因此，竞业以外的人及特定人知悉并不会构成该信息的公开性。

第三，行业范围上的相对性。在对秘密性和新颖性进行界定时，也明确强调"本行业"。这里所称的"行业"的含义是特定的，一般不是指工业、农业、商业这样的大行业，而是指运用某种专门知识的行业，包括各种社会上约定俗成的经营行业，如复印机修理业、房地产投资业、化妆品传销业，不是严格按照教科书来划分的。从这一前提出发，如果一种商业信息在一个行业、专业中是一般人所知的，但在另一行业、专业中其可以使用且"尚属秘密（这在新技术在其他领域内转用时最为明显）时，其对于后一行业、专业来讲仍属商业秘密"。[1]

第四，地域范围上的相对性。秘密性的地域范围并不像专利发明的新颖性那样，有一确定的空间标准，而是随着个案中有利益冲突的主体性质的不同而不同。例如，当案件所涉及的是两个跨国公司的竞争时，则应考虑到世界范围内的相关公众。我国地域辽阔，各地发展不平衡。有的技术在沿海经济发达地区早已经推广应用进而成为公知技术，而在一些边远欠发达地区可能还鲜为人知。"商业秘密新颖性的地域范围标准在认定时不能过于严格，在甲地公知的技术信息只要在乙地的同行业中并非公众所周知，则它同样构成乙地的商业秘密。"[2]

---

[1] 张玉瑞：《商业秘密法学》，中国法制出版社，1999，第189~190页。
[2] 孔祥俊：《商业秘密保护法原理》，中国法制出版社，1999，第40页。

三 判断非公知性的方法

第一，获取商业秘密的难度，这是判断非公知性的一个重要方面。这需要考察权利人开发某项信息在劳动、时间和资金方面的投入，以及被告或善意第三人获取该项信息的难易程度，以此确定涉案信息的秘密性程度。其内涵在于：权利人开发商业秘密作了相当的投入，从而使得商业秘密能够区别于一般公知信息。如果信息不需要作此投入即能轻易获取，则不能作为商业秘密予以保护。如通过对原告出售产品进行简单测绘与分析等反向工程手段即能知悉原告的信息内容，该信息就不具有非公知性。

第二，与现有信息的差异性。"不为公众所知悉"是对商业秘密内容的要求，主要是要求作为商业秘密的信息应有新颖性，只是对这种新颖性要求较低，只要其与众所周知的信息有最低限度的区别或有新意，即信息的内容或其组合不同于常规的或现有的技术或者公有信息。

第三，信息组合过程的创造性。该组合本身并非有关信息的简单罗列和堆砌，而是蕴含了权利人独特的取舍、整合、编排、归类等劳动。比如，在一涉及技术秘密的案件中，法院认为，某一全部由公知信息组成的技术信息是否具有非公知性，取决于在形成该技术信息的过程中，各公知要素的选取和组合是否蕴含创造性劳动，即该技术信息并非由随意选取的公知信息进行简单罗列、堆砌而成，而是需要以专业知识为基础，有目的、有依据地从海量公知信息中选取特定信息，并进行取舍、整合、反复校验，并最终形成可行的技术路线或方案。

笔者在办理一起确认不侵犯商业秘密的案件的过程中，原告为了证明其所使用的技术为公知技术，不侵犯被告的商业秘密，花费了8

万元向第三方购买了一套生产图纸。实际上，这一举动恰恰证明了相关信息的非公知性，说明该技术在公开场合并不容易获取，一定要付出相当大的代价才能够取得。反之，如果仅仅是花费80元就能够从网上随意购买一套，就可能不具有秘密性。

2021年4月15日公布的《江苏省高级人民法院侵犯商业秘密民事纠纷案件审理指南（修订版）》第2.5.3条规定了客户信息秘密性的认定方法。

> 认定客户信息秘密性的基本标准可以归纳为客户信息的特有性以及获取客户信息的难易程度。一般应当注意审查以下几个方面：
>
> （1）原告应当提供其与客户发生交易的相关证据。比如合同、款项往来凭证等。一般而言，原告所主张的客户应当与其具备相对稳定的交易关系，而不是一次性、偶然性交易的客户。但是，当事人仅以与特定客户保持长期稳定交易关系为由，而未明确其通过交易获知特定客户信息内容，其主张该特定客户信息属于商业秘密的，不予支持。例外的情形是：原告通过付出一定代价建立起的潜在客户信息，可能给原告带来一定的竞争优势，因此不宜以未存在交易而否定其商业秘密属性，而应当根据客户信息认定规则综合认定；
>
> （2）原告应当证明其为开发客户信息付出一定的劳动、金钱和努力；
>
> （3）原告应当证明客户信息的特有性。即与为公众所知悉的信息的区别。对于尽管不熟悉情况的人可能不会快捷地获得，但仍然可以通过正常渠道获得的信息，一般不能认定为商业秘密。

与此对应，产品出厂价格、年订购的数量底线以及双方特定的交易需求、利润空间则很有可能被认定为商业秘密。在中国青年旅行社诉中国旅行总社侵犯商业秘密民事纠纷一案中，最高人民法院认为，"原告拥有的客户档案并不仅仅是国外旅行社的地址、电话等一般资料的记载，同时还包括双方对旅游团的来华时间、旅游景点、住宿标准、价格等具体事项的协商和确认，为其独占和正在进行的旅游业务，符合不为公众所知悉要件"；

（4）侵权手段愈特殊，客户信息具备秘密性的可能性则愈大。如采用窃听电话、入室盗窃等手段获得客户信息的，该信息被认定为商业秘密的机率会大大增加。

延伸阅读：美国反不正当竞争法重述第43节评论d中明确，信息的秘密性可以根据用正当手段获得遇到的困难和花费的成本进行衡量。例如，在Matrox案①中，原告的几个前雇员，曾全面参与了原雇主就一项计算机程序的开发研制，离职后开发出了该程序的二代产品并以之与原雇主竞争。在庭审中，原雇主证明其开发程序和开拓市场用了13~18个月的时间，而被告开发程序和上市却仅用了3.5~5个月的时间。这一证据表明这几个雇员的在先经历，给他们提供了与一代产品开发有关的重要的决策和攻克难点的知识基础。这些有关设计决定的主要知识，如十进制和数据结构等，缩短了他们在开发中所用的时间。因此，被告应当为违反诚信义务而承担责任。

在理查德·L.巴克利诉杰弗里·韦斯顿商业秘密纠纷案②中，美国法院认为："在查明一项工艺是否能被他人轻易获取时，法院必须

---

① [1993] Q. J. No. 1228（Q. Ct）.
② 677 N. E. 2d 1089, 12 IER Case 1206, 42 U. S. P. Q. 2d 1564, 转引自黄武双等译《美国商业秘密判例》，法律出版社，2011，第149页。

考察通过正当手段复制或掌握该工艺所需要花费的时间、精力以及成本。主张该工艺构成商业秘密的当事人应当承担证明该工艺不能轻易为人知悉的证明责任。该当事人必须证明，他人需要投入大量时间、成本和劳动来复制该信息或工艺。"

在美国彼德蒙特烟花公司诉萨特克立夫案①中，原告彼德蒙特烟花公司从事烟花零售和批发业务，并为客户提供烟花表演服务。被告萨特克立夫曾受雇于原告，离职后自己开公司从事与原告相竞争的烟花业务。原告认为被告泄露其客户名单这一商业秘密，被告认为客户名单不构成商业秘密，因为它只是记录了一些公开的信息或通过单独的调查即可获知的信息。法院认为，对烟花行业来说，要不断地挖掘和培养客户资源，市场上不存在现成的客户。客户资源存在不确定性，难以准确获知哪些人对烟花生意感兴趣。这一行业的工作人员通常通过逐户探访来寻找客户，这是一种耗时、成本又高的方法。当事人在编辑客户名单时，虽然信息来源于公共渠道，但其花费了大量的成本与时间将其汇编成册，并采取了合理的保密措施，那么此类客户名单应被认定为商业秘密而受到保护。如果客户名单包含的是公知信息，且第三人能轻易编辑此类信息，则其就不是商业秘密。本案中，原告为开发客户花费了大量的人力、物力，表现在：原告通过数年逐户走访，了解并记录每一个客户的名称、地址、电话、是否已订约、上次订约数量，需求烟花的类型、客户对于烟花燃放景象的观感以及客户的建议等，在获取了这些初步信息之后，原告还要对此类信息进行编辑、汇总、归类等汇编成册的劳动，从而形成了其完善的客户信息源。"虽然它只是记录了一些公开的信息或通过单独的调查即可获知的信

---

① 2000 U. S. Dist LEXIS 2362（February 21，2010），转引自李梦圆、奚秋玲、杨哲、张胤雯、王碧云《客户名单保护司法实践难点探究》，《知识产权法研究》（第9卷），北京大学出版社，2011，第89页。

息，但因其搜索耗时、耗力巨大，最终认定构成商业秘密。换言之，该客户名单耗费了相当的人力、物力、财力，体现了最低程度的新颖性。"

案例参考：在常德经济技术开发区新理想艺术培训学校与何华华、湖南塞上教育咨询有限公司及长沙市岳麓区楚卓美术培训学校、桃源县职业中等专业学校侵犯商业秘密纠纷案[1]中，长沙市中级人民法院认为：新理想学校所主张的学生名册为桃源职中工美13班学生名册，从信息构成来看，该名册仅记载了姓名、性别、出生年月和联系电话。该名册虽然不能在公开渠道中直接取得，但并不具备隐秘性和难以获得的特点。被上诉人通过其他普通渠道同样能够实现联系或获得名册中所记载的信息。其次，该名册也不含交易的习惯、意向、内容等区别于相关公知信息的特殊客户信息。新理想学校上诉主张该名册所包含的特殊信息，足以构成上诉人在同类市场主体中的特有竞争优势、足以给上诉人带来排他性的市场收益，符合法律规定的商业秘密性质，属于法律保护下的客户名单性质的商业秘密，法院不予采纳。一审法院关于该名册不属于商业秘密中的客户名单的认定，二审法院予以支持。

关于新理想学校2015年《美术专业培训方案》是否具有秘密性的问题。新理想学校上诉称培训计划信息是学生名册的必然性商业结果，包括收费性美术培训在特定时间段、地点、管理等所作的实施细则与工作安排，系与第三人长期合作、签订合作协议并实际履行，投入了大量劳动、金钱和业务努力的结果，培训计划信息与学生名册共同构成商业秘密。但法院查明，学生家长均可轻易获得该美术培训方案，亦可通过该方案知晓培训时间、学校管理模式和收费标准等。故

---

[1] 湖南省长沙市中级人民法院（2017）湘01民终3071号二审民事判决书。

新理想学校的培训计划信息不具有"不为公众所知悉"特征。

显然，在上述案例中，学生名册不具有秘密性，是因为其中的信息质量不高；而《美术专业培训方案》之所以不具有秘密性，是因为学校轻易向家长透露，没有采取合适的保密措施，从而丧失了非公知性。

四　不丧失非公知性的几种情形

下列几种情形不认为丧失非公知性。

其一，独立多重发明。指商业秘密同时为多人所发明或拥有，彼此之间共同或分别采取保密措施，商业秘密的非公知性依然存在，拥有者均为权利主体。

其二，反向工程。对于商业秘密权利人投入市场的产品，他人通过自己的研究能够发现该产品的商业秘密，且并未予以公开泄露的。

其三，商业秘密使用与管理过程中一定范围内的公开。如企业在使用某商业秘密时，不可避免会有员工了解该秘密，甚至是交易对象掌握商业秘密。只要采取保密措施，就不能认为其丧失了非公知性。

其四，为其他行业、专业领域人士所知悉。例如，竞争对手可能将一个客户名单视若至宝，但对于该行业以外的人而言，该名单能够被轻易获得且毫无意义。

总之，商业秘密的非公知性是相对的，而不是绝对的，关键还是在于：是否在相关领域中丧失非公知性，使得他人能够轻易获得。

第四节　价值性

在 2017 年 11 月修订前，我国《反不正当竞争法》第 10 条第 3 款规定包含"能为权利人带来经济利益、具有实用性",也就是说,商业秘密的特征中包括实用性和经济性,二者可以合称为"价值性"。对于实用性和经济性的关系,在扬州恒春电子有限公司与扬州爱博德自控设备制造有限公司一案[①]中,人民法院认为,技术信息的经济性是指该技术信息通过现在的或将来的使用,能够给所有人带来现实的或潜在的经济利益。而技术信息的实用性是指其客观有用,即通过运用该技术信息可以为所有人创造经济上的价值。技术信息的实用性与经济性是密切相关的,即实用性是经济性的基础,没有实用性就谈不上经济性;经济性是实用性的结果。另外,在判断技术信息的经济性及实用性时,不能将两者完全孤立地分割开来。如某项技术信息通过使用能够形成具体的产品并实现对外销售,因其客观有用及给所有人带来经济利益,即可认定其具备经济性与实用性。

2017年11月,我国对《反不正当竞争法》进行了修改,修改后的第9条第3款规定:"本法所称的商业秘密,是指不为公众所知悉、具有商业价值并经权利人采取相应保密措施的技术信息和经营信息。"从此,不再区分实用性和经济性,但在理论上,实用性和经济性二者的侧重点不同,区分开来论述更有利于说明商业秘密的要求。

一 实用性的几层含义

实用性是指商业秘密应当具有确定的可应用性,这种确定的可应用性包括以下几层意思。

第一,具体性。商业秘密不应是大而化之的抽象原理或概念,商业秘密中的技术信息应该是相对完整的、有操作性的技术方案或阶段性技术成果,经营信息应当是深度的、可促进交易、带来竞争优势的

[①] 江苏省高级人民法院(2010)苏知民终字第0179号二审民事判决书。

信息。仅仅是简单的客户名称，仍然是抽象的，缺少具体性，并非商业秘密中的客户名单。

《最高人民法院关于审理不正当竞争民事案件应用法律若干问题的解释》（2020年修正，现已失效）第13条第1款规定："商业秘密中的客户名单，一般是指客户的名称、地址、联系方式以及交易的习惯、意向、内容等构成的区别于相关公知信息的特殊客户信息，包括汇集众多客户的客户名册，以及保持长期稳定交易关系的特定客户。"可见，客户名单本身是一个信息的集合体，包含企业交易的细节内容。而客户名称并不包含与该企业相关的交易习惯、意向、内容等细节信息，故不具有具体性。

当然，这里的具体性并不要求多么复杂。美国联邦第五巡回上诉法院在审理凯特福特公司诉塞西尔·W.哈德孙和哈德孙工业公司案件[1]中，法院认为："商业秘密的创意无须多么复杂；即使一个创意本质上很简单，它仍然可以构成商业秘密，除非它是处于公有领域的公知知识。"[2]

第二，可能性。实用性并不要求已经实际利用到生产经营中，只要求该信息具备应用的可能性。

第三，社会性。实用性并不要求权利人自己利用，也可以是其他人利用。比如，某项技术对于权利人而言是过期技术，不具有先进性，但对于行业内的其他经营者而言依然是先进的，如果泄露出来，可以缩短其与权利人之间的代差，因而也具有实用性。"这实际上提出一个问题，即实用性是以商业秘密权利人为标准，还是以社会为标准。如果以社会为标准，任何满足了商业秘密条件的信息，对合法控制该

---

[1] 444 F. 2D 1313, 170 U. S. P. Q. 437.
[2] 黄武双等译《美国商业秘密判例 1 公共政策、构成要件和加害行为》，法律出版社，2011，第176页。

信息的人，都是商业秘密，而不管对控制该信息的人有没有用。"①

第四，相对性。商业秘密的价值具有相对性，它可能在一个工业部门被认为是商业秘密，而在另一个部门毫无价值。甚至有极端的观点认为："一项商业秘密哪怕是只对所有者自己才有价值，在法律上也可享受保护。"②

二 不具有实用性的情形

第一，科学发现。科学发现指首先揭示出客观固有的事实与内在规律，技术是指在科学发现的基础上形成的解决实际问题的方案。比如，浮力定律公式是科学发现，轮船则是技术成果。科学发现之所以不能成为知识产权的对象，主要原因是以下几点：首先，科学发现是对客观世界规律的认识和描述，在一项科学发现的基础上，可能产生成千上万项具体的技术，要保护的范围是不确定的，而技术是为了解决特定问题而产生的，范围相对确定，因而更易于保护；其次，从科学发现到发明创造，中间往往还有一个漫长的过程。比如，从爱因斯坦发现光可以变成电，到后来有人把光变成电并做成一个器件（CCT器件），再到后来把器件变成电路，这个过程用了超过100年的时间。

第二，违背自然规律的技术信息。违背自然规律的技术是不能实施的，因此不具备实用性。如永动机，必然是不具备实用性的。

第三，抽象理念。如原告认为其商业优势来自真诚信奉某种神教，而被告加以泄露，这种秘密与原告的竞争优势没有关系，因而不具有实用性。在美国的 *Religious Technology Center v. Wollersheim* 案③中，原

---

① 张玉瑞：《商业秘密法学》，中国法制出版社，1999，第162页。
② 参见〔美〕丹尼斯·昂科维克《商业秘密》，胡翔、叶方恬译，企业管理出版社，1991，第12~13页。
③ 796 F. 2d 1076（9th Cir. 1986）.

告系一宗教研究组织，向法院申请保护它给一些宗教信仰者散发的宗教性的文字材料为商业秘密。法院认为，原告系宗教非营利组织，此类材料没有商业价值，只是使使用者得到精神上的愉悦。所谓的损害只是"宗教损害"，不能认定为有独立的经济价值。说到底，这种有用，仅仅是一种主观上的有用，发挥精神层面的作用，并非客观上的有用。

第四，无再现性的技术。再现性，是指所属技术领域的技术人员，根据公开的技术内容，能够重复实施某种技术方案。这种重复实施不得依赖任何随机的因素，并且实施结果应该是相同的。对于专利技术而言，这种无再现性的技术不具有可实施性，因而缺少实用性。对于商业秘密而言，无再现性的技术对于权利人而言，实施结果也不具有可预期性，说明该项技术还不能控制随机因素，尚不能掌握影响实施结果的原因。该项技术还不成熟，不具有可应用性。

第五，违反法律法规的强制性规定、损害社会公共利益的信息。这些信息不具有合法性，不能够产生预期的积极效果，明显无益，因而不能成为商业秘密。

深度思考：科技思想可否成为商业秘密？苏联《真理报》披露了一个故事。一次，一个拥有3500万美元的日本商人，不无得意地说，他年轻时穷得像教堂里的耗子，但他功名心很强，竭力寻找施展自己精力和才干的地方。当时，一个朋友建议他认真地研究苏联的科技思想产品市场。这位商人充分利用了苏联人虽拥有天才科学思想，但因经济体制僵化，科学技术难以转化为商品的弊端而大发其财。这位商人毫不掩饰地坦露："想知道我是从哪儿开始的吗？是从你们的《科学与生活》杂志中的一个栏目开始的。它给我带来了很大利益。我紧紧抓住这些思想不放,并把它们用于生产。过了一段时间,我扩大了自己的企业。现在我订了差不多你们全部专业刊物。我的专家认真筛选这些刊物,从里面捞取大量勇敢奇异的新思想,而你们苏联人却没有利用它们。"①

在美国联邦第一巡回上诉法院上诉人罗杰博坦、被上诉人弥尔顿·布拉德利公司诉讼纠纷案件②中,发明人构思了新的想法后,将想法告诉了玩具生产商以求得合作。在披露合同签订后,生产商没有接受发明人的想法。由于发明人相信,生产商之后推出的新玩具是利用了自己的想法,他们提起了诉讼,宣称其属于对商业秘密的侵占。该案审理的关键是当事人之间有无保密关系。③ 显然,抽象的想法,还没有具体化为完整的技术方案,自然不能去申请专利,但作为商业秘密进行保护也未尝不可。

三 和专利法中实用性的关系

在专利法中,实用性是指该发明或者实用新型能够制造或者使用,并且能够产生积极效果。要求申请专利的发明或者实用新型具有实用性,并不是要求这种发明或者实用新型在申请时已经实际予以制造或者使用,由此来证明产生了积极效果。只是根据申请人在说明书中所做的清楚、完整的说明,所属领域的技术人员根据其技术知识或者经过惯常的试验和设计后,就能够得出申请专利的发明或者实用新型能够予以制造或者使用,并能够产生积极效果的结论。

---

① 刘荣等:《无孔不入的日本"工业间谍活动"》,《中外企业文化》2001年第12期。
② 763 F. 2d 461, 226 U. S. P. Q. 605.
③ 参见黄武双等译《美国商业秘密判例1 公共政策、构成要件和加害行为》,法律出版社,2011,第395~404页。

商业秘密的实用性和发明创造的实用性之间有很多共同点，比如，违背自然规律的、违反法律法规强制性规定的、损害社会公共利益的，不具有实用性。但在专利法上缺少实用性的一些技术，在商业秘密法上可能就具有实用性。

1. 利用独一无二的自然条件的产品

这种产品在专利法上不具备实用性，不能申请发明或者实用新型专利。其中一个理由就是：利用特定的自然条件建造的自始至终都是不可移动的唯一产品。另一个可能的理由就是：只要具备了独一无二的自然条件，就可能拥有某种垄断地位，取得类似专利权的效果。但这样的一种技术，完全可以成为商业秘密的对象。

2. 人体或动物体的非治疗目的的外科手术方法

在专利法上，这类技术以有生命的人或者动物为实施对象，无法在产业上使用，因此不具备实用性。例如，为美容而实施的外科手术方法，或者采用外科手术从活牛身体上摘取牛黄的方法，以及为辅助诊断而采用的外科手术方法，实施冠状造影之前采用的外科手术方法等。专利法上的实用性须以能够在产业上应用为前提，这些技术不能在产业上大规模的重复应用，故在专利法上不具有实用性。但这些技术在个案当中依然可以使用，因此，在商业秘密法中，它们仍然具备实用性。

3. 用原子核变换方法获得的物质

用原子核变换方法获得的物质是指用核裂变或核聚变的方法获得的单质或化合物。几乎所有国家对此都不给予专利保护。一是出于国防上的考虑，这类物质可以用来制造核武器；二是保护本国核工业不受外国相关专利的冲击。不过，这两个理由并不能否认给予商业秘密保护的必要性。相反，保护商业秘密，反而有助于维护国家安全。

4. 智力活动的规则和方法

智力活动通常包括：各种设备和仪器的使用说明、教学方法、乐谱、音乐、速算法、口诀、语法、计算机语言和计算规则、会计记账方法、统计方法、游戏规则和各种表格等。智力活动规则和方法不能被授予专利权，主要原因在于：第一，这是一种精神性的思维运动，不使用自然力，因而不具备技术特征；第二，作为一种智力活动，很难防备、制止他人的使用。但对于商业秘密而言，上述两点理由是不成立的。首先，商业秘密的对象不一定是技术，还可以是经营信息，包括管理信息，智力活动规则可以作为非技术信息成为商业秘密对象；其次，商业秘密是不公开的，只要处于非公知状态，就可以为权利人带来实际利益，包括竞争优势。因此，智力活动规则可以成为商业秘密的对象。

5. 动植物品种

动植物品种通常不授予专利权，但其生产方法可以申请专利。主要考量可能在于：第一，丰富这个世界上的动植物品种，防止垄断；第二，自然界存在的动植物不是人类的发明创造，而人工培育的动植物品种必须经过较长时间的、好几代的筛选才能达到显著性、稳定性和均一性，这一点给专利审批带来很大困难。就商业秘密而言，动植物品种一旦面世，即丧失商业秘密。但不管是否成熟，其生产方法均可以作为商业秘密进行保护。

6. 疾病的诊断和治疗方法

基于人道主义以及社会伦理方面的考量，医生应当有选择诊断和治疗方式的自由。另外，这类方法以人体或动物体为实施对象，不能在产业上大规模利用，不能获得专利权。在商业秘密法上，疾病的诊断和治疗方法只要是处于秘密状态，能够产生竞争优势，就可以成为商业秘密的对象。

四 经济性的具体体现

1. 现实的经济利益

权利人通过使用商业秘密直接取得经济效益。如生产出含有技术秘密的新产品；或是使得产品的性能更稳定、质量更可靠；或者降低产品成本，节约能源和原材料；或是能够拓宽商品销路或提高商品销售价格；或是开源节流，促进生产要素的优化组合，降低企业成本等。

2. 潜在的经济利益

商业秘密不仅包括其具有已经实现的经济价值，还包括虽未经当事人使用，但是一旦被使用即能产生经济利益或竞争优势的潜在的商业价值。这就意味着该信息虽还未被实际使用，但是初步实验性过程表明它是可用的。而且该信息一旦被使用，将会产生竞争优势或经济利益，如股票投资的信息、投标的标底等。这也是为什么对一些研发机构正在研制但尚未投入使用的商业秘密给予保护的原因。比如，一些失败的实验数据和记录，侵权人直接使用此类实验记录或数据，节省了实验时间和经济投入，同时也为其商业秘密尽快投入使用、占领市场赢得先机。

在上海环伟生物科技有限公司与上海医药工业研究院、无锡中佳科技股份有限公司等侵害技术秘密纠纷案[1]中，原告主张的环伟公司技术秘密中的其他菌种组合均没有提供各组合方案的技术支撑和实验数据，因此无法证明其具有唯一性和科学性。根据本领域的一般常识和行业惯例，环保用益生复合菌的菌种及组合，均需要在理论基础上经过一系列实验获得技术支撑和实验数据，据此确定各个菌种组合的

---

[1] 上海市高级人民法院（2014）沪高民三（知）终字第43号二审民事判决书。

可应用性和唯一性。故鉴定报告认为除艾科净配方和原告配方2之外的其他组合，从技术角度来看不具备严格的科学性，其形成不具有合理性。既不能具有现实的经济利益，也不具有潜在的经济利益，缺少商业价值。

3. 竞争优势

竞争优势通常是指企业在产出规模、组织结构、劳动效率、品牌、产品质量、信誉、新产品开发以及管理和营销技术等方面所具有的各种有利条件。企业竞争优势是这些有利条件构成的整体，是企业竞争力形成的基础和前提条件。

在商业秘密法上，竞争优势主要是指权利人因为拥有商业秘密而在相关市场中享有的有利地位。该有利地位可能因被告侵害其商业秘密而丧失或被重新调整。"再有一个判定某种商业秘密是否有价值的标准，便是看这项商业秘密是否也是您的竞争者所渴望拥有的。若竞争者愿付出代价而得到它，这就说明了它的价值。这个标准尤其适用于当您有一项情报，但出于商业考虑决定暂时不对其加以利用时——从法律上讲，有意不去使用某种技术而加以保密，并不因此减低或消失它的价值。"[1]

竞争优势可以表现为抽象的领先时间，如获取商业秘密使被告的科研或者生产前进了若干年，这时原告可请求以丧失的领先时间来折算损害赔偿额。我国法院在认定商业秘密能为权利人带来竞争优势时，并未花费过多的笔墨作出精确的论述，而往往在认定原告商业秘密的秘密性、实用性以及采取的保密措施后，直接以逻辑推理下定结论。

---

[1] 〔美〕丹尼斯·昂科维克:《商业秘密》，胡翔、叶方恬译，企业管理出版社，1991，第14~15页。

相比较而言，美国的诸多判例是以被告因侵占原告商业秘密而使产品较早面市的领先时间优势来证明原告商业秘密能为其带来竞争优势。比如，在美国联邦第十巡回上诉法院审理的泰勒斯公司、泰勒斯计算机产品公司与 IBM 公司案件[①]中，泰勒斯公司高薪引诱 IBM 公司的关键员工离职并加入其麾下，由此获得了他们一并带来的源代码、存储器产品等秘密信息。这些信息的取得令泰勒斯公司无须付出巨大的时间精力通过反向工程等方式从公开市场上出售的产品中获取同样的信息。在商业秘密的帮助下，泰勒斯得以抢先一步销售同类产品。美国法院认为，正是这一"抢跑"或"领先时间"，使得泰勒斯处于一个更好的经济地位，并有助于降低产品研发成本，即符合商业秘密的价值性要求。[②]

即使是一些失败的消极信息，也为权利人避免过度不合理的研发、减少费用的支出、避免时间的浪费及帮助拓宽科研或经营的思路。这些信息不能在商业领域使用，不具有实用性，但能为权利人带来经济价值，赢得竞争优势，在权利人采取保密措施的情形下可以获得商业秘密保护。

五 成本投入与价值性的关系

在确定某项信息是否具有商业价值时，常常需要考虑权利人的劳动、资金、时间的投入以及被告获取信息的难易程度。如在美国 *Essex Group, Inc. v. South Wire Company* 案[③]中，原告宣称自己的逻辑系统产品整体是商业秘密。为了证明价值性，原告举证其用了 3 年时间、花

[①] 510 F. 2d 894, 184 U. S. P. Q. 521, 1975: 1 Trade Case P 60, 127.
[②] 参见黄武双等译《美国商业秘密判例 1 公共政策、构成要件和加害行为》，法律出版社，2011，第 33 页。
[③] 501 S. E. 2d 501, p. 502（Ga., 1998）203.

费超过 200 万进行研发；除了自测和反复试验外，还用观察其他领域的系统和改进公得组件来不断完善；该系统使得原告每年节省 1200 万。这些事实让法院确认了商业秘密的存在。在美国彼德蒙特烟花公司诉萨特克立夫案①中，原告客户名单中的客户名称、地址、电话、是否已订约、上次订约数量、客户指定燃放处的烟花燃放景象的感观调查、今后如何提高客户烟花表演的总结性记载，是原告历经数年花费很多精力逐户探访而获得的，这就成为其具有商业秘密价值性的有力证据。②

但需注意的是，投入成本仅仅为有力佐证之一，不能将之作为衡量价值性的唯一标准，从竞争优势或经济利益上分析才是根本之道。有时候，投入很小甚至没有成本的商业秘密也可能产生巨大的经济利益或竞争优势。③美国法官在批驳被告主张原告获得商业秘密"事出偶然"，未投入多少成本而不值得保护时，给予精彩评判：一项商业秘密的价值可以像丢在路边的一个钱包，长期处于公共领域而无人注意。成百上千的过路人走过之后，直至过来一个观察者而不是过路人，发现了钱包的价值。④

案例参考：重庆旭朗科技发展有限公司与重庆小蜜蜂财务软件有限公司商业秘密纠纷案⑤。重庆小蜜蜂财务软件有限公司成立于1997年5月28日。该公司成立后，一直从事深圳市深软电子实业有限

---

① 2000 U. S. Dist LEXIS 2362（February 21, 2010），转引自李梦圆、奚秋玲、杨哲、张胤雯、王碧云《客户名单保护司法实践难点探究》，《知识产权法研究》（第9卷），北京大学出版社，2011，第89页。
② 参见汤茂仁《商业秘密的价值性标准》，"知产力"微信公众号，2015年9月14日，https：//mp.weixin.qq.com/s/5xku1o0Kvl5n2q7um71f9Q，最后访问日期：2022年12月15日。
③ 参见张耕等《商业秘密法》，厦门大学出版社，2006，第15页。
④ 参见郑成思主编《知识产权保护实务全书》，中国言实出版社，1995，第396页。
⑤ 重庆市高级人民法院（2006）渝高法民终字第105号二审民事判决书。

研发的"小蜜蜂"财务软件在重庆地区的推广、销售及售后服务工作。截至 2002 年 5 月，其已拥有使用"小蜜蜂"财务软件的固定客户 445 家，并形成客户名单，该名单上载有"购买时间、购买单位名称、联系电话以及购买模块"等内容。从 1998 年开始，周宗金等相继成为重庆小蜜蜂财务软件有限公司的员工，从事"小蜜蜂"财务软件的推销和售后服务工作。在工作中，周宗金等通常采用向相关客户出示客户名单来推销"小蜜蜂"财务软件的方法。周宗金还是该公司股东之一。2002 年 5 月 14 日，周宗金在退出重庆小蜜蜂财务软件有限公司后与阳林、周明等人入股设立重庆佳勃软件有限公司，同样从事"小蜜蜂"财务软件的销售及售后服务工作。重庆佳勃软件有限公司在经营过程中使用的客户名单与重庆小蜜蜂财务软件有限公司的客户名单基本相同，连名单上的购买时间、模块及单位排列顺序都基本相同。

重庆旭朗科技发展有限公司认为重庆小蜜蜂财务软件有限公司从 2004 年 6 月起无权经销小蜜蜂财务软件，也就不能再在其客户名单所载客户处获取经济利益，其客户名单对其已丧失经济价值，在客户方面根本不存在损失问题。

一审法院认为，重庆小蜜蜂财务软件有限公司于 2002 年 5 月前形成的 445 家客户名单属商业秘密，依法应受到保护，重庆佳勃软件有限公司利用周宗金、阳林、周明披露该客户名单构成对重庆小蜜蜂财务软件有限公司商业秘密的侵害。二审法院认为，重庆小蜜蜂财务软件有限公司从 2004 年 6 月起就不再经销小蜜蜂财务软件，即委托关系已在事实上予以解除，重庆小蜜蜂财务软件有限公司至此对小蜜蜂财务软件在重庆地区的推广、销售及售后服务工作不再享有相应的权利和承担义务，其客户名单已失去作为商业秘密存在的基础和价值。该客户名单已不具有实用性，重庆小蜜蜂财务软件有限公司不能再从经销小蜜蜂财务软件的经营行为中获取经济利益。二审判决驳回诉讼请求。

案例参考： 程济中、山东绿城房地产营销策划有限公司与虹亚房地产开发（集团）有限公司、虹亚集团等侵害商业秘密纠纷案[①]。本案中，程济中、绿城公司主张的经营信息主要包括两个方面：一是在五原县存在一个房地产开发项目；二是该项目的利润分析情况及结论，包括项目的成本、优惠政策、销售价格等。

首先，关于程济中、绿城公司主张的经营信息是否符合"不为公众所知悉"这一构成要件。一审法院认为，第一方面的经营信息即某地区存在一个房地产开发项目，属于资源情报，由于《内蒙古日报》已将这一信息予以公告，故该信息不符合"不为公众所知悉"这一要件，不属于经营秘密。第二方面的经营信息，即涉案房地产项目的利润分析情况及结论，其主要依据是程济中、绿城公司提供的两份项目利润分析报告。该两份报告包含以下内容。(1) 涉案房地产项目中具有核心价值的土地费用（土地价），该土地价是程济中与五原县人民政府经过协商并签订《开发项目协议书》确定的，系经过一定努力、付出一定代价而取得。(2) 根据政府优惠政策计算的一些项目，如建设手续费用成本、税金成本等。五原县人民政府4号文仅是对优惠政策有一些明确规定，但具体优惠政策必须与政府一事一议协商确定，这些信息的获取需要付出一定努力。(3) 与计算项目利润总额有关的成本、费用、价格等。利息成本是根据国家政策计算出来的；对于销售费用、管理费用，程济中、绿城公司主张是根据其多年来的市场经验，按涉案项目实际情况测算出来的；销售价格是程济中、绿城公司在调查当地商业住宅房价格的基础上测算出来的。上述数据的获取或计算方法对房地产行业人员而言并不难，但获取这些信息仍需到当地房

---

① 最高人民法院（2013）民三终字第6号二审民事判决书。

地产市场做相应的调查或咨询，需要付出一定劳动。由此可知，尽管"五原县存在一个房地产开发项目"这一信息已被媒体所公开披露，程济中、绿城公司在诚邀合作投资伙伴的广告中也披露了项目可能获得的利润情况，但这并不能否定上述第二个方面的经营信息所具有的秘密性。

其次，关于程济中、绿城公司主张的经营信息是否符合"商业价值性"这一构成要件。程济中、绿城公司认为其商业秘密的价值性，体现在项目利润分析报告显示涉案商业项目具有较高的投资回报价值，能为其带来巨大的经济利益。对此，一审法院认为该主张不能成立，程济中虽然与政府商定了土地价，并签订了相关协议，但在没有通过合法的招标、拍卖、挂牌出让程序，与土地管理部门签订《国有土地使用权出让合同》之前，并不意味着其必然取得相关土地使用权，有权开发相应房地产项目。因此，不应将涉案房地产开发项目可以获得的预期利润，视为涉案商业秘密可以给权利人带来的经济利益。

本案中，判断程济中、绿城公司主张的信息是否具有"商业价值性"及价值性的具体体现，关键是看掌握使用该信息能否带来竞争优势。由于房地产开发市场的信息是海量的，掌握含有土地价、优惠政策及预期利润额等重要数据的房地产项目利润分析信息，能够为信息拥有者作出是否关注及投资开发该房地产项目的决策提供信息服务，使其在海量信息中快速锁定特定的房地产开发项目、降低工作成本、缩短决策的时间及减少投入，从而获得相应商机，为其带来一定的竞争优势，故具有"商业价值性"。

最后，关于保密性，一审法院认为，程济中、绿城公司明确要求获知者对属于商业秘密的相关信息应予保密，不得向第三方泄露，并且，绿城公司与掌握其经营秘密的员工签订了包含保密条款的劳动合同,因此,应当认定程济中、绿城公司对其主张的相关信息采取了合理的保密措施。

综上,程济中、绿城公司关于在某地存在一项含有具体土地价等利润分析情况的房地产开发项目的经营信息符合商业秘密的构成要件,应认定其构成商业秘密。由于该经营秘密是由程济中和绿城公司共同努力获取的,现其以该商业秘密的共同权利人起诉,并不违反法律的规定,符合原告的主体资格。

第五节　保密性

一　保密性概念

商业秘密的保密性是指权利人采取保密措施,使人难以从公开渠道轻易获取相关信息。"商业秘密的拥有者必须预先采取某些防止其秘密被人发现的措施,因为否则的话,没有人知道它是一个秘密而非公共信息。我们要求他采取某些预防措施,但并不需要太多。"[1] 保密性通常需要以下几个要素。

一是保密的主观愿望,体现在持有人对创设商业秘密权利法律结构之内心期待,属于保密性的主观基础。

二是客观采取的保密措施,有了保密的主观愿望尚且不足,还需将其转化为可以客观显现出来的一定形式的保密措施,这是保密性的客观基础。

三是具体保密措施的合理性,这里的"合理性"具有两层含义:

---

[1] 〔美〕威廉·M.兰德斯、〔美〕理查德·A.波斯纳:《知识产权法的经济结构》,金海军译,北京大学出版社,2005,第468页。

从质上讲，要求所采取的保密措施是有效的，能够在保密方面发挥作用并能够达到保密之目的；从量上讲，要求所采取的保密措施是适当的，在商业秘密所处的特定环境、条件下足以防止一般人以正当手段获取即可。

二 不采取保密措施，就不能成为商业秘密

如果权利人对特定信息未采取保护措施，放任其公开或泄露，则不能获得商业秘密保护。

在商业秘密共有情况下，各方均应采取保密措施。在化学工业部南通合成材料厂、南通中蓝工程塑胶有限公司等与南通市旺茂实业有限公司（原南通市东方实业有限公司）、陈建新等侵害技术秘密纠纷二审案件[①]中，最高人民法院认为：在商业秘密共有情况下，三上诉人未明确其对涉案信息是按份共有还是共同共有，但不论共有方式如何，各上诉人均应就涉案信息采取合理的保密措施。因此，一审法院认定"在共同共有的状态下，合理的保密措施还意味着各共有人对该非公知信息均应采取合理的保密措施"并无不当。三上诉人有关"只要某一上诉人采取了合理的保密措施，就应视为三上诉人均采取了合理的保密措施"的主张缺乏事实和法律依据，不予支持。

在艾康生物技术（杭州）有限公司与杭州微策生物技术有限公司、华杰侵害商业秘密纠纷案[②]中，案涉商业秘密为《滚刀切割工序操作规程》，该文件本身没有保密性要求，放置在需要操作的设备旁边，供车间内操作人员查阅，只要进入车间的人员都可以看到。操作规程所指向的设备是公开销售的，随着设备的公开销售，设备的操作

---

① 最高人民法院（2014）民三终字第3号二审民事判决书。
② 浙江省杭州市中级人民法院（2017）浙01民终7141号二审民事判决书。

方法必然会被公开。显然,原告方没有采取合适的保密措施。

三 保密措施应当是合理的

保密需要成本和代价,保密性的判断应以保密措施的合理性为标准,不能要求权利人采取万无一失的保密措施。只要权利人采取了合理的、适当的保密措施,他人通过合法手段不易获得商业秘密,就可认定其具有保密性。

在常德经济技术开发区新理想艺术培训学校与何华华、湖南塞上教育咨询有限公司及长沙市岳麓区楚卓美术培训学校、桃源县职业中等专业学校侵犯商业秘密纠纷案[1]中,长沙市中级人民法院认为合理的保密措施有以下构成要件:一是商业秘密持有人具有保密的主观意愿,即持有人明确知道商业秘密的存在,并且不愿同行业竞争者知悉;二是需保密的内容要具体明确,即保密措施中明确保密信息的内容、允许传播的范围、信息知情者的义务;三是要有具体的保密行为,即必须采取物理性的防范措施。

对此,法律的规定也非常的宽容。国家工商行政管理局颁布的《关于禁止侵犯商业秘密行为的若干规定》第2条第4款规定:"本规定所称权利人采取保密措施,包括订立保密协议,建立保密制度及采取其他合理的保密措施。"国家工商行政管理局在《关于商业秘密构成要件问题的答复》中指出:"只要权利人提出了保密要求,商业秘密权利人的职工或与商业秘密权利人有业务关系的他人知道或应该知道存在商业秘密,即为权利人采取了合理的保密措施,职工或他人就对权利人承担保密义务。"可见,该答复对保密措施成立的要求较《关于禁止侵犯商业秘密行为的若干规定》更为宽松,只要权利人提

---

[1] 湖南省长沙市中级人民法院(2017)湘01民终3071号二审民事判决书。

出保密要求即可。

《最高人民法院关于审理侵犯商业秘密民事案件适用法律若干问题的规定》第5条规定:"权利人为防止商业秘密泄露,在被诉侵权行为发生以前所采取的合理保密措施,人民法院应当认定为反不正当竞争法第九条第四款所称的相应保密措施。人民法院应当根据商业秘密及其载体的性质、商业秘密的商业价值、保密措施的可识别程度、保密措施与商业秘密的对应程度以及权利人的保密意愿等因素,认定权利人是否采取了相应保密措施。"

第6条规定:"具有下列情形之一,在正常情况下足以防止商业秘密泄露的,人民法院应当认定权利人采取了相应保密措施:(一)签订保密协议或者在合同中约定保密义务的;(二)通过章程、培训、规章制度、书面告知等方式,对能够接触、获取商业秘密的员工、前员工、供应商、客户、来访者等提出保密要求的;(三)对涉密的厂房、车间等生产经营场所限制来访者或者进行区分管理的;(四)以标记、分类、隔离、加密、封存、限制能够接触或者获取的人员范围等方式,对商业秘密及其载体进行区分和管理的;(五)对能够接触、获取商业秘密的计算机设备、电子设备、网络设备、存储设备、软件等,采取禁止或者限制使用、访问、存储、复制等措施的;(六)要求离职员工登记、返还、清除、销毁其接触或者获取的商业秘密及其载体,继续承担保密义务的;(七)采取其他合理保密措施的。"

在扬州恒春电子有限公司与扬州爱博德自控设备制造有限公司一案[①]中,人民法院认为:"具备非公知性的信息的所有人基于维持该非公知状态的主观需要而采取的客观举措,即保密措施系基于主观愿望的外部表现行为。保密措施并不要求万无一失,只要在当时、当地所

---

① 江苏省高级人民法院(2010)苏知民终字第0179号二审民事判决书。

采取的相应举措客观上能被识别并使相对人望而却步即可。因此只要该一定的外部表现行为能够体现行为人的主观愿望，即可认定保密措施是合理的。"

在上海市人民检察院第二分院诉周德隆等人侵犯商业秘密二审案①中，上海市高级人民法院认为，保密措施应包括订立保密协议、建立保密制度及采取其他合理的保密措施。只要权利人提出保密要求，职工或业务关系人知道或应当知道存在商业秘密的，即应认定权利人采取了合理的保密措施。

在湖北洁达环境工程有限公司与郑州润达电力清洗有限公司、陈某等侵害商业秘密再审案②中，法院认为，湖北洁达公司除在与员工所签的劳动合同中规定保密条款外，并未就其所主张的技术信息和经营信息采取其他保密措施提供证据。由于涉案劳动合同中的保密条款仅为原则性规定，不足以构成对特定技术信息或经营信息进行保密的合理措施，其关于前述信息构成商业秘密的主张不能成立。

美国商业秘密案例中，法院对合理保护措施的要求有很多非常精彩的论述。如一扇未上锁的门，不等于一张请柬，保密措施如同路旁的一道栅栏，警告过路人"禁止入内"。法律要求任何人尊重他人的保密意志，遇到他人保密措施即应采取回避行为。法律并不要求保密措施在任何标准之下均万无一失，仅要求在当时、当地是合理的。③

总之，权利人只要针对具体环境采取合理保护措施，就可使信息构成商业秘密。

---

① 上海市高级人民法院（2004）沪高刑终字第50号二审刑事裁定书。
② 最高人民法院（2016）最高法民申2161号审判监督民事裁定书。
③ 参见张玉瑞《商业秘密法学》，中国法制出版社，1999，第174~175页。

四 保密措施的意外疏忽

在执行保密措施时一时疏忽,导致商业秘密被泄露给少量主体的,并不导致商业秘密的丧失。这里涉及泄露和公开的区别,公开是为相关公众所易于获悉,而泄露只是特定主体获得,商业秘密依然存在。通过泄露获得的主体对商业秘密的占有为无权占有,不能进行披露和使用,当然也不能进行处分。而权利人应及时采取补救措施,要求不得予以泄露、使用,或者及时回收载体。

在美国烟花公司诉蒲瑞弥公司案[①]中,原告提供证据证明其将商业秘密在善意不知情的情况下泄露给11个客户。原告还证明其立即以信件、电话或其他方式通知11位客户:由于工作失误将客户名单寄给了他们,要求他们予以保密,且告知任何披露或使用此名单的行为均为对商业秘密的侵害,并请他们将复印件和原件立即寄回公司。法院考虑到本次泄露系由于工作失误,但原告在其所处的烟花行业中的竞争优势并未丧失。同时,也无证据表明,该11位客户在收到原告通知之前,由于知晓该客户名单改变了自身的境况。因此,法院认定涉案客户名单仍系原告的商业秘密。如果收到名单的11位客户使用或泄露了该名单,原告可以向法院起诉11位客户侵犯其商业秘密。在 *Montour Ltee v. Jolicoeur* 一案[②]中,加拿大法院认为一件秘密资料的复印件可能会因失误而被丢在办公桌上,这一事实并不能导致该信息立即失去其作为秘密技术的特性。

[①] 107 F. Supp. 2d 1307(D. Kansas July 21, 2000).
[②] 该案相关内容参见汤茂仁《商业秘密民事法律保护研究》,博士学位论文,南京师范大学,2013,第74页。

五　合同相对方仅仅承担附随义务，不能就此认定权利人采取了保密措施

附随义务是为了使得合同权利圆满实现，除约定的给付义务之外，合同债务人还应履行的义务。该义务以诚实信用原则为基础，包括保密义务。即使没有合同约定，合同关系相对人承担保守对方商业秘密的义务。但承担附随义务并不意味着权利人采取了保密措施，也并不意味着该信息一定具有保密性。这是两个不同层次的问题。保密性涉及该信息是否为商业秘密，而附随义务涉及合同当事人是否承担保密义务。

在张家港市恒立电工有限公司清算组与江苏国泰国际集团国贸股份有限公司等侵犯商业秘密纠纷再审案[①]中，恒立公司清算组主张请求保护的客户名单包含了客户的需求类型、需求习惯、经营规律、价格承受能力，甚至业务主管的个性等全面的信息，其以国贸公司、金恒公司负有合同的附随保密义务为由主张对该信息采取了保密措施。最高人民法院认为，不能以国贸公司负有《合同法》上的保密附随义务来判定恒立公司对其主张的信息采取了保密措施。也就是说，"保密措施"必须是商业秘密权利人做出的积极行为，其主张的客户名单构成商业秘密的申诉理由，最高人民法院未予支持。

案例参考：美国杜邦公司在1970年建设了一条新法制甲烷的生产线，厂房建设与设备安装同时进行。由于未完工，厂房尚未加顶，部分生产设备暴露于上空。一天，厂房上空出现了一架可疑飞机，杜邦公司立即追踪，接着起诉了飞机中的摄影师Christopher。对于是谁雇

[①] 最高人民法院（2012）民监字第253号审判监督民事裁定书。

佣其偷拍杜邦公司的设备,这名摄影师始终未吐露。被告的辩护律师十分刁钻,他提出四点理由:第一,飞机飞行经过的是公共领域;第二,摄影拍照是美国宪法规定的迁徙自由的内容之一;第三,杜邦公司没有采取任何保密措施即没有在厂房上盖起大棚、安装高射机枪或雷达;第四,摄影师与杜邦公司之间不存在任何保密关系。

  法庭认为:杜邦公司的确没有做到这些,不过被告的手段尽管分别看起来都是合法的,但一旦与其盗窃商业秘密的目的结合分析,又都是非法的。最后法庭判决被告侵犯了杜邦公司的商业秘密权,并且指出法律要求企业采取保密措施应在合理范围内:我们不要求权利人采取措施,防备一切现在可能发生的不可预测、不可察觉或不可预防的间谍行为。如果要求杜邦公司在尚在施工的工厂上加盖顶棚,巨大花费要防备的可能只是一个淘气学生的恶作剧。我们要求的合理保密措施只防备不老实的眼睛,要求不可攻克的堡垒是不合理的。[1]

---

[1] 431 F. 2d 1012 (5th Cir 1970).

第二章
商业秘密客体论

任何企业都有商业秘密，但任何企业都无法统计清楚到底有多少商业秘密。商业秘密客体的范围之广、形式之多、分类之繁，是任何知识产权客体所无法比拟的。

第一节　商业秘密的分类

商业秘密的本质是"信息"，范围非常广泛，存在于企业生产经营的各个方面、各个环节。不过，各国立法对商业秘密通常未进行分类。本书认为，在法律上，商业秘密可作如下分类。

一　技术信息和经营信息

1. 技术信息
（1）产品
新产品既没有申请专利，也没有正式投入市场，尚处于秘密状态，就可能成为一项商业秘密。

（2）配方

工业配方、化学配方、药品配方等是商业秘密的一种常见形式。

（3）工艺程序

生产设备本身属于公知范畴，但经特定组合，产生新工艺和先进的操作方法，也可能成为商业秘密。

（4）机器设备的改进信息

机器设备改进后具有更多用途或效率更高，这个改进信息可能就是商业秘密。

（5）研发信息

如蓝图、图样、实验结果、设计文件等信息，都可能是商业秘密。

当然，技术信息的范围远不止如此，上述仅仅是其中很小的一部分而已。

2. 经营信息

（1）公司文件蕴含的信息

如采购计划、供应商清单、销售计划、销售方法、会计财务报表、分配方案等，都可能属于"商业秘密"。

（2）客户情报

客户清单是商业秘密中非常重要的一个组成部分，若被竞争对手知悉，很可能会丧失交易机会。经营信息须是深度信息。一般的客户名单不算商业秘密，但客户名单中如包括客户对产品的价格承受能力、产品数量、质量要求等，而这些供需信息不能从公开渠道轻易获得。

2020年8月24日，最高人民法院审判委员会第1810次会议通过了《最高人民法院关于审理侵犯商业秘密民事案件适用法律若干问题的规定》，其中，第1条规定："与技术有关的结构、原料、组分、配方、材料、样品、样式、植物新品种繁殖材料、工艺、方法或其步骤、算法、数据、计算机程序及其有关文档等信息，人民法院可以认定构成反不正当竞争法第九条第四款所称的技术信息。与经营活动有关的创意、管理、销售、财务、计划、样本、招投标材料、客户信息、数据等信息，人民法院可以认定构成反不正当竞争法第九条第四款所称的经营信息。前款所称的客户信息，包括客户的名称、地址、联系方式以及交易习惯、意向、内容等信息。"

在湖北洁达环境工程有限公司与郑州润达电力清洗有限公司、陈某等侵害商业秘密再审案[1]中，湖北洁达公司主张的经营信息为"客户网络商务信息，网络宣传和客户宣传"及"报价单和合同"。根据二审法院查明的事实，湖北洁达公司仅提供了其与湖北襄樊发电有限责任公司和安徽淮南洛能发电有限责任公司进行交易的两份合同，而没有就其与相关客户之间存在其他区别于公知信息的特殊信息进一步提供证据。其关于已与前述客户形成长期稳定交易关系、相关客户名单属于其商业秘密的主张，证据不足。

案例参考：高鼎精细化工（昆山）有限公司与叶明奇、厦门市高诺科复合材料有限公司侵害商业秘密纠纷案[2]。原告主张的经营信息的具体范围和内容是"通艺压花厂"客户信息，具体包括客户名称、联系方式、负责人、交易内容、成交价格、客户的独特需求、送货地点、付款方式及需求量等信息，密点明确、具体。该客户信息系原告经原告客户推荐获知，并非公共领域的信息，且原告为建立稳定的交易关系，亦付出了一定的劳动、金钱和努力，该客户信息具有一定的

---

[1] 最高人民法院（2016）最高法民申 2161 号审判监督民事裁定书。
[2] 江苏省昆山市人民法院（2015）昆知民初字第 0150 号一审民事判决书。

秘密性。且该客户为原告所占有和正在开展交易的客户,能够为原告带来竞争优势,具有一定的商业价值。同时,原告为保护客户信息不为公众所知悉,制定了《商业秘密保密和竞业禁止协议》,明确了公司商业秘密的范围,规定员工负有保守公司商业秘密的义务。原告还通过资讯系统权限分配、数据传输限制等方式,管理公司数据、防止数据外泄。原告已采取了可识别的、适当的、有效的保密措施。综上,法院认为"通艺压花厂"客户信息的相关内容属于商业秘密,应受法律保护。被告叶明奇作为原告公司的营销人员,在未经原告许可的情况下,擅自将其知晓的"通艺压花厂"客户信息披露给被告高诺科公司,侵犯了原告的商业秘密。被告高诺科公司擅自使用原告的商业秘密,侵犯了原告的合法权益,应与被告叶明奇共同承担侵权的民事责任,故法院对原告要求两被告立即停止侵犯原告客户信息商业秘密的侵权行为的诉请予以支持。

二 符号化信息和非符号化信息

1. 符号化信息

以文字、图形等符号方式体现出来的商业秘密。在这里,作为商业秘密的是信息,而不是符号本身,更不是符号的载体,包括各种纸质的或其他形式的载体。

2. 非符号化信息

非以客观符号方式体现出来的商业秘密,存在于实物、行为或人的脑海中。

在江苏省防疫站、蛭弧菌实验室与秦生巨、南京麦克生物技术有限公司、江苏巨豹实业有限公司侵犯科技成果权纠纷案[①]中，一审法院认为，蛭弧菌菌种是一种微生物，物本身不具备商业秘密的法律特征，省防疫站及蛭弧菌实验室认为其拥有该鉴定证书，并不能说明其是商业秘密，但生产工艺和试验数据有可能构成商业秘密。其实，物、行为本身并非商业秘密，正如图纸等本身并非商业秘密一样。将其纳入商业秘密范畴的关键在于：物、行为附载了一定的信息，其他人可以从这些物、行为中解读出商业秘密。比如《大染坊》中陈寿亭用鱿鱼打卷程度测水温，在这个案例中，商业秘密是什么？鱿鱼本身不是商业秘密，但用鱿鱼测试水温以及观察鱿鱼打卷程度，这个做法则构成商业秘密。同样，蛭弧菌菌种是一种实物，不是商业秘密。但实物中包含了很多信息，若同行知道这个实物存在，就可以自然而然地解读出相应信息，这个实物本身就能够成为商业秘密的载体。反之，若从这个实物中不能解读出相关信息，则其不能成为商业秘密的载体。

三 积极性商业秘密和消极性商业秘密

1. 积极性商业秘密

这些信息能够给经营者带来经济利益，包括现实的经济利益和潜在的经济利益。

2. 消极性商业秘密

该部分信息不能给经营者带来经济利益，但可以给经营者减少损失。

俄罗斯颁布的《商业秘密法》第3条规定："商业秘密是指在现实或可能情况下能够为其所有人增加收入，避免不必要的损失，保持该信息所有人在商品市场、劳务市场、服务市场上的地位或者获得其

[①] 江苏省高级人民法院（2000）苏知终字第34号二审民事判决书。

他商业利益的秘密信息。"该规定明确地将消极信息也界定为商业秘密。

另外，TRIPs协议强调了对政府或其代理机构提交的实验数据的保护，主要是针对医药和化工产品研发过程中的试验数据，不管是成功还是失败的记录，都需要研发者投入人力、物力和财力，都可以成为商业秘密。其中，失败记录即消极性商业秘密。

案例参考：江苏省防疫站、蛭弧菌实验室与秦生巨、南京麦克生物技术有限公司、江苏巨豹实业有限公司侵犯科技成果权纠纷案[①]。

在该案中，一审法院认为，"919生态制剂"本身并不构成商业秘密。"919生态制剂"生产工艺，已由省防疫站通过申请专利而公开，不存在商业秘密保护。另外，关于"919生态制剂"的应用研究试验报告问题，尽管这种报告或数据也是智力创造的成果，但我国反不正当竞争法对此没有规定。所以，利用商业秘密保护此类智力成果，目前尚无法律依据。

二审法院认为，"919生态制剂"的应用试验报告及相关数据作为上诉人的科技成果，应受法律保护。原因有以下几点。（1）"919生态制剂"的应用试验报告及相关数据是上诉人直接针对具体的试验对象进行试验，收集相关数据，进行综合研究，并得出具有应用价值的结论后形成的。因此该试验报告和相关数据具有一定的智力创造性和实用性，具有商业价值。（2）该试验报告和相关数据为上诉人专有，并无相同的试验报告和数据为公众所知晓，故具有专有性。（3）上诉人对该数据和试验报告等资料采取了相应的保密措施，上诉人一直未将其公开。故该试验报告和相关数据尚具有秘密性。（4）客观上，上诉

---

① 江苏省高级人民法院（2000）苏知终字第34号二审民事判决书。

人对该试验报告和相关数据的形成投入了一定的人力、物力和财力。因此，该应用试验报告和相关数据已经构成上诉人科技成果权的客体，应受法律保护。秦生巨、麦克公司以不正当手段获取该试验报告和数据，并以自己的名义使用该数据和试验报告向农业部申报新药，违反了诚实信用原则，侵犯了上诉人的科技成果权，应承担停止侵权、赔礼道歉并赔偿损失等民事责任。一审法院以我国《反不正当竞争法》对此未作规定为由，作出对上诉人的诉讼请求不予支持的认定欠妥，应予纠正。

该案比较有意思的地方在于：第一，"919生态制剂"生产工艺因为申请专利而丧失秘密性，但其研制过程中的试验数据却仍然受到法律保护；第二，试验数据法律保护的手段并非商业秘密制度，而是另外一个所谓"科技成果权"。这说明二审法院对商业秘密范围的认定依然严苛。

四 竞争性商业秘密和防御性商业秘密

1. 竞争性商业秘密

竞争性商业秘密指能够给自身带来各种利益、优势的商业秘密。

2. 防御性商业秘密

防御性商业秘密不能给自身带来各种利益和好处，但对竞争对手有用的信息，可以减少竞争对手的研发成本，帮助竞争对手少走弯路。比如，某项淘汰技术，对存在代差的竞争对手还是有用的。

早在1939年，美国《侵权法重述》（第一次）只对具有现实经济价值的商业秘密进行保护。后来，对于一些消极的信息，比如，失败的记录，或经过长时间和耗巨资的研究结果证明某工艺不可行的试验数据和相关记录也给予商业秘密保护。这些记录对于竞争对手而言具有意义，能让对手少走弯路。这些防御性的商业秘密尽管不能产生直接的经济价值，但有助于保持相较竞争对手而言其具有的市场优势地位。[1]

假设公司发明了一种在产品生产过程中可能使用新的生产工艺，但是另一个新的生产工艺效果更好。由于第二个生产工艺比第一个生产工艺效果更好，第一个生产工艺从没有被使用过，但这两个生产工艺都可以作为商业秘密。第一个生产工艺可有助于使竞争对手不知道公司还有其他更好的生产工艺，由于这些竞争对手不知道第一个生产工艺（未使用），同时也不知道第二个是更好的生产工艺，因此公司获得经济利益。[2]

显然，第一个生产工艺为防御性商业秘密，第二个生产工艺为竞争性商业秘密。

五　可持续使用的信息和短暂的信息

这里涉及商业秘密的范围问题，即商业秘密是否为连续使用的、非常重要的技术信息？临时性的、短暂的经营信息算不算商业秘密？这在今天似乎已经不是问题，但曾经是一个问题。美国是一个商业秘密立法、司法十分发达的国家，早在1939年，美国法律学会在判例法基础上整理归纳《侵权法重述》（第一次）时，专章规定了商业秘密

---

[1] 在法国研制核武器的过程中，美国同意向法国提供"negative guidance"，即法国将自己的核武器设计方案交给美方咨询，美方告诉法方哪里可能存在问题，但并不告诉法国如何改进和设计核武器。这样美国可以知道法国的核武器设计水平，而法国则少走了弯路。可见，美国人掌握的否定性信息也是秘密，也具有价值。

[2] 参见〔美〕马克·R.哈里根、〔美〕理查德·F.韦加德《商业秘密资产管理》，余仲儒译，知识产权出版社，2017，第5页。

有关问题。关于商业秘密的定义,其中规定,商业秘密"可以要求这种信息不是简单信息如商业行为中的单一或者短暂事件。举例来说,合同投标中的金额或其他条款,或特定雇员们的工资,已经进行或计划进行的有价证券投资,出台新政策或推出新产品的确定日期等等,商业秘密是连续用于业务运营中的工艺或装置"[1]。从而将一些单一或短暂的,或者非连续使用于业务经营中的信息排除在商业秘密保护的门槛之外。

美国统一洲法委员会 1979 年起草了《统一商业秘密法(示范本)》,并于 1985 年进行修订。该法取消了对"连续用于业务经营"中的信息以及不是商业行为中"单一或者短暂事件"的"简单信息"的鉴定,对于一次性信息,如投标标底,均可以作为商业秘密进行保护。

我国没有区分可以连续使用的信息和短暂信息,二者均有可能成为商业秘密。不过,在实务中,可连续使用的信息往往对于企业的价值更大,更容易被认定为商业秘密。在衡量损失后果的时候二者也会有一定的区别。

六 须公开的商业秘密和不需要公开的商业秘密

须公开的商业秘密主要是指上市公司依法应当定期或不定期公开的信息。上市公司作为一种公众公司,发生的一些重大事件可能对上市公司股票交易价格产生较大影响。这种情况下,上市公司应当立即就有关该重大事件的情况向国务院证券监督管理机构和证券交易所报送临时报告,并予公告,说明事件的起因、目前的状态和可能产生的法律后果。这些信息在公开前属于商业秘密,公开后即丧失商业秘密

---

[1] 唐海滨主编《美国是如何保护商业秘密的》,法律出版社,1999,第 1 页。

的属性。如"公司的季度财务报告,在发布之前属于高度敏感的保密信息"①。

除了少部分须公开的商业秘密以外,其他均为不需要公开的商业秘密。

七 可申请专利的技术秘密和不可申请专利的技术秘密

商业秘密中技术秘密可以分为两类。一类是不符合专利要求的,只能够作为商业秘密进行保护。如创造性不高的发明创造,或是动植物品种、医疗诊断方法、智力活动规则等。另一类是符合专利性要求,可以通过专利进行保护的发明。在后者情况下,企业将面临一种选择:申请发明专利,或保持其作为一种商业秘密。

延伸阅读:商业秘密与非专利技术的关系。对于什么是非专利技术,法律上并无统一的界定。非专利技术和商业秘密之间并非一种包含关系,而是一种交叉关系。非专利技术是指民事主体所创造、拥有的,除了专利技术以外的其他技术成果。至少包括以下几种。

第一,尚未申请专利的技术成果。在申请专利之前,仍然属于非专利技术成果,但以商业秘密方式存在。

第二,已经提出申请,但未授予专利权的技术成果。这部分技术成果已经公开,丧失了秘密性,不再是商业秘密,但仍然属于非专利技术。

第三,专利法规定不授予专利权的部分技术成果。专利法规定了几种不授予专利权的情形,包括:科学发现、智力活动规则方法、疾

---

① 〔美〕马克·R. 哈里根、〔美〕理查德·F. 韦加德:《商业秘密资产管理》,余仲儒译,知识产权出版社,2017,第99页。

病诊断治疗方法、动植物品种以及通过原子核变换方法获得的物质。在这几种情形中，科学发现、智力活动的规则和方法由于缺少实用性，并非技术，同样不能成为非专利技术成果。通过原子核变换方法获得的物质由于具有极大的危险性，可以作为商业秘密进行保护。① 其他两种情形可以作为非专利技术成果，也可以同时作为商业秘密获得保护。

第二节 商业秘密与保密义务

一 保密义务首先是法定义务

从我国法律实践来看，商业秘密属于知识产权，具有财产属性。既然商业秘密作为知识产权被确认，那么任何人不得侵犯。从这个意义上看，保密义务就是一项法定义务。

我国2017年修订的《反不正当竞争法》第9条第1款第3项规定，违反约定或者违反权利人有关保守商业秘密的要求，披露、使用或者允许他人使用其所掌握的商业秘密，属于侵犯商业秘密的行为。按照该规定，保密义务的来源包括保密协议的约定以及权利人的要求，属于约定的义务。

2019年4月23日，《反不正当竞争法》进行了修正，将"违反约定"改为"违反保密义务"，将范围扩大至法定的保密义务，扩展了潜在的侵权主体范围。

---

① 其实，原子核变换方法获得的物质等具有危险性的技术，也可以作为商业秘密进行保护，这种危险技术类似于非法作品，尽管必须阻止非法作品传播，但可以承认其具有著作权，具有著作权和阻止传播是两个不同层面的问题。这种制度模式社会效果更好。对于危险技术而言，也应当采取此种制度架构。

《最高人民法院关于审理侵犯商业秘密民事案件适用法律若干问题的规定》第 10 条规定:"当事人根据法律规定或者合同约定所承担的保密义务,人民法院应当认定属于反不正当竞争法第九条第一款所称的保密义务。当事人未在合同中约定保密义务,但根据诚信原则以及合同的性质、目的、缔约过程、交易习惯等,被诉侵权人知道或者应当知道其获取的信息属于权利人的商业秘密的,人民法院应当认定被诉侵权人对其获取的商业秘密承担保密义务。"第 12 条规定:"人民法院认定员工、前员工是否有渠道或者机会获取权利人的商业秘密,可以考虑与其有关的下列因素:(一)职务、职责、权限;(二)承担的本职工作或者单位分配的任务;(三)参与和商业秘密有关的生产经营活动的具体情形;(四)是否保管、使用、存储、复制、控制或者以其他方式接触、获取商业秘密及其载体;(五)需要考虑的其他因素。"

二 保密义务主要是一项不作为义务

商业秘密权是一项权利,具有支配性和排他性,任何第三方承担的义务主要是一项不作为义务,即不得窃取、非法披露、使用或允许他人使用商业秘密。从这个意义上看,第三方对商业秘密的义务同物权关系以及知识产权关系中第三方的义务一样,均非积极的作为义务,而是消极的不作为义务。

三 保密义务可同时成为合同约定义务

在承担法定不作为义务的基础上,权利人还可以同最有可能接触、掌握商业秘密的涉密人——主要是部分企业员工和客户订立协议,就商业秘密相关事项进行更加具体明确的约定。在这种情况下,保密可能同时成为一项约定义务。此时,合同约定保密义务就具有多重意义：第一，合同约定保密义务，本身即构成商业秘密的保密措施，是商业秘密存在的证据之一；第二，合同约定保密义务明确了商业秘密的对象以及违约责任，便于通过合同方式而不是侵权方式处理，降低权利人的举证成本；第三，合同约定了保密义务，在侵权诉讼中为证明涉密人主观恶意的有力证据。

四　合同约定保密义务，不能自然排除法定保密义务

基于意思自治原则，权利人可以与涉密人约定保密义务，这种情况下，约定保密义务能否自动替代法定义务？本书认为，鉴于商业秘密的绝对权性质，即使签订了保密协议，也不代表免除了法定保密义务。约定义务与法定义务并不是非此即彼的关系，约定保密义务仅仅是对法定保密义务的细化和强化，使得法定保密义务更容易得到遵守。即使保密协议不成立、无效或者权利人违反保密协议，也不能免除法定保密义务。法定保密义务和约定保密义务的并存，给权利人一种选择的空间，权利人可以依据合同约定追究违约责任，也可以依据法律规定追究其侵权责任。这里存在请求权的竞合。

五　关于默示保密义务

在英美等国法律中，存在默示保密义务，即根据法律、习惯、当事人之间的关系、具体情势，推定一方当事人负有保密义务。我国有学者认为，不需要引入英美默示保密义务理论和制度。原因有两个：第一，在我国合同法中，基于诚信原则，法律已经规定了当事人在磋商、履行过程中的保密义务，这是一种法定义务，实际上就是一种默示义务；第二，即使当事人不以订立合同为目的，知晓他人的信息为商业秘密，也需要承担不得侵害的义务。也就是说，即使没有默示保

密制度，商业秘密作为一种绝对权、财产权的对象，也可以通过侵权制度予以保护。

本书认为，默示保密义务在大多数情况下能够成为合同义务的组成部分，也是一种法定义务。但也存在一些场合，行为人能够接触到他人的商业秘密，但行为人和权利人之间没有合同关系，也无意订立合同关系。这种情况下，就不能要求行为人承担约定保密义务。但基于商业秘密是一种绝对权、财产权，行为人依然要承担保密义务，这种保密义务在性质上是一种不作为义务，没有给行为人带来额外的负担，不需要其积极的作为。但如果不认为商业秘密是一种财产权、绝对权，保护的是商业道德和竞争秩序，则默示保密义务制度就有其存在的合理性。否则的话，无法解释行为人在正当而又无合同的情况下接触了商业秘密，何以需要承担保密义务？

六 保密费并非涉密人承担保密义务的对价

商业秘密权利人常与涉密人员签署保密协议，对保密费支付等作出约定。问题是：第一，在约定保密费的情形，保密费是否为保密义务的对价？第二，如果权利人未履行支付保密费义务，涉密人是否不用履行保密义务？有观点认为，在权利人与涉密人约定了保密费的情形下，权利人实际上把法定义务转化为约定义务，保密费就此构成保密义务的对价。如果不支付保密费，无权要求涉密人履行保密义务。

本书认为，只要合同未明确约定此种对价关系，保密费就仅仅是权利人的保密激励措施，涉密人不能依据权利人未支付保密费而拒绝履行保密义务。主要理由如下：第一，不管合同效力以及履行情况如何，只要权利人的商业秘密存续，涉密人的法定保密义务就依然存在，涉密人不能因为存在合同纠纷危及他人的商业秘密权；第二，保密费通常远小于商业秘密的价值,如涉密人因未获得或未全额获得保密费,就可以随意披露商业秘密,显然对权利人极为不利。

总之,约定保密义务尽管不复存在,但法定保密义务依然存在。如果发生披露、非法使用等情况,依然侵犯他人的商业秘密。这一切主要是由商业秘密的财产权、绝对权、支配权的性质决定的。

七 股东知情权与保密义务

股东知情权是指公司股东了解公司信息的权利,股东可以查阅公司财务报告资料、账簿等有关公司经营、决策、管理方面的相关资料。股东知情权与商业秘密关系在于:这些经营信息同时也可能是公司的商业秘密。这就要求股东在行使知情权的同时,承担保密义务。在这个方面,《最高人民法院关于适用〈中华人民共和国公司法〉若干问题的规定(四)》第11条规定:"股东行使知情权后泄露公司商业秘密导致公司合法利益受到损害,公司请求该股东赔偿相关损失的,人民法院应当予以支持。根据本规定第十条辅助股东查阅公司文件材料的会计师、律师等泄露公司商业秘密导致公司合法利益受到损害,公司请求其赔偿相关损失的,人民法院应当予以支持。"

如果公司持有证据,能证明股东知情权的行使系基于不正当目的,恶意获取公司的经营信息,则有权拒绝股东行使知情权。关于"不正当目的",《最高人民法院关于适用〈中华人民共和国公司法〉若干问题的规定(四)》第8条规定了以下几种情形:"(一)股东自营或者为他人经营与公司主营业务有实质性竞争关系业务的,但公司章程另有规定或者全体股东另有约定的除外;(二)股东为了向他人通报有关信息查阅公司会计账簿,可能损害公司合法利益的;(三)股东在向公司提出查阅请求之日前的三年内,曾通过查阅公司会计账簿,向他人通报有关信息损害公司合法利益的；（四）股东有不正当目的的其他情形。"

第三节 商业秘密与竞业禁止

竞业禁止与保密义务之间存在密切的关系，"雇员与其前雇主所订立的在若干年期限内竞业禁止之协议，是保护商业秘密的一种重要方法，因为发觉并且证明某种违反该等协议的行为，比发现和证明某个竞争对手发现其商业秘密系非法挪用而非独立研究的结果，要更容易些"。[①] 竞业禁止违约行为往往与商业秘密侵权行为并存。但在法律上，两者涉及的法律关系并不相同，存在根本差异。

一 性质不同

商业秘密权是一种财产权利，竞业禁止是一种合同行为，通过合同限制了劳动者从事与原企业相同或相似行业的权利，没有合同约定则没有竞业禁止义务。

二 期限不同

商业秘密保密期限可以是无限期的，但竞业禁止有严格的期限限制。我国《劳动合同法》第24条第2款规定："在解除或者终止劳动合同后，前款规定的人员到与本单位生产或者经营同类产品、从事同类业务的有竞争关系的其他用人单位，或者自己开业生产或者经营同类产品、从事同类业务的竞业限制期限，不得超过二年。"

---

① 〔美〕威廉·M. 兰德斯、〔美〕理查德·A. 波斯纳：《知识产权法的经济结构》，金海军译，北京大学出版社，2005，第463页。

三 有无对价不同

保守商业秘密既是一种法定义务,也可能是一种约定义务,因此不一定要支付对价。而竞业禁止限制了劳动者的谋生手段,因此须支付经济补偿金。我国《劳动合同法》第 23 条第 2 款规定:"对负有保密义务的劳动者,用人单位可以在劳动合同或者保密协议中与劳动者约定竞业限制条款,并约定在解除或者终止劳动合同后,在竞业限制期限内按月给予劳动者经济补偿。劳动者违反竞业限制约定的,应当按照约定向用人单位支付违约金。"如果企业拒绝支付补偿金,劳动者可以解除竞业禁止合同。

四 法律效力不同

商业秘密权产生于法律规定。只要商业秘密处于秘密状态,义务人就要承担保密义务,无期限限制。而竞业禁止的效力,取决于协议双方约定的时间,最长不超过两年。竞业禁止的地域范围也由协议约定,竞业禁止协议的效力也可能因为未支付补偿金而丧失。

五 请求权基础不同

在发生泄密事件时,案由通常为侵权纠纷。由于劳动者和企业之间存在保密协议,也可以追究劳动者的违约责任。不过,由于合同关系的相对性,往往难以追究第三人的法律责任。只有在侵权纠纷中,才可以追究劳动者和第三人的连带责任。竞业禁止则为单纯的合同纠纷,不管有无损失,均可以根据合同违约金条款获得赔偿,举证相对较易。

总之,违反竞业禁止义务并不能就此推论其一定违反保密义务。

无论员工是否存在竞业禁止，竞业禁止期限是否届满，均不影响其承担保密义务。二者之间是一个聚合的关系，在同时存在违约行为和侵权行为的情况下，用人单位可以提起两个不同的诉讼。

案例参考：北京华凯通科技发展有限公司与北京华唐天鸿科贸有限公司案[1]。（1）关于崔志宏与华唐天鸿公司是否构成侵犯华凯通公司的商业秘密。崔志宏根据保密条款负有保守华凯通公司商业秘密的义务，但其在华凯通公司任职期间，与他人合股成立了华唐天鸿公司。华唐天鸿公司与华凯通公司均为托电公司的会员供应商，二者业务经营范围相同，存在竞争关系，华凯通公司质疑崔志宏向华唐天鸿公司泄露了华凯通公司的商业秘密，存在合理的理由。华唐天鸿公司于2006年5月17日至11月29日与托电公司签订了22份物资买卖合同。将该22份合同与华凯通公司参与托电公司投标的项目相比，可以得知大部分产品规格型号相同，但华唐天鸿公司的中标价格普遍低于华凯通公司的标底，仅有极少量产品的中标价格略高于华凯通公司的标底。由于崔志宏系华唐天鸿公司的股东，且在华唐天鸿公司与托电公司签订上述合同时，崔志宏还在华凯通公司任职，但未再代表华凯通公司与托电公司签订任何合同，故可推定崔志宏向华唐天鸿公司泄露了华凯通公司的商业秘密。华唐天鸿公司明知崔志宏系华凯通公司的员工，依然使用崔志宏掌握的华凯通公司的商业秘密进行经营，崔志宏与华唐天鸿公司已构成侵犯华凯通公司的商业秘密，应承担相应的侵权责任。

（2）关于崔志宏是否违反在职期间的竞业禁止约定并构成不正当竞争。华凯通公司与崔志宏签订的劳动合同约定，崔志宏自离开华凯

---

[1] 最高人民法院（2008）民申字第853号审判监督民事裁定书。

通公司一年之内，不得在与华凯通公司有竞争关系的其他单位就职。根据该条款可以推定崔志宏在华凯通公司任职期间，亦不得在与华凯通公司有竞争关系的其他单位就职。崔志宏在华凯通公司任职期间与他人成立华唐天鸿公司，并任该公司股东，此公司与华凯通公司的客户托电公司发生了多笔业务，直接造成了华凯通公司与托电公司业务的减少及崔志宏在华凯通公司销售任务完成量的下降。据此可以认定崔志宏违反了在职期间的竞业禁止约定。

案例参考：2022年5月5日，北京法院审判信息网公开了一份《百度在线网络技术（北京）有限公司与潘××劳动争议、人事争议一审民事判决书》[①]。离职员工潘××因违反了竞业限制义务，私自就职于与百度存在竞争关系的字节跳动公司而被告上法庭。案件中百度提供的证据表明，为了证明该员工入职字节跳动公司，百度向字节跳动公司所在地址寄送了收件人为该员工的快递。甚至在字节跳动公司办公楼和地库蹲守拍摄该员工。判决书显示，潘××于2020年4月2日从百度自行离职。离职时，百度向其发出的《保密、竞业限制义务告知书》明确约定了潘××离职后一年内不得与包括字节跳动公司及其关联企业在内的企业建立劳动关系。百度按约向其足额支付了6笔税后竞业限制补偿金，潘××应依约履行竞业限制义务。而在2020年7月27日至8月7日，潘××多次将车辆停放于字节跳动公司办公区地库，多次在工作日期间出入字节跳动公司。潘××虽称出入原因为与朋友有约，拜访朋友，但未就此提供证据予以证明，亦未对其上述行为作出合理解释，应承担举证不能的不利后果。最终根据相关条款，北京市海淀区人民法院判决潘××返还百度支付的竞业限制补偿金214800元，支付百度竞业限制违约金859200元，

---

① 北京市海淀区人民法院（2021）京0108民初30165号一审民事判决书。

继续履行对百度的保密义务。

从该案可以看出，竞业限制和保密属于不同的法律关系，二者只是在事实上牵连。

第四节 商业秘密与反向工程

一 反向工程概念

反向工程也称逆向工程或反求工程，是相对于正向工程而言的。正向工程指按从概念（草图）设计到具体模型设计再到成品的生产制造过程。反向工程指从现有模型（产品样件、实物模型等）转化为概念模型和工程设计模型，从而获取完整的产品设计的思路和方案。反向工程被广泛地应用到新品开发、改型设计、仿制、质量分析检测等领域，对促进科技进步具有重要意义。

通过产品分解掌握技术秘密时，该技术信息是否仍然具有秘密性？美国1939年的《侵权行为法重述》规定："行业中公知的或常识性的事物不宜作为商业秘密。完全为出售的商品所披露的事物，亦不为商业秘密。"遵从《侵权行为法重述》，美国马萨诸塞州法院在1946年审理 Cornell Dubitier 电子公司诉 Aerovox 公司案时，认为"如果一项产品秘密可以通过逆向工程查明，则该'产品秘密'不为商业秘密所保护"。"当允许生产者们就彼此的产品进行反向工程时，他们就能够将所习得的东西用于其自己的新产品设计中。而禁止反向工程，则将抑制某些产品的开发，这些产品甚至并不与反向工程的产品发生竞争。"[①]

---

① 参见〔美〕威廉·M. 兰德斯、〔美〕理查德·A. 波斯纳《知识产权法的经济结构》，金海军译，北京大学出版社，2005，第463页。

二 对反向工程限制的限制

如果在出售的商品上或其包装上标示不得进行反向工程，但没有其他合同约定，购买人是否需要承担不得进行反向工程的义务？对此，多数意见认为，此类条款无效，因为它限制了竞争，阻碍了技术创新。在 Bonito Boats, Inc v. Thunder Craft Boats, Inc. 案[1]中，被告利用原告的船舶制作出一副模具，再利用模具生产出与原告产品一模一样的复制品。美国佛罗里达州地方法院判决被告的复制行为违法，不允许其他厂商对船舶进行反向工程，但是联邦最高法院推翻了地方法院的判决。联邦最高法院认为："禁止公众对从公共领域中获得的产品进行反向工程是违宪的，这是联邦专利权的权能之一，而非商业秘密法、反不正当法所能提供的保护。"在 Chiago Lock Co. v. Fanberg 案[2]中，美国第九巡回上诉法院认为，反向工程是独立发明的最好例证，并认为如果禁止反向工程无异于将商业秘密权等同于垄断性的专利权。[3] "美国司法实践的两个重量级先例表明：无论是制定法还是《合同法》，禁止反向工程的条款都是无效的。"[4]

三 判断反向工程是否合法应当注意的因素

第一，反向工程研究对象的取得是否合法。对研究对象享有物权是进行反向工程的前提，解剖、分解属于自己所有的产品，属正当竞争手段。

---

[1] 489 U. S. 141 (1989).
[2] 676 F. 2d 400 (9th Cir. 1982).
[3] 参见汤茂仁《商业秘密民事法律保护研究》，博士学位论文，南京师范大学，2013，第183页。
[4] 郭杰：《合同约定"禁止反向工程"条款的效力分析》，载王立民、黄武双主编《知识产权法研究》（第9卷），北京大学出版社，2011，第78页。

第二，对商业秘密权利人负有保密义务的人不得实施反向工程，包括雇员、合作伙伴等。否则，既有可能构成违约，也有可能构成侵权。

第三，以不正当手段获得他人商业秘密后，再主张反向工程抗辩的，不予支持。

第四，实施反向工程行为本身是否违反约定义务。如果在购买产品时已经约定就反向工程行为予以禁止，那么在这种情形下再进行反向工程显然属于违约行为，因缺乏合法基础阻却了对该商业秘密的所有。

第五，对他人物品进行占有、保管、使用、修理期间，不得对他人物品实施反向工程。

四 实施反向工程的法律后果

综合日、美等国的相关法律制度，他人实施反向工程对商业秘密保护的后果分为以下几种情况。

第一，通过反向工程获得商业秘密者仍然将该信息作为秘密进行管理，则该商业秘密依然存在，不过由权利独有变成权利各有。2021年4月15日公布的《江苏省高级人民法院侵犯商业秘密民事纠纷案件审理指南（修订版）》的第3.6.2条也指出，反向工程产生两个法律效果：一是被告不构成侵权；二是反向工程并不意味着该商业秘密丧失秘密性。

第二，经反向工程查明该商业秘密，但在短期内难以掌握耐久度、成本价格的，则该商业秘密仍具有秘密性。

第三，如果产品售出后，他人通过分析很容易发现其秘密的，则不再具有非公知性。

第四，非经较长时间、高成本分析不能发现商业秘密的，则该商业秘密仍然存在。

第五，如果合同禁止他人对产品进行分解检查，则该商业秘密不丧失秘密性。[1]

五　我国规范性文件对反向工程的规定

《最高人民法院关于审理侵犯商业秘密民事案件适用法律若干问题的规定》第14条规定："通过自行开发研制或者反向工程获得被诉侵权信息的，人民法院应当认定不属于反不正当竞争法第九条规定的侵犯商业秘密行为。前款所称的反向工程，是指通过技术手段对从公开渠道取得的产品进行拆卸、测绘、分析等而获得该产品的有关技术信息。被诉侵权人以不正当手段获取权利人的商业秘密后，又以反向工程为由主张未侵犯商业秘密的，人民法院不予支持。"

第五节　商业秘密的保密期限

一　原则上无限期存在

商业秘密权是一项属于经营者的绝对权，具有排他性，第三人承担的是消极的不作为义务，即不得干涉、妨碍、窃取、泄露、使用他人的商业秘密。从这个角度上看，商业秘密的保密义务存续期限是无限期的。也就是说，保守商业秘密的义务属于法定的义务，权利人与义务人即使没有约定保密期限，只要该项商业秘密未被公开，仍然具有经济价值，且权利人对其采取了合理的保密措施，属于法律意义上

---

[1] 参见吴汉东等《知识产权基本问题研究（分论）》，中国人民大学出版社，2009，第586页。

的商业秘密，则知悉该商业秘密的单位和个人就应当长久履行保密义务，直到该项商业秘密公开为止，即当事人保密义务的期限与商业秘密的存续期限相同。

这一点在地方政策法规中也有所体现，比如，《江苏省高级人民法院关于审理商业秘密案件有关问题的意见》（现已失效）第14条规定，保密义务的期限与商业秘密存续的期限相同；《广东省技术秘密保护条例》第11条规定，在技术秘密保护期限内，劳动合同终止的，当事人仍负有保守技术秘密的义务。

二 权利人自行确定保密期限

《宁波市企业技术秘密保护条例》第9条规定："企业可以根据技术的生命周期、成熟程度、潜在价值和产品市场需求等因素，自行确定技术秘密的密级和保密期限。"

《深圳经济特区企业技术秘密保护条例》第14条规定："企业可以根据技术秘密的生命周期长短、技术成熟程度、技术潜在价值大小和市场需要程度等因素，自行确定其密级和保密期限。法律、法规另有规定的除外。"

《中央企业商业秘密保护暂行规定》第14条明确规定了中央企业商业秘密的保密期限："中央企业自行设定商业秘密的保密期限。可以预见时限的以年、月、日计，不可以预见时限的应当定为'长期'或者'公布前'。"国家秘密的保密期限，除有特殊规定外，绝密级事项为30年，机密级事项为20年，秘密级事项为10年。

权利人自行确定保密期限的问题在于：权利人自行确定的保密期限届满后，商业秘密是否就不复存在？该问题可以分为两个方面进行考量：一是对内部员工而言，由于知悉了商业秘密的保密期限，可以视为相关保密措施已经失效，或者说已经解除了对内部员工的制约；二是对外部第三人而言，如果相关保密措施依然发挥作用，客观上也仍然处于秘密状态，可以视为商业秘密仍然存在。

之所以如此，主要原因在于：放弃权利是一个单方法律行为，需要经过公示方能生效。仅仅确定了保密期限尚不足以导致放弃商业秘密权利的结果。实际上，真正有效的放弃只有两种：一是将该商业秘密公开；二是撤除该商业秘密上的各种保密措施。

三 当事人约定保密期限

当事人之间可以约定保密期限，这种约定形成了一种合同义务。权利人可以和不同的人约定不同的保密期限，这种约定仅仅对各自发生法律效力。如果同时存在权利人自行确定的保密期限，那么约定的保密期限优先适用。也就是说，如果权利人自行确定的保密期限为10年，约定期限为15年。过了10年之后，只要商业秘密仍然存在，那么约定期限仍然有效。如果在约定期限内，商业秘密被公开，则约定保密期限就失去依据。主要原因在于：权利人自行确定的保密期限是可以变动的，并不是绝对权的放弃。同样，如果权利人自行确定的保密期限为10年，约定期限为8年，也依照约定执行。但约定期限提前届满后，商业秘密的秘密性并不因此而自动丧失，而合同相对人依然承担保守商业秘密的法定义务。从这个意义上讲，约定保密期限，对于商业秘密权这样一种绝对权、财产权而言，并无太多的实际意义。

四 法律规定保密期限

我国至今还未制定统一的"商业秘密保护法"，有关商业秘密的基本法律也未明确规定如何确定保密义务的期限，但个别地方立法中对商业秘密保密期限作了明确规定。比如,《珠海市企业技术秘密保护条例》(现已失效)第 10 条规定:"企业可以根据技术的生命周期、成熟程度、潜在价值和产品市场需求等因素,自行确定技术秘密的保密期限;没有确定的,保密期限为 10 年。"

实际上,该规定缺少实践意义,原因有三个:第一,商业秘密何时形成难以取证,10 年期限的区间不好计算;第二,权利人可随时确定延长商业秘密的保密期限,该 10 年期限没有意义;第三,10 年期限届满后,并不能立马产生失权的法律效果,只要符合条件,商业秘密仍然存在。

第六节　商业秘密与国家秘密

国家秘密是指关系国家的安全和利益,依照法定程序确定,在一定时间内只限一定范围的人员知情的事项。国家秘密的密级分为"绝密""机密""秘密"。

一　商业秘密与国家秘密之间的区别

1. 立法意图不同

保守国家秘密的目的在于维护国家的安全和利益。保护商业秘密的目的在于维护市场竞争秩序,维护经营者的合法权益。

2. 主体不同

国家秘密的权利主体是国家,是唯一拥有国家秘密的特定主体。商业秘密的权利主体是不特定的民事主体(企业或个人)。

3. 对象不同

国家秘密是关系国家的安全和利益的事项,需要依照法定程序确定，在一定时间内只限一定范围的人员知悉。商业秘密的内容则为技术信息和商业信息。

4. "秘密"确定程序不同

国家秘密强调要经过法定程序确定，并且规定了一套极为严格的确定程序。商业秘密的确定程序没有明确规定，只要权利人自行明确即可。

5. "秘密"分类的标志不同

国家秘密分为三个等级，同时又原则性地规定了区分三个密级的标准。企业可以自行确定商业秘密的分级与标志，但不得与国家秘密的标志相同。

6. 泄密后的危害对象不同

国家秘密泄露后受损的是国家安全和重大利益。商业秘密泄露会损害企业经济利益，扰乱市场秩序。

7. 泄密后承担的法律责任不同

国家秘密被泄露，行为人通常要承担行政责任或刑事责任。商业秘密一旦被侵犯，行为人则构成不正当竞争，应承担民事赔偿责任，情节严重的，要承担行政责任或刑事责任。

二 国家秘密、商业秘密的并存与转化

国家秘密和商业秘密之间有明显的区别，通常情况下是各自独立存在。但这不是绝对的，在重大科学技术研发生产领域，国家秘密与商业秘密信息可以并存，并相互转化。

第一，并存。如军工技术既是军工企业的商业秘密，也是国家的重大秘密。科学技术部、国家保密局颁布的《科学技术保密规定》第39条规定："国家科学技术秘密申请知识产权应当遵守以下规定：

（一）绝密级国家科学技术秘密不得申请普通专利或者保密专利；（二）机密级、秘密级国家科学技术秘密经原定密机关、单位批准可申请保密专利；（三）机密级、秘密级国家科学技术秘密申请普通专利或者由保密专利转为普通专利的，应当先行办理解密手续。"但不影响这些技术成为企业的商业秘密，在这方面，不存在任何障碍。《中央企业商业秘密保护暂行规定》第11条规定："因国家秘密范围调整，中央企业商业秘密需要变更为国家秘密的，必须依法定程序将其确定为国家秘密。"但该规定并未明确这些技术是否丧失商业秘密的地位，可以认为其仍然属于企业的商业秘密，不过同时具有国家秘密的属性，优先按照国家秘密进行管理和保护。

第二，转化。随着时代的发展，部分经济科技领域的国家秘密事项对国家安全和利益的影响逐步降低，不再具有国家秘密的属性。但对于存有秘密的企业来说，这些技术还有商业价值，在解密后，国家秘密就转化为商业秘密。我国的民间传统技术，如景泰蓝生产工艺、福建水仙花栽培技术、景德镇陶瓷生产技术、安徽宣纸生产工艺、云南白药保密配方、贵州茅台酒生产配方和工艺、针刺麻醉技术、血吸虫防治技术等，在对外贸易中我国曾将其纳入国家秘密范畴，现在这些应属于商业秘密。

三 上海力拓案涉及的是商业秘密还是国家秘密

2009年7月5日，上海市国家安全局刑事拘留了胡士泰等4名力拓员工，起因是胡士泰等4人采取非法手段刺探、窃取我国国家秘密。力拓上海办公室办公电脑内存有数十家与力拓签有长协合同的钢企的资料，涉及了企业采购计划、原料库存量、生产计划等方面的详细数据，包括大型钢企每月的钢铁产量、销售情况。2009年8月11日，上海市检察机关以涉嫌侵犯商业秘密罪、非国家工作人员受贿罪对力拓公司上海办事处胡士泰等人作出批捕决定。2010年3月29日，全球关注的"力拓案"一审宣判，上海市第一中级人民法院判决胡士泰等4人犯有非国家工作人员受贿罪、侵犯商业秘密罪，分别判处14年到7年不等的有期徒刑。[①]

对于力拓案的定性，法学界一直存在争议。力拓案定性争议在于行为人究竟是侵犯商业秘密罪还是间谍罪。间谍罪危害国家安全，侵犯商业秘密罪则损害市场竞争秩序，社会危害性明显不同。力拓案以间谍罪立案，最终以侵犯商业秘密罪结案。

有观点认为，在国际贸易领域，国家安全和利益虽然有多种体现，但主要还是体现在国家的宏观经济安全上。力拓案中，我国数十家钢铁企业的详细情况被搜集、窃取，有些信息涉及这些钢铁企业的原料库存、生产安排和销售情况等，涉及我国的国计民生，涉及我国的宏观经济安全，应当是国家秘密。[②]

本书认为，在通常情况下，铁矿石只是一种"普通商品"，国有企业的秘密也不等同于国家秘密。另外，上述中国钢企的商业秘密也缺少一个上升为国家秘密的程序。把这些信息均界定为国家秘密，不合法理，同中国市场经济的国家定位也是不符合的。力拓案最后以侵犯商业秘密罪定案是比较妥当的做法。

四 国家对商业秘密的"征收"或"征用"

商业秘密作为一项财产，从理论上讲，可以被征收或征用。2021年9月，美国政府召开半导体高峰会，以提高芯片"供应链透明度"

[①] 上海市第一中级人民法院（2010）沪一中刑初字第34号一审刑事判决书。
[②] 参见陈庆安《论我国刑法中商业秘密与国家秘密的区别与认定》，《郑州大学学报》（哲学社会科学版）2017年第3期。

为由，要求台积电、三星等半导体企业在45天内交出芯片库存量、订单、销售纪录等数据。美国商务部部长雷蒙多在高峰会上声称，美国需要更多有关芯片供应链的信息，以提高处理危机的透明度，并确定芯片短缺的根本原因。

依据本书确立的财产权理论架构，企业享有商业秘密权。美国政府强迫企业交出相关商业秘密，对于企业而言，依然保有相应的数据信息，并未丧失。美国政府的行为类似于征用，但由于商业秘密权的权属性质不明确，很难提起行政诉讼。在台湾，由于担心向美国披露良率信息意味着公开自己的半导体水准，可能会导致代工厂在议价过程中处于不利位置，有些台积电小股东委托法律事务所向新竹地方法院提出假处分申请，要求由司法介入，禁止台积电以直接或间接、自愿或非自愿方式，对外国政府提供客户名单等机密文件。

延伸阅读：1965年8月，我国第一代核潜艇开始研制，在此过程中还有一个小插曲，让美国十分恼怒。当时正处于美苏冷战时期，美国忙着与苏联竞赛，根本无暇顾及中国发展。当时中国外交官前往美国时，在美国一家商店里发现了一个核潜艇模型玩具，价格还不到2美元，鉴于这个玩具的精巧，这名外交官将它买下并带回了家中。当时谁也想不到，这个不到2美元的模型竟然推动了中国核潜艇的研发。中国研究核潜艇的团队在机缘巧合之下得到了这个玩具核潜艇，拆开一看，特别高兴，因为这艘核潜艇极大程度地还原了美国核潜艇的细节。中国专家从该玩具核潜艇中得到启发，当即加快了核潜艇的研发进程。原来这个模型的制造人名叫雷耶斯，是一名资深军迷，为了将这个模型做好，他还聘请了退役军人前来指点。万万没想到，中国竟能从这小小的玩具中得到启发。后来美国军方得知这件事后，大为恼怒，但是又不能对中国提起诉讼，只好一气之下将雷耶斯关进监狱，名义是泄露国家军事机密。之后美国也禁止玩具厂商再做军事类还原玩具。①

第七节　商业秘密与剩留知识

离职员工是商业秘密侵权的重要主体。2008年，美国联邦法院审理商业秘密案件中有59%的案件涉及离职员工。2013年，离职员工侵犯商业秘密的案件占欧盟所有商业秘密案件的45%。② 我国情况更是如此，侵犯商业秘密的案件几乎全部涉及员工。在涉及员工的场合，会涉及员工的剩留知识和商业秘密的区分问题。

一　剩留知识的概念和性质

"剩留知识，是指在雇佣、许可等合同履行过程中，接收保密信息的一方在工作过程中所掌握的并以无形形式（不包括书面或磁带、磁盘等其他有形文件形式）存储在大脑中的信息（如技术诀窍、经验、想法、概念、工艺等）。只要没有为了日后的再次利用而刻意去记忆，接触到这些信息的当事人就可以在将来的产品研发、制造销售和维修等过程中自由使用这些剩留知识，另一方合同当事人不得限制

---

① 《2美元模型帮了中国核潜艇？美国恼羞成怒，却只能将厂商关进监狱》，"军史长廊"百家号，2020年6月21日，https：//baijiahao.baidu.com/s？id=1670108787759714336&wfr=spider&for=pc，最后访问日期：2023年3月3日。
② 王闯：《中国的商业秘密司法保护——以司法解释和典型案件为中心》，《工商行政管理》2014年第13期。

对方对这种信息的使用。"①

第一，剩留知识是雇员人格的组成部分。在国外，这种雇员在受雇期间获得的经验、技能和知识作为剩留知识，与雇主的商业秘密相区分，是雇员人格的组成部分，不能进行限制，否则势必损害雇员自由及基本生存权利。这就产生了剩留知识与商业秘密之间的冲突，剩留知识对商业秘密权的行使构成限制。②

第二，将剩留知识规定为雇员的财产，有利于雇员不断积累知识、技能和经验，有利于整个社会在知识上的积累和利用，有利于社会的创新与发展，也有利于雇主雇佣到经验更为丰富的雇员，对雇主的整体利益其实是有利的。

在 Follmer, Rudzewicz & Co. v. Kosco 案③中，美国密歇根州高等法院认为："雇员通过培训或在工作过程中所获取的普通知识、技能只能归属于雇员自己，这一点已经达成了高度的共识。而且这已成为雇员的一项法定权利，不以当事人是否在合同中约定为限。相反，对于以契约限制或禁止当事人使用自己的剩留知识的条款往往被认为无效。"

世界知识产权组织《反不正当竞争示范法》的"评注"中明确指出："离职后的雇员为了谋生，一般享有使用和利用其在以前的受雇期间所掌握的任何技术、经验和知识的权利。"④

在最高人民法院再审审理的山东食品公司等与马达庆、青岛圣克

---

① Scott M. Kline, Matthew C. Floyd, "Managing Confidential Relationships in Intellectual Property Transactions: Use Restrictions, Residual Knowledge Clauses, and Trade Secrets," 25 *Review of Litigation Spring*, 2006, p. 315.
② 根据《江苏省高级人民法院侵犯商业秘密民事纠纷案件审理指南（修订版）》第3.6.4条的规定，这部分剩留知识是员工在单位工作过程中掌握和积累的与其所从事的工作有关的知识、经验和技能，为其生存基础性要素，涉及员工的生存权利。
③ 362 N. W. 2d 676 (Mich. 1984).
④ 参见孔祥俊《反不正当竞争示范法及其注释（续）》，《工商行政管理》1998年第12期。

达诚贸易公司不正当竞争纠纷案[①]中，马达庆曾为山东食品公司雇员，后从公司辞职，到圣克达诚贸易公司工作。最高人民法院认为："作为具有学习能力的劳动者，职工在企业工作的过程中必然会掌握和积累与其所从事的工作有关的知识、经验和技能。除属于单位的商业秘密的情形外，这些知识、经验和技能构成职工人格的组成部分，是其生存能力和劳动能力的基础。职工离职后有自主利用其自身的知识、经验和技能的自由，因利用其自身的知识、经验和技能而赢得客户信赖并形成竞争优势的，除侵犯原企业的商业秘密的情况外，并不违背诚实信用的原则和公认的商业道德。"

二 剩留知识和商业秘密的区分

第一，存在方式不同。剩留知识往往并非以客观符号方式存在，而是存在于雇员的脑海中，而商业秘密通常是以各种符号方式存在。在工作中，根据个人的悟性和勤奋程度，每个员工都会或多或少地掌握一定工作技能、学到一些知识、积累一定工作经验。一位厨师学徒慢慢掌握炒菜的火候，一名业务员逐渐掌握说服客户达成交易的诀窍，一个软件工程师逐渐掌握提高写程序效率的技巧。[②] 这些"火候""诀窍""技巧"往往并非采取符号形式存在，而是内心的体验。

第二，知识内容是否符合非公知性、价值性和保密性等条件。雇员大部分的经验、技能、信息均不符合上述条件和要求。比如，员工学习了新的管理理念，即使雇主采取保密措施加以保密，也不构成雇主的商业秘密信息，这些知识仍然属于员工的基本技能。如果足够具体，雇主也采取了保密措施，也符合其他构成要件，该信息即成为雇

[①] 最高人民法院（2009）民申字第1065号审判监督民事裁定书。
[②] 参见朱尉贤《商业秘密与员工基本技能的区分及冲突解决》，《知识产权》2019年第7期。

主的商业秘密。①

第三，员工利用基本技能，但非利用雇主物质条件创造的信息构成员工新的基本技能。如果员工的本职工作就是开发新技术，如无相反约定，开发出的新技术一般来说应当归雇主所有。如果一个员工参与了某个非本职工作的技术开发，且在开发过程中承担了主要角色，开发出了较新颖的信息成果，这样的信息成果容易被认定为员工的基本技能，尤其在没有利用雇主的物质条件的情况下。②

第四，当事人留存的信息并不必然都是剩留知识，也可能具有商业秘密的内容。美国《反不正当竞争法重述（第三版）》第42条规定："尽管在判断某信息应否受到保护时，会考虑该信息是凭记忆留存还是通过有形载体保存这种区别，但在该信息构成商业秘密的情况下，被告就不能以仅凭记忆留存作为抗辩的理由。"将记忆留存作为抗辩理由，对商业秘密权利人显然是不公平的。在 *A. H. Emery Co. v. Marcan Products Corp* 案③中，员工离职时根据记忆草拟了涉及雇主商业秘密的设计图纸，在离职后使用。法院判决认为，员工以记忆方式获得原告的设计图，违反了信赖关系，与复制或盗用一样。但值得注意的是，在这种情况下，对于雇员而言，仅仅是非法使用和披露问题，并非窃取，客观上员工也没有复制或盗用。

第八节　商业秘密与个人信息

为应对愈演愈烈的侵犯个人信息现象，我国在2009年颁布的《刑

---

① 参见朱尉贤《商业秘密与员工基本技能的区分及冲突解决》，《知识产权》2019年第7期。
② 参见朱尉贤《商业秘密与员工基本技能的区分及冲突解决》，《知识产权》2019年第7期。
③ 389 F. 2d 11（2d Cir.）.

法修正案（七）》中增加了出售、非法提供公民个人信息罪，非法获取公民个人信息罪。2021年8月，全国人大常委会通过了《中华人民共和国个人信息保护法》（以下简称《个人信息保护法》）。

一　个人信息的内涵、外延

个人信息是指任何可以识别特定自然人的信息，也被称为"个人数据""个人资料"。[①]欧盟1995年《个人数据保护指令》第2条规定："个人数据，是指任何与已确认的或可以确认的自然人有关的信息。"我国台湾地区"电脑处理个人资料保护法"第3条规定："个人资料，指自然人之姓名、出生年月日、身份证统一编号、特征、指纹、婚姻、家庭、教育、职业、健康、病历、财务情况、社会活动及其他足资识别该个人之数据。"

《个人信息保护法》第4条第1款规定："个人信息是以电子或者其他方式记录的与已识别或者可识别的自然人有关的各种信息，不包括匿名化处理后的信息。"通常包括：其一，自然人个人情况，如姓名、年龄、性别、身高、民族、体重、DNA、血型、指纹、肖像等；其二，个人社会情况，包括职业、住址、籍贯、身份证号码、电话号码、学历、名誉、荣誉、婚姻情况、家庭情况、宗教信仰、政治信仰；其三，个人财产情况，包括收入、资产、负债、信用记录等；其四，上网情况，包括网上浏览记录、电子邮箱、QQ及微信号码、聊天记录、网购情况、账号密码等。

[①] "个人信息"和"隐私"这两个概念的内涵和外延是不同的，二者存在包容的关系，个人隐私的外延明显小于个人信息的外延，个人隐私属于私密性个人信息，是个人信息的一部分；个人信息包含个人隐私，但不限于个人隐私，范围远远大于个人隐私。

二　商业秘密和个人信息的区别

1. 主体不同

个人信息主体为自然人，而商业秘密的主体为经营者，通常为企业或事业单位，包括科研单位。

2. 专属性不同

个人信息范围广泛、形式多样，但都直接或间接地与特定自然人相关，具有可识别性，能够识别自然人身份。比如，肖像、DNA、身份证号码等。其他个人信息必须相互结合才能锁定某个人，比如身高、体重、民族、学历等。而商业秘密只是与企业生产经营有关的各种商业信息，且与权利人之间不一定具有专属关系。

3. 立法目的不同

个人信息保护的目的主要是保护自然人的个人权利和人格尊严，保证自然人私生活的宁静，不在于维护自然人的经济利益。商业秘密固然非常重要，但它既不依附于特定商主体，也并非商主体维持其法律人格所必不可少者，这一点与隐私权不一样。[①] 商业秘密保护的目的在于维护权利人的经济利益，维护市场竞争秩序。

4. 保护条件不同

个人信息自动产生，无须特别努力，也不用采取何种保密措施，一般不需要具备特别的条件。而商业秘密则需要具有保密性、秘密性、价值性等条件。

5. 保护方式不同

自然人的个人信息保护主要是两种方式：对于非公开信息，特别是隐私，禁止他人非法收集，更不能进行公开、使用；对于公开信息，

[①] 参见范健、王建文《商法的价值、源流及本体》，中国人民大学出版社，2004，第231页。

收集公开信息不需要经过自然人的许可，但未经其同意不得非法使用和处分。一般来说，自然人一般不会积极行使其个人信息权。而商业秘密不仅具有消极权能，能够禁止他人未经许可非法获取、泄露、使用，而且也具有积极权能，可以进行使用、处分。

三 商业秘密保护和个人信息保护的交叉

第一，商业秘密主体是经营者，而自然人可以成为经营者，比如个体工商户、单个研发人员，其所具有的商业信息可以成为商业秘密。国家工商行政管理局《关于禁止侵犯商业秘密行为的若干规定》第2条第6款规定："本规定所称权利人，是指依法对商业秘密享有所有权或者使用权的公民、法人或者其他组织。"

第二，从立法目的上看，商业秘密主要保护经济利益，个人信息主要保护人格利益，但也保护经济利益。"个人信息发挥维护主体人格尊严的价值或功能时，应该给予其人格权保护；个人信息发挥维护主体财产利益的价值或功能时，应该给予其财产权保护。"[①]《个人信息保护法》第1条确定的立法目的为"保护个人信息权益，规范个人信息处理活动，促进个人信息合理利用"，其中也包括个人经济利益。

第三，从条件上看，个人信息中也有未公开的、处于秘密状态的部分，具有秘密性。

从以上几个方面看，个人信息和商业秘密有可能存在重叠。也就是说，一个信息，可以既是个人信息，也是商业秘密。如果出现这种情况，涉及法律适用的竞合问题。本书认为，当事人可以择一进行保护。在一种保护方式不成功的情况下，还可以再选择另外一种保护方式。在获得其中一种方式保护后，就不能再追求其他方式的重复保护。

---

① 刘德良：《个人信息的财产权保护》，《法学研究》2007年第3期。

第三章
商业秘密权利论

要以商业秘密方式保护创新成果,就要接受随时失权的风险;要对外许可使用商业秘密,就要接受商业秘密非法扩散的风险;要受让商业秘密,就要接受原权利人重复转让的风险。从来没有这样一种财产权,像商业秘密权这样,诱惑如此之大,风险如此之高。

第一节 商业秘密权的对象

自20世纪60年代以来,人们开始将商业秘密当作知识产权。TRIPs协议的第一部分明确规定了商业秘密是知识产权的客体。我国1993年《反不正当竞争法》将商业秘密当作反不正当竞争法的保护对象。《民法总则》则明确地将商业秘密列为知识产权的客体。本书认为,商业秘密权是一种以特定信息为对象的财产权,并非知识产权,同物权、债权、知识产权等民事权利并列,处于同一层次上。

人类不仅生活在一个物质的世界中，而且也生活在一个意义的世界中。这个意义是人们从各种各样的符号、行为以及实物中解读出来的，也就是各种信息。可以说，信息无处不在、无时不在。人类借助信息得以沟通交流，得以形成各种社会组织，从事各种集体活动，不仅满足物质需要，而且满足精神需求。

在人类社会的发展过程中，物最早成为财产权、绝对权的对象，产生物权；随后，各种符号，包括商标、作品、专利，相继成为知识产权的对象。鉴于绝对权的支配性和排他性涉及不特定第三人的利益，并非所有的物、符号都能够成为绝对权的对象。因而对哪些物、哪些符号能够成为财产权的对象需要进行筛选。

一　哪些物能够成为物权的对象

所谓物，是指存在于人身之外，能够为人力所支配，并且能够满足人类需要的物质对象。人体、无体财产或者无体物均非物权的对象，声、光、电、热虽不具备物质形态，但仍具有物质性，属物质性财产，仍然可以归入有体物的范畴。物要成为物权的对象，须符合以下三个条件。

1. 可支配性

第一，物权的对象须能够特定化，是特定物、不能以他物替代的唯一之物。物权是特定的权利人享有的对物的支配权，被支配之物必须特定或必须明确，物在特定化之前，物权人无法进行支配、控制。第二，物权的客体一般是单一物。所谓单一物，是指在外观上能够单独或个别存在的物。因为物是有形体的，故外观可显示其是否单独或个别地存在，单独存在是一项物质财产特定化的外在形式。① 第三，物权的客体应当是独立物。所谓独立物，是指能够独立存在的物。换言之，作为物权的客体的物不仅要单独存在，而且要能够与其他物相区分，具有物理上的独立性，这也是物权的客体特定化的外在表现，只有独立之物才能使物权人对其加以支配控制。② 第四，能够为人力所支配和控制。不能够为人力所支配的物，比如，太阳、月亮，不能成为物权的对象。

2. 价值性

具有使用价值和交换价值，从而能满足人的精神利益与物质利益需要。其中，使用价值是能满足人们某种需要的属性。如粮食能充饥，衣服能御寒，土地可以用来种植，房子可以用来居住。毫无使用价值的物是不会成为商品的。使用价值是物的自然属性。交换价值以效用为基础，又以稀缺性为前提条件。

3. 公共利益排除

基于公共利益的需要，有些物不能成为物权的对象。比如，在我国刑法上有私藏枪支弹药罪，因而枪支弹药不能成为物权的对象。

二 符号何以成为知识产权的对象

知识产权的对象是知识，即各种符号组合。但我们生活中的绝大部分知识，比如各种标语、路标、宗教标志以及各种符号元素等，均

---

① 与单一物相对应的是集合物，无论是事实上的集合物还是法律上的集合物，原则上都不能成为物权的客体。但是在特殊情形下，如集合物在交易观念上可以被识别和区分而个别化，为了搞活经济，促进交易，减少成本，集合物也可以成为物权的客体，如失踪人的财产，一个企业的整体财产等，都可以作为交易的对象。

② 在现代物权法中，对独立物的理解已具有一定的灵活性。具有物理上的独立性之物固然是独立物，但在一定情形下虽不具有前述独立性，可依据交易观念或交易习惯将某物划分为不同部分而分别作为交易对象，这种能在观念上加以区分之物亦是独立物。如一块土地的某一部分可确定其"四至"范围，"四至"范围即指东西南北四个方向的边界，该部分土地就成为独立物。可见，所谓独立性，既指现实形态上的，也包含观念形态上的独立性。

不能成为知识产权的对象。如同物权的对象一样，要成为知识产权的对象必须符合一定的条件，这个条件就是具有创新性和系统性。实际上也是可支配性和价值性以及公共利益排除三个条件。

1. 可支配性

知识当然是符号组合，但不能是符号元素的胡乱排列，必须具有系统性，是一个包含各种软硬要素的、多层次的内在体系。其中，硬体要素就是各种符号元素的外在组合；软体要素则是符号组合中蕴含的各种信息，包括思想情感信息、情节信息、形象信息以及各种实用信息等；中介则为各种语法规则以及其他符号组合规则。正因为知识具有系统性，某一部分知识才能有效地区别于其他知识，由此可将产生的特定利益归属于特定主体。在知识产权法上，抽象的思想、零散的符号元素如同构成物的分子、原子一样，在法律上无法有效地区别，产权界定和保护成本相当高，缺少可支配性，难以将其界定为权利对象。

2. 价值性

各种专利、商标、原产地标志等知识，或是能够降低成本，或是能够提高效益，或是能够创造交易机会，或是能够促进产品销售，因而具有商业价值性。对于作品而言，尽管不能产生直接的经济效益，但在发挥怡情悦性、启蒙明智等方面功能的过程中，作品的复制、发行、表演等行为能够产生一定的经济效益，因而作为知识载体的作品也具有商业价值性。如果知识不具有上述经济功能或文化功能，就从根本上缺少商业价值，不能成为知识产权的对象。

3. 公共利益排除

能够成为知识产权对象，则不能损害公共利益。正因为如此，法律、判决等官方文件不能成为著作权的对象，商业标识不能破坏公序良俗，发明创造违背法律的，不能产生专利权。例赌博、吸毒器具等不能获得专利权。

总之，知识产权法上的知识，或是具体的作品，或是完整的专利，或是特定的商业标志。它们由于具备创新性，所以是稀缺的；由于具备系统性，所以能够产生特定的功能，能够被识别，并且法律能够对之进行产权界定。因此，创新性和系统性是各种知识能够成为知识产权的对象的必备条件。在具体的知识产权法律部门中，创新性和系统性转化为各种具体的条件，比如作品的独创性、商标的显著性，以及专利的新颖性、实用性、创造性，自不待言。

三 信息何以成为商业秘密权的对象

就信息而言，其最大的特征有以下几个。第一，存在上的依附性。信息本身不能独立存在，总是依附在符号、实物或人的行为上，同一信息可以具有不同的形式，依附于不同的载体上。第二，范围的模糊性。信息是一种意义，是人进行解读的结果，不同的人可能解读出不同的结果，一千个读者眼中有一千个哈姆雷特。第三，功能上的多重性。信息具有多重功能，包括政治功能、经济功能、文化功能、精神功能以及社会交际功能等。第四，数量上的不可计性。在大数据时代，数以亿计的信息被记录下来，对人类社会的发展产生了重大的影响。第五，产生上的多渠道性。既有通过创新创造行为而产生的新信息，也有根据现有信息整理而来的信息，更大量的信息是在生产生活中自然产生的。

无疑，商业秘密是一种信息。如果商业秘密权是一项信息财产权，而且是绝对权、支配权，我们至少需要解决以下几个问题。

首先，权利人如何对信息实现排他性支配？信息具有依附性，可以存在于不同的形式和载体上，可以同时为多人使用，本质上不具有排他性，而具有公共产品的属性。这种情况下，信息能否成为绝对权的对象？权利人能否排除他人的支配？

其次，信息的经济价值如何进行衡量？如何判断信息是否具有经济价值？是否值得成为财产权的对象？

最后，信息具有多重功能和作用，往往同公共利益结合在一起，信息财产权的保护是否会损及公共利益？

归结为三点：一是信息是否具有可支配性、能够排除他人同样的支配；二是信息是否值得支配，具有经济价值；三是信息是否损害公共利益。

就第一点是否具有可支配性而言，其关键在于是否具有保密性和可识别性。如果一个信息在被采取了合适的保密措施后，他人不得而知，就可以进行支配，阻却他人支配。从这个角度上看，商业秘密信息的可支配性在于其保密性，没有保密性就没有可支配性。这个可支配性与物权、知识产权不同，物权的可支配性体现在占有上，知识产权的可支配性体现在登记或公示上。另外，商业秘密信息还应当具有可识别性。所谓可识别性主要是指商业秘密的范围应当清晰，有明确密点。密点不清晰，范围不确定，权利则不存在。

就第二点是否值得支配而言，其关键在于信息的内容。大部分信息内容没有经济价值，只是在社会交往过程中发挥作用。能够成为财产权的对象的信息，只有经济信息、技术信息等商业信息。对于技术信息，主要是判断其技术的先进程度；对于经济信息，主要是看其在经营中的实际作用；对于其他商业信息，也视其对权利人和竞争者的影响。

就第三点是否损害公共利益而言，主要考量信息的范围。在涉及公众知情权问题时,不能损害公众知情权,不是任何信息都能够成为财产权的对象的。

如果解决了信息是否具有可支配性、是否值得支配、是否损害公共利益这三个问题,我们在海量信息中也大体上能够划定可成为财产权对象的信息范围。

四 物、符号、信息三者之间的关系

第一,物是有体的,通常是三维的,包括动产和不动产。符号是有形的,可以为二维、三维,也可以是声音、音响,包括符号形式和符号意义两个层次。信息是无形的,是解读后获得的意义内容。

第二,符号必然需要一定的载体,没有脱离载体的符号。符号的载体通常就是物。信息不能独立存在,需要依附于其他事物,信息存储于符号、行为和物上,通过对符号、行为、物进行解读,可以获得信息。

第三,物是物权的对象,符号是知识产权的对象,信息是商业秘密权的对象。一本记载技术方案的书籍,可以同时与物权、知识产权和商业秘密权相关。书本成为物权的对象,书本中的文字符号组合成为著作权的对象,而其中蕴含的技术信息可以成为商业秘密。如果申请了专利,商业秘密权就不复存在。三种不同的权利,针对不同的对象,是否存在,如何行使,均可以独立进行判断。

第二节 商业秘密权的性质、特征及其与知识产权的关系

关于商业秘密权,各国民、商法典中很少有规定。1804年,法国

民法典中提及"生产领域中的商业秘密"。我国《民法总则》第123条首次将商业秘密规定为知识产权的客体，将商业秘密权视为一种知识产权。但各国大多通过反不正当竞争法予以保护。[①] 此外，也有不少国家通过合同法、侵权法予以保护。[②] TRIPs协议尽管没有使用"商业秘密"的概念，但其"未披露过的信息"实际上指的就是商业秘密。[③] 至于商业秘密权的法律属性，多数学者都将其归入知识产权或财产权的范畴，另有学者将其作为法人人格权的重要内容。[④] 还有人将其归入"商事人格权"的范畴。[⑤] 总体而言，通说认为商业秘密权的客体也是智力成果。因此，商业秘密权也是知识产权的一种。本书认为，商业秘密权并非知识产权，其同知识产权既有相同或相似之处，也有重大的区别。下文予以论述。

一 商业秘密权的性质

1. 财产权

财产权指直接体现财产利益的民事权利，通常包括物权、债权、继承权，也包括知识产权中的财产权利。商业秘密从本质上说是一种信息，商业秘密权是一种信息财产权，具有财产权的三个显著属性：第一，具有财产价值；第二，无专属性，财产权原则上都是可以处分的；第三，受到侵害时须以财产方式予以救济，无须适用赔礼道歉方式。

[①] 德国《反不正当竞争法》第17条、法国《公平交易法》第23、24条等均系对商业秘密的专门规定。
[②] 参见齐树洁、贺绍奇《论商业秘密的法律保护》，《厦门大学学报》（哲学社会科学版）1996年第1期。
[③] 参见郑成思《知识产权法》，法律出版社，1997，第482页。
[④] 参见马俊驹、余延满《民法原论》（上），法律出版社，1998，第189页。
[⑤] 参见程合红《商事人格权刍议》，《中国法学》2000年第5期。

2. 支配权

支配权亦称"管领权",是指权利主体所享有的对权利客体直接管领和控制的权利。作为一种支配权,商业秘密的客体必须是明确的,也就是说,其密点须是确定的。其权利主体也必须是特定的,而义务主体是不特定的,义务人不得实施妨碍支配权实现的行为。作为一种支配权,理应产生排他效力,但同物权、知识产权等支配权不同,商业秘密权的排他效力较低,既不能排除他人对同一信息的占有和使用,也不能像物上请求权、知识产权请求权一样,形成一种商业秘密请求权,在他人还没有侵犯但有侵犯之虞时能够提前阻止。

3. 绝对权

绝对权又称"对世权",即义务人为不特定人的权利。商业秘密权的义务人是不特定的任何人,既包括企业内部员工,也包括权利人以外的其他任何人,均不得窃取、泄露、使用或允许他人使用通过不正当手段获取的商业秘密。

二 商业秘密权的特征

第一,保护范围具有不确定性。对于一个企业来说,到底拥有多少商业秘密是不确定的,正如一个人他不会清楚其到底拥有多少隐私一样。在财务上,一般也不会把各种商业秘密均折算为各种财产,成为企业的资产。

第二,商业秘密权作为一种财产权,具有高度的不稳定性。商业秘密转化为非商业秘密,对于一个企业来说是常事,这就意味着相关商业秘密财产权经常丧失,处于不稳定状态,使得其财产权属性弱化。但物权和知识产权一般具有相对稳定性,其价值一般不会骤然在有无之间发生巨大变化。

第三，商业秘密权的财产价值往往不好衡量。在商业秘密中，技术信息往往能够通过评估方式确定其财产价值，可以出资。但经营信息的价值则往往无法进行客观衡量，不能作为股权投资，但可以用于合伙出资。

第四，排他性不强。也就是说，其权利主体可能是多重的，多个权利主体可以同时对商业秘密进行占有、使用、处分和收益，任何一方都不能排除另一方的权利。但物权和知识产权则具有强大的排他性，在同一法域中，其他人不得对同一客体产生相同的物权或知识产权。

第五，保护期限具有不确定性。保护期限的长短主要取决于权利人的保密措施是否得力，以及一些外部因素，如商业秘密是否实际上被公开，市场环境是否发生重大变化。在理论上，商业秘密可以无限期保护。所有权在理论上也可以无限期存在，只要物本身还继续存在。此外，部分知识产权，如商标权在理论上也可以无限延长。

第六，商业秘密权自商业秘密产生之日自动取得，不需要国家授予。而专利权、商标权的取得需要经过国家机关的审批，具有国家授予的特点。

第七，商业秘密权缺少公示性。由于商业秘密必然处于非公知状态，不能实现公示公信的法律效果，商业秘密权是否存在、何时丧失、权利主体是谁、是否已经转让、对外有无许可、对外许可的类型等问题，均处于一种不确定的状态。① 因此，在商业秘密权变动过程中，重复处分、无权处分等情形容易发生，参与商业秘密权变动的人应当对此有足够的认识。当然，发生这些情形后，仍然可以通过追究合同

---

① TRIPs协议第39条2（b）项规定，商业秘密法所保护的信息"因属秘密而具有商业价值"。

责任、违约责任、不当得利等路径维护自身的权利。但物权、知识产权具有公示性，一般可以通过占有、登记、署名等方式推定权利主体和权利状态。

三 商业秘密权同知识产权的相同相似之处

通说认为，商业秘密权是一种知识产权。本书认为，商业秘密权和知识产权确实有众多的相同相似之处。

第一，性质相同。都是财产权、支配权和绝对权。

第二，权利体系中的位阶相同。商业秘密权作为一种信息财产权，同物权、债权、知识产权、人格权、身份权等民事权利处于同一位阶，是同一层次上的民事权利。[①]

第三，保护对象部分重叠。知识产权的对象是符号，大量的信息蕴藏在符号中，很多信息也是知识产权的保护对象。比如，专利权所保护的就是专利权利要求中所集中体现出来的技术信息。

第四，商业秘密权同知识产权可以并存。比如，在同一份技术方案上，可以同时存在著作权和商业秘密权，二者的对象不同。著作权的对象是各种符号组合，而商业秘密权的对象则是其中蕴含的各种技术信息。

第五，商业秘密权与知识产权可以转化。技术信息可能通过专利申请程序成为知识产权的对象，这是商业秘密权转化为专利权，也是专利申请的规律，专利申请的过程就是技术信息从商业秘密转化为专利。"每个专利刚开始时都是商业秘密。"[②] 当然，这是在成功的情况

[①] 也有观点认为，技术信息权属于知识产权，经营信息权属于信息财产权，商业秘密权本质上是知识产权与信息财产权的耦合。参见董慧娟、李雅光《商业秘密权中知识产权与信息财产权的耦合》，《江西社会科学》2015年第11期。

[②] 〔美〕马克·R.哈里根、〔美〕理查德·F.韦加德：《商业秘密资产管理》，余仲儒译，知识产权出版社，2017，第96页。

下。如果转化不成功，商业秘密不复存在，专利权也没有产生。有无可能从专利权转化为商业秘密权？这种可能性是很小的，但并非绝无可能。这是由于商业秘密的非公知性具有相对性，受到地域、行业等限制，某项在其他地区早已过期的专利技术有可能成为本区域、本行业的商业秘密。

四 商业秘密权同知识产权的区别

第一，功能不同。知识产权制度一般具有通过公开促进知识传播和创新的目的，著作权、专利权莫不如此。商标权也是通过公开商标的使用，促进商标符号形式和商标符号信息的变动，同专利权、著作权并无本质区别。但商业秘密保护本身没有通过公开促进知识传播创新的社会功能，商业秘密保护很大程度上属于维护商业竞争伦理的范围，完全可以通过合同法、反不正当竞争法、侵权法或专门的商业秘密法等予以保护，但没有必要纳入知识产权法范畴。在审理凯特福特公司诉塞西尔·W.哈德孙和哈德孙工业公司案件[①]中，美国联邦第五巡回上诉法院认为："本院特别提到了专利法的立法目的是鼓励发明及技术创新，而商业秘密法的目的则是防范通过背信和不道德手段获取他人秘密的行为。"[②]

第二，对象不同。按照抽象化程度的差异，可以把民事权利划分为几个层级：其中，物权、债权、人格权、身份权、知识产权等属于第一层级的民事权利；而担保物权、用益物权、所有权、亲权、配偶权、著作权、商标权、专利权等均属于第二层级的民事权利。第一层级的民事权利是根据权利对象（标的）进行区分的：物权的对象是各

[①] 444 F. 2D 1313, 170 U. S. P. Q. 437.
[②] 黄武双等译《美国商业秘密判例 1 公共政策、构成要件和加害行为》，法律出版社，2011，第 176 页。

种物，债权的对象是给付行为，人格权的对象是各种人格要素，身份权的对象是特定身份关系中的对方当事人。对象不同是这些民事权利之间根本的区别。以此而论，知识产权的对象是各种符号，包括作品、商标、专利技术方案在内。而商业秘密有的是以符号方式显示出来的信息，比如客户名单、技术资料、配方、图纸等，还有的是以实物和行为方式呈现出来的信息。

第三，权能不同。物权的权能包括占有、使用、收益、处分等积极权能，以及排除他人干涉、妨碍等消极权能；知识产权的权能既包括积极权能，也有消极权能。而商业秘密的对象是信息，信息可以存储于符号中，也可以存储于实物或人的行为上。撇开信息内容上的差异，在商业秘密法上，对于信息的非法获取、披露也构成侵权，但这在知识产权法上并不构成侵权。同时，在商业秘密法上，销售、使用侵权产品往往不构成侵权。[①] 而在知识产权法上，销售、使用侵权产品一般会构成侵权。

第三节　商业秘密权的取得、内容及其限制

一　商业秘密权的取得

第一，独立开发取得。指通过独立思考、自行研发、独立构思而取得技术信息。

第二，通过反向工程获取商业秘密。主要适用于技术信息方面，通过技术手段对公开渠道取得的产品进行拆卸、测绘、分析而获得该产品的有关技术信息。

[①] 如引诱他人侵犯商业秘密后，再进行销售或使用，引诱行为构成帮助侵权，销售和使用行为自然也随之构成侵权。

第三，合法受让或被许可而获得商业秘密。和知识产权一样，使用人可以通过与权利人订立许可使用协议并支付一定费用的方式，约定在一定范围内使用商业秘密。

第四，在生产经营过程中自动产生。主要针对很多经营信息，不需要特别的研发，也不需要经过整理、分析、研究，自动就取得。

第五，在生产经营过程中整理获得。主要是在生产经营过程中通过搜集、整理、分析、研究获得经营信息，并采取相应的保密措施。

上述信息如果是在执行本单位职务，或完成本单位任务，或主要利用本单位物质技术条件过程中产生的，包括技术成果和非技术成果，原则上属于所在单位。所在单位和研发者之间另有约定的，从其约定。这也与专利法上职务发明的专利申请权和专利权归属于单位的规定相一致。

延伸阅读：委托开发成果中技术秘密的归属。《民法典》第861条规定："委托开发或者合作开发完成的技术秘密成果的使用权、转让权以及收益的分配办法，由当事人约定；没有约定或者约定不明确，依据本法第五百一十条的规定仍不能确定的，在没有相同技术方案被授予专利权前，当事人均有使用和转让的权利。但是，委托开发的研究开发人不得在向委托人交付研究开发成果之前，将研究开发成果转让给第三人。"据此，在委托开发合同中，商业秘密的相关权利在没有明确约定的情况下，各方均有使用和转让的权利。问题在于：在此情况下，各方之间是不是一种共有关系？也就是说，一方的处分是否受到他方的制约？

《最高人民法院关于审理技术合同纠纷案件适用法律若干问题的解释》第20条规定："民法典第八百六十一条所称'当事人均有使用

和转让的权利',包括当事人均有不经对方同意而自己使用或者以普通使用许可的方式许可他人使用技术秘密,并独占由此所获利益的权利。当事人一方将技术秘密成果的转让权让与他人,或者以独占或者排他使用许可的方式许可他人使用技术秘密,未经对方当事人同意或者追认的,应当认定该让与或者许可行为无效。"第21条规定:"技术开发合同当事人依照民法典的规定或者约定自行实施专利或使用技术秘密,但因其不具备独立实施专利或者使用技术秘密的条件,以一个普通许可方式许可他人实施或者使用的,可以准许。"

根据上述规定,双方对技术秘密应当是一种共有关系,未经他方同意,不能进行转让,但普通许可则不受影响。

二 商业秘密权的内容

商业秘密权利人依法对商业秘密行使占有、使用、处分和收益等方面的权能。

1. 占有权能

商业秘密的占有权能,是指权利人对商业秘密信息的管理,防止他人接触、传播、理解。它既是商业秘密权的重要权能之一,在整个商业秘密权能体系中居于首要地位,又使得商业秘密具有保密性和秘密性。占有可以包括三层意思:第一,直接控制、管理商业秘密载体,且限制他人接触;第二,限制他人复制、传播商业秘密的表现形式,如复制、传播各种图纸中的设计方案;第三,限制他人理解秘密信息,如设置密码。这种占有,既针对载体,又针对表现形式,还针对信息内容。不管是哪种方式,归根结底是为了防止他人获取信息内容。相对而言,载体控制最安全,形式控制次之,理解控制再次之。

2. 使用权能

商业秘密的使用权能，是指权利人依照商业秘密的性质和用途对其进行利用。商业秘密作为一种无形资产，其使用权的行使区别于有体物的使用。如房屋所有权人行使房屋使用权时，可以采取居住、租赁、买卖、赠与等方式，但同一时空内只能选择一种使用方式。而商业秘密因其自身特点可以同时被多个主体所有，也可授权他人与自己一同使用商业秘密，使得商业秘密的价值最大化。

3. 收益权能

商业秘密的收益权能，指权利人有权通过自己使用或者处分，以获得相应的经济利益，包括将商业秘密作价投资。

4. 处分权能

处分权能是指权利人有权处置商业秘密，包括法律处分和事实处分：法律处分包括公开商业秘密、转让或赠与商业秘密等；事实处分如抛弃商业秘密载体等。

物权具有消极权能，即排除他人干涉、妨碍的权能。本书认为，鉴于商业秘密为一种信息，且处于秘密状态，他人很难进行干涉、妨碍，故无须存在此项消极权能。

三　商业秘密权的限制

1. 独立开发

商业秘密权利人既不能禁止他人自行研究、使用相同的商业秘密，也不能禁止他人公开其独立研发的商业秘密。

2. 反向工程

商业秘密权的权利人投放到市场上流通的产品中所蕴含的商业秘密信息，被竞争对手轻易地通过反向工程分析研究获知，一般不视为侵权。

3. 公权限制

国家机关依法在执行公务的过程中获取商业秘密，不视为侵犯商业秘密，但须以执行职务为限。国家机关工作人员对在执行职务过程中获得的商业秘密，仍然负有保密的义务，除非是基于公务用途而公开。

4. 强制披露

上市公司必须按照《证券法》《公司法》的规定进行信息披露。信息一旦披露，即进入公众领域，而不再成为商业秘密。

5. 违法的商业信息不受保护

此类信息包括假币制作方法、违禁添加剂、药物的配方、串通招投标、协议垄断高价等。

6. 违反社会公共道德的商业秘密不受保护

有些商业信息虽然没有明确违法，但违背了公序良俗，背离了社会公共道德，也不受法律的保护。

7. 使用、转让的限制

由于法律的限制，特定的商业秘密不能够进行转让，比如内幕信息。所谓内幕信息，是指证券交易活动中，与公司经营有关，会对公司证券市场价格产生重大影响的、尚未公开的信息。另外，也包括涉及国防安全、社会稳定等方面的重要的技术信息，在法律上有专门规定的，也不能够进行转让或许可使用。

延伸阅读：2016年，欧盟通过了《商业秘密保护指令》，该指令第5条规定了侵犯商业秘密的"例外"（exceptions）："各成员国应当确保在以下情形中，商业秘密权利人不得通过本法获得相应的商业秘密保护：（1）出于行使合法的宪章规定的个人或者媒体言论自由以及信息自由的需要;(2)为了揭露权利人的不当行为、错误行为或者非法行为,且行为人是出于公众利益的需要;(3)根据欧盟法或者国内法的规定,出于员工代表行使其合法职权的必要,员工向其员工代表透露的;(4)根据欧盟法或欧盟国家国内法的规定,出于保护某一项合法权利的需要。"该条通过列举法规定了商业秘密保护的例外,即他人在以上情况下可以获取、披露或使用相关商业秘密,这是一种创新性的规定,被视为该指令的一大亮点。从欧盟商业秘密保护的例外规定可以看出,对经济利益的保障绝不应凌驾于基本人权和公共利益之上。①

《俄罗斯联邦商业秘密法》直接规定了不能构成商业秘密的信息内容。其第5条规定,从事经营活动的人不能对下列信息采取保密措施:(1)记载在相关国家登记簿中的法人设立文件和证明法人或者私营企业主的事实信息;(2)授权从事经营活动文件中的信息;(3)有关国有和自治地方所有单一制企业、国家机关财产的组成和预算资金被它们使用的信息;(4)有关环境污染、消防安全状况、流行病和辐射情况、食品安全和其他对保障生产设施安全、每个公民的安全和居民的整体安全有负面影响的事实;(5)有关职工人数、组成、劳动工资制度、劳动条件,包括劳动保护、工伤和职业病指标以及空闲工作岗位的信息;(6)有关企业主因支付工资和其他社会性开支的债务信息;(7)有关违法行为和追究侵权责任的事实;(8)有关国有和自治地方财产私有化的竞争和拍卖条件;(9)有关非商业组织的收入数额和结构、财产的数目和组成、支出、职工人数和工人的工资,以及经营活动中利用公民无偿劳动的情况;(10)有关未经法人委托有权从事经营活动的人员名单;(11)其他法律规定必须公开的信息或者不

---

① 参见周克放《欧盟商业秘密保护例外问题研究》,《电子知识产权》2018年第7期。

得限制许可使用的信息。

上述规定主要是基于公共利益方面的考量,保证公民的知情权,有助于明确商业秘密和非商业秘密之间的界限,值得重视。

延伸阅读:1856年,英国产生一个案例,为保护公共利益而否认原告的商业秘密。该案原告是羊毛交易经纪人,被告是其员工,被告揭发原告以欺诈手段经营。原告向其委托人谎称羊毛质量不良、损坏迅速,因而以低于市场价紧急处理。实际上,这批羊毛无质量瑕疵,原告以正常市场价出售。法院判决被告对该类信息无保密义务。在1968年 Initial Services Ltd. v. Putteril 案[1]中,原告为洗衣店主,被告为其销售经理。被告在一家全国性报纸上连续2天发文揭露原告的价格串通行为。原告与其他经营者暗中达成协议,共同维持高价,对外宣称高价是政府增税引起的,实际上增税只是其中的部分原因。原告诉请被告履行保密义务,法院未予支持。[2]

在意大利"古拉案"[3]中,居住于一家高危险化工厂旁的村民,因为没有获知该化工厂污染程度以及对周边环境破坏程度的信息而起诉政府,主张这使他们长期处于恐惧不安之中,严重损害了身心健康和家庭安宁。欧洲人权法院支持了当地村民的诉求,认为村民基于基本权利的需要而行使信息获取的权利,是正当且应当得到帮助的。当个体基于信息获取与表达的需要而请求获取信息时,可以请求行政机关告知,或者要求相关企业披露。

在"二战"期间发生的 Hughes Tool Co. v. Gillcraft Aviation Co. 一案[4]中,原告作为政府的一家火药推动器供应商,请求法院发布禁止

---

[1] (1968) 1 Q. B. 396.
[2] 参见张玉瑞《商业秘密法学》,中国法制出版社,1999,第104~105页。
[3] 116/1996/735/932, 19 February 1998.
[4] 参见周克放《欧盟商业秘密保护例外问题研究》,《电子知识产权》2018年第7期。

向政府披露推动器图纸的禁令，南加州法院拒绝了该请求并指出："本院认为发布禁令是没有道理的，成千上万的人们正在牺牲他们的生命，我们的国家才得以生存。"①

第四节 商业秘密权的权属状态

一 商业秘密权独有

权利独有，指只有一个商业秘密权利人，其他人并非合法的权利人，或者仅仅是作为被许可人，或者是非法占有人。

企业员工开发的商业秘密属于职务技术成果的，认定该商业秘密归企业独有。包括：第一，为履行法人或者其他组织的岗位职责或者承担其交付的其他技术开发任务；第二，离职、退职、退休后一年内继续从事与其原所在法人或者其他组织的岗位职责或者交付的任务有关的科学研究和技术开发；第三，主要是利用企业的物质技术条件所完成的。企业员工在履行其职务行为时所取得的职务技术成果（包括商业秘密）也应当属企业所有。因而，区分商业秘密是归企业还是归其开发人员所有，主要是看该信息是否可归于职务技术成果。属于由企业员工的职务行为所研究、开发出来的职务技术成果时，除非企业与该员工另有约定，否则该商业秘密理应归企业所独有。

二 商业秘密权共有

权利共有，指基于共同研发或合同约定，两个以上的共有人对某种商业秘密共享权利。根据《民法典》第861条，委托开发完成的技

---

① 参见周克放《欧盟商业秘密保护例外问题研究》，《电子知识产权》2018年第7期。

术秘密成果可由双方共有。本书认为，商业秘密权共有的，应当按照下列规则行使。

第一，双方均可以自己实施，这个自不待言。

第二，双方都应当采取适当管理措施，防止商业秘密泄露。一旦因为管理不慎，造成商业秘密泄露，应当向对方承担赔偿责任，但不是侵权责任。因对方也是权利人，不会自己侵犯自己的权利。

第三，未经对方许可，不得单独对外进行转让。任何单独转让行为都是无权处分，除非善意取得，否则第三方不能获得商业秘密权。

第四，未经对方许可，不得对外实施许可。共有人依法均有权对外转让和许可技术成果。但商业秘密权与知识产权不同，商业秘密对外转让、许可存在泄密、失权的风险，而且被许可人、受让人也可能会对外无权处分，极大地影响其他共有人，故应作此规定。

深度思考：2021年9月，美国政府召开半导体高峰会，以提高芯片"供应链透明度"为由，要求台积电、三星等半导体企业在45天内交出芯片库存量、订单、销售纪录等数据。美国商务部部长雷蒙多在高峰会上声称，美国需要更多有关芯片供应链的信息，以提高处理危机的透明度，并确定芯片短缺的根本原因。美国政府要求提交的相关数据通常被认为属于商业秘密，如果是商业秘密的话，这些商业秘密哪些属于半导体企业？哪些属于客户？哪些属于二者共同拥有？一般来说，库存量属于半导体企业的秘密，而客户订单、销售记录则属于双方共同所有，半导体企业应当对客户负有保密义务。

三　商业秘密权各有

权利各有，是指权利人各自拥有商业秘密权，彼此之间相互独立行使，互不影响，也有人称之为"平行型共有"。权利各有发生的情形包括以下几种。

第一，各自研发出某种商业秘密。

第二，通过反向工程获得某种商业秘密。

第三，在善意取得的情况下，善意第三方取得商业秘密。

在权利各有的情况下，任何一位权利人都可以独立行使商业秘密权，包括申请专利、转让、对外许可，均为有权处分，也无须对方同意。权利人之间不存在保密义务，任何一位权利人均可以将该商业秘密公开而无须承担法律责任。

显然，这种权利各有的情形是商业秘密法所特有的制度，是由商业秘密权属缺少公示性以及商业秘密权排他性弱的特点决定的，在知识产权制度中是不存在的。

《宁波市企业技术秘密保护条例》第8条规定："不同企业独立研究开发出同一技术的，其技术秘密权益分别归该企业所有，无论时间先后，均享有使用或转让该技术的权利。"这里所谓的分别所有，就是各有状态。

《深圳经济特区企业技术秘密保护条例》第6条第1款规定："独立开发出同一技术秘密的，无论开发时间的先后，各独立开发人均可以自由使用、转让或者披露该技术秘密。"

《最高人民法院关于审理不正当竞争民事案件应用法律若干问题的解释》（2020年修正，现已失效）第12条也明确规定，通过自行开发研制或者反向工程等方式获得商业秘密，不认定为《反不正当竞争法》中规定的侵犯商业秘密行为。也就是说，其他单位或个人通过自行开发研制或反向工程等合法方式，可以享有其研发的商业秘密的所有权，对该商业秘密行使占有、使用、收益或者处分的权利，而不被认定为《反不正当竞争法》规定的侵犯商业秘密的行为。

在化学工业部南通合成材料厂、南通中蓝工程塑胶有限公司等与南通市旺茂实业有限公司（原南通市东方实业有限公司）、陈建新等侵害技术秘密纠纷二审案[①]中，最高人民法院认为："本案中，三上诉人主张的技术秘密为改性PBT的155项配方以及相关工艺，经营秘密为55项客户名单。涉案信息实际上是在较长时间内，在合成材料厂、星辰公司和中蓝公司三个民事主体处分别形成的。涉案信息中的一部分以出资的方式，在合成材料厂与星辰公司之间，以及星辰公司与中蓝公司之间，先后经历了两次权利人的变更。因此，合成材料厂采取的保密措施仅适用于在该厂形成的有关涉案信息，不能作为在星辰公司、中蓝公司处取得或形成的有关涉案信息的保密措施。相应地，星辰公司采取的保密措施，也不能作为在中蓝公司处取得或形成的有关涉案信息的保密措施。本案中，三上诉人以共有为名，对于涉案信息一并主张商业秘密保护。但是，只有在三上诉人明确涉案各项技术、经营信息形成的具体时间以及对应的权利人的情况下，方能确定三上诉人主张的各项涉案信息是否采取了合理的保密措施，构成商业秘密。然而，经本院多次释明，三上诉人始终不能就其主张的各项涉案信息的形成时间和对应的权利人作出合理说明或证明，由此产生的不利后果应当由其自行承担。"

就该案而言，如果不能证明三上诉人对案涉客体为共有状态，则应属于各自所有的状态，这是商业秘密权不同于知识产权的特殊之处。

---

① 最高人民法院（2014）民三终字第3号二审民事判决书。

第五节 商业秘密权转让

商业秘密权转让指商业秘密权利人将其所拥有的商业秘密有偿、无偿地转让给他人。商业秘密权作为一种纯粹的财产权,自然应当可以转让。

一 商业秘密权转让存在的问题

第一,商业秘密权是否存在具有不确定性。商业秘密必须具有非公知性、价值性和保密性,相关信息是否具有上述属性往往具有不确定性。也就是说,转让人所称商业秘密权是否确实存在都有可能存疑。若该权利基础不存在,转让更无从谈起。

第二,商业秘密权的价值具有不确定性。商业秘密所能产生的经济利益价值性往往不好确定,技术信息的价值相对容易确定,但经营信息难以衡量。因此,实际生活中进行转让的往往以技术秘密为主,经营信息转让的情况并不常见。

第三,商业秘密权的移转具有不确定性。这里涉及商业秘密的交付问题,商业秘密的本质是信息,信息的载体可以有很多。转让人将商业秘密交付给受让人以后,如何确保自己不再使用、不再对外许可、不再对外转让仍是一个问题,由此可能会发生重复转让和许可的情形。

第四,商业秘密权何时丧失不确定。商业秘密权的存续取决于其秘密状态的保持,如果商业秘密丧失了非公知性,商业秘密权就不复存在。

二 商业秘密转让合同的主要形式

在实践中,商业秘密权的转让可以采取以下几种方式。

一是独占性转让，即转让后禁止原持有人继续使用或向第三人转让或许可使用该商业秘密，原持有人丧失权利人地位。

二是排他性转让，即转让后允许原持有人继续拥有并使用该商业秘密，但不可向第三人转让或许可第三人使用，原持有人保留商业秘密权，但受到限制。

三是一般性转让，即转让后允许原持有人继续使用该商业秘密，还可以向第三人转让或许可第三人使用。原持有人保留商业秘密权，其权利不受限制。

四是共有性转让，即转让后，原持有人和受让人之间形成一种共有关系，仍然只存在一个商业秘密权。

在以上几种转让方式中，只有第一种、第四种是传统的、类似物权转让的方式，第二种、第三种的后果是，转让人继续享有商业秘密权，与受让人形成一种"各有"关系，各自对相关商业秘密享有所有权，这在传统的物权转让中是难以想象的。之所以会存在这种情况，主要基于两个原因：一是，商业秘密权是一种信息财产权，权利客体是信息，信息可以为多人同时使用，互不妨碍；二是，商业秘密权与知识产权不一样，不具有排他性，针对同一个商业秘密，可以同时存在几个独立的商业秘密权。

三　商业秘密转让合同的主要注意点

第一，转让人保证无权利瑕疵。转让人应当保证自己是所提供的技术的合法拥有者，并且拥有处分权。受让人按照约定实施、使用技术秘密侵害他人合法权益的，由转让人承担责任，但当事人另有约定的除外。

第二，技术指导和资料载体移交。转让人应按约提交各种技术材料，实施技术指导，确保技术的实用性和可靠性。

第三，转让人关于使用、再许可以及再转让的权利是否保留。如果约定不得保留的，转让人不得二次转让或许可他人使用。如果转让人二次转让或许可第三人使用，符合善意取得条件的，第三人同样获得该项商业秘密，但转让人应当承担违约责任。给受让人造成其他损失的，应当承担赔偿责任。

第四，转让人承担保密义务，转让人不得将秘密泄露。在约定转让人继续使用、再许可或再转让的情况下，转让人也不得将秘密泄露。

第五，商业秘密一旦泄露将不复存在。如果双方均无过错，均不承担违约责任，已经收取的转让费用不再退还。如果因为转让人存在过错，其应当赔偿损失，退还转让费用。

第六，委托开发或者合作开发技术秘密应明确权利归属。《民法典》第861条规定的委托开发或者合作开发完成的技术秘密成果，在没有约定或约定不明确的情况下，当事人均有使用和转让专利的权利，但该权利应当"在没有相同技术方案被授予专利权前"。这一前置条件的增加，使得与开发成果相同的技术方案被申请专利这一特殊情况引起关注。

第七，非法垄断技术或侵害他人技术成果的技术合同无效。《民法典》第850条规定，非法垄断技术或者侵害他人技术成果的技术合同无效，该条文相较原《合同法》第329条删除了"妨碍技术进步"的表述。《最高人民法院关于审理技术合同纠纷案件适用法律若干问题的解释》第10条规定，下列情形属于"非法垄断技术"："（一）限制当事人一方在合同标的技术基础上进行新的研究开发或者限制其使用所改进的技术，或者双方交换改进技术的条件不对等，包括要求一方将其自行改进的技术无偿提供给对方、非互惠性转让给对方、无偿独占或者共享该改进技术的知识产权；（二）限制当事人一方从其他来源获得与技术提供方类似技术或者与其竞争的技术；（三）阻碍当事人一方根据市场需求，按照合理方式充分实施合同标的技术，包括明显不合理地限制技术接受方实施合同标的技术生产产品或者提供服务的数量、品种、价格、销售渠道和出口市场；（四）要求技术接受方接受并非实施技术必不可少的附带条件，包括购买非必需的技术、原材料、产品、设备、服务以及接收非必需的人员等；（五）不合理地限制技术接受方购买原材料、零部件、产品或者设备等的渠道或者来源；（六）禁止技术接受方对合同标的技术知识产权的有效性提出异议或者对提出异议附加条件。"

需要注意的是：如果上述条款是合同的主要义务，则整个合同无效。如果上述条款是合同的次要义务，则仅仅相关约定无效，不影响整个合同的效力。

四 商业秘密出资

商业秘密出资是商业秘密权转让的一种特殊形式。《公司法》第27条第1款规定："股东可以用货币出资，也可以用实物、知识产权、土地使用权等可以用货币估价并可以依法转让的非货币财产作价出资；但是，法律、行政法规规定不得作为出资的财产除外。"专有技术是指排除在专利权以外的各种技术信息，也是构成技术秘密的主体部分。

在使用商业秘密出资的时候，通常要注意以下几个方面的问题。

第一，必须要进行评估。当股东以商业秘密进行出资时，应当对商业秘密进行评估作价，并核实财产，不得高估或者低估作价。对于出资的商业秘密，出资方应提供详细资料，包括该商业秘密信息的有效状况、技术性能、实用价值,作价的技术根据和标准等,以供知识产权评估机构以适当的方式对该商业秘密的价值进行评估。一般而言,其价值可参考该商业秘密的开发、研制成本或许可使用费等。

第二,签订保密协议。由于商业秘密的秘密性属性,因此出资方在签订投资协议,将商业秘密交付各出资方以供作价评估或正式投产使用前,可考虑与其他的投资人以及商业秘密的评估机构签订保密协议,明确保密义务和违约责任。在投资协议书中,也应注意对商业秘密的范围、内容、使用期限等予以较明确的约定,以免表述模糊不清导致未来发生权属争议或其他纠纷。

第三,在出资后,出资方自己也要承担保密义务。若出资方导致商业秘密丧失非公知性,出资方就要承担补充出资的义务。其他出资方具有连带填补出资的义务。当然,如果出资后公司导致商业秘密丧失非公知性,则出资方不需要承担补充出资的义务。

第四,在出资后,出资方不能许可使用、不能再对外转让,否则即构成对公司商业秘密权的侵犯。

第六节 商业秘密许可使用与质押

一 商业秘密许可使用方式

商业秘密许可使用是指商业秘密权人将商业秘密授权他人使用并获取收益。在实践中,商业秘密许可使用主要是针对技术秘密而言的,许可使用主要包括以下几种类型。

第一,独占使用许可,是指在一定时间、一定地域范围内,商业秘密的所有人只许可一个被许可人使用其商业秘密,且商业秘密所有人自己也不得实施该商业秘密。

第二，排他使用许可，是指在一定时间、一定地域范围内，商业秘密的所有人只许可一个被许可人使用其商业秘密，但商业秘密所有人自己有权使用该商业秘密。

第三，普通使用许可，是指在一定时间、一定地域范围内，商业秘密的所有人许可他人使用其商业秘密，同时有权继续许可第三人使用该商业秘密。

第四，分使用许可，这是相对于基本的使用许可合同产生的概念。在商业秘密许可合同中，如果许可方允许被许可方就同一商业秘密再与第三人订立许可合同，由第三人在合同约定的期限和地域范围内实施该项商业秘密，则被许可人与第三人签订的商业秘密使用许可合同就是分使用许可合同。分使用许可合同只能从属于基本的使用许可合同，不得有任何超越行为。

第五，交叉使用许可，是指两个商业秘密权人互相许可对方使用自己的商业秘密。通常情况下，这种许可中的两个商业秘密价值大体相当。

《最高人民法院关于审理不正当竞争民事案件应用法律若干问题的解释》（2020年修正，现已失效）第15条规定："对于侵犯商业秘密行为，商业秘密独占使用许可合同的被许可人提起诉讼的，人民法院应当依法受理。排他使用许可合同的被许可人和权利人共同提起诉讼，或者在权利人不起诉的情况下，自行提起诉讼，人民法院应当依法受理。普通使用许可合同的被许可人和权利人共同提起诉讼，或者经权利人书面授权，单独提起诉讼的，人民法院应当依法受理。"

二　商业秘密许可使用中注意的几个问题

第一，许可对象。商业秘密许可对象通常也是可以重复使用的技术秘密，一般的经营秘密往往不能进行许可使用。还有部分经营秘密，如内幕信息、投标信息等不能作为许可使用的对象，否则即构成违法。

第二，重复许可。主要是发生在独占许可或排他性许可场合。如果权利人重复实施独占许可或排他性许可，并且被许可方均为善意，在这种情况下，参照商业秘密善意取得制度的规定，被许可方均应有权进行使用。之所以要作此种制度安排，主要考量有两个：一是，由于商业秘密权属的非公示性，被许可方不管是普通许可，还是独占许可、排他许可，均应对此风险有预期；二是，对于重复许可问题，当事人应当在合同中进行约定，追究违约责任。

第三，买卖不破许可。在商业秘密先许可、后买卖的情形中，在先形成的许可自然不受在后的买卖合同的影响，受让方承接转让方的许可合同权利义务，被许可方未支付的许可使用费应当向受让人支付，但确实不知道发生转让事实的除外。如果许可行为发生在转让之后，转让方的许可行为则是一种无权处分行为，考虑到商业秘密权属的非公示性，善意的被许可方仍应当获得许可。转让方对受让方承担违约责任或侵权责任。

第四，《民法典》第868条第2款相比《合同法》增加了技术秘密使用许可合同许可人在合同有效期内申请专利，并不违反保密义务的规定。[①] 也就是说，技术秘密使用许可合同的许可人许可的仅为技术秘密的使用权，许可人仍是技术秘密所有人，所以许可人有权决定该技术秘密是否通过申请专利放弃其秘密性，以获得专利法的保护。但如果许可人决定申请专利权，势必要给予被许可人一定的补偿。

---

① 该条规定实际上在《最高人民法院关于审理技术合同纠纷案件适用法律若干问题的解释》第29条第1款已经有所体现，即技术秘密转让合同的转让人和技术秘密使用许可合同的许可人应当承担保密义务。前款规定的保密义务，不限制许可人申请专利，但是当事人另有约定的除外。

三　商业秘密质押存在的困难

商业秘密质押是指债务人或者第三人为担保债权，将其拥有的商业秘密转移给债权人，在债务人不履行债务时，债权人有权依法将该商业秘密折价或以拍卖、变卖的方式获得价款而优先受偿。商业秘密质押制度的实施存在以下困难。

第一，价值的不确定性。以商业秘密设质风险性高，质权人与质押人在进行设质的谈判时必须对商业秘密的价值作出正确的衡量和评价。

第二，无法阻止权利人重复出质、许可，甚至转让。即便是出质人将商业秘密转移给质权人占有，也有可能在质权人不知悉的情况下，私自再将此商业秘密许可他人使用或转让给第三人。商业秘密的取得并不需要经过国家机关登记，没有权属证书，因而商业秘密的权属变动也没有证书文件能直接地反映出来，不具有公示效力。质权人无法知晓作为质物的商业秘密之前是否已经于其上设有质权，出质人也有可能再对商业秘密进行新一轮的出质。

第三，泄密风险极大。对于质权人来说，泄密将造成质押的商业秘密价值突然减损，不再能担保债权的实现。对于出质人来说也是一样，在出质的过程中，包括出质人、质权人、知识产权评估人在内的多方主体将有可能会接触到商业秘密的具体内容，因而泄密的风险将大大增加。另外，第三人通过反向工程获得后泄露，商业秘密也将不复存在，质押就失去意义。

第四，质权人无法返还商业秘密。这是由于商业秘密的本质是信息，质权人在实现质权之前不能够了解商业秘密的具体内容。一旦了解了商业秘密的具体内容，即实际占有、掌握了商业秘密，日后也就没有办法将其返还给权利人，这与动产质押是完全不一样的。质权人无法彻底忘却、消除其所掌握的信息。

四 商业秘密质押的可能性

第一，商业秘密价值的不确定性问题。这是知识产权价值评估时均存在的问题，知识产权价值本身不能通过投入的劳动数量进行衡量，而且其价值起伏变动，可能会受到各种偶然、突发因素的影响，价值变动的幅度范围通常比其他普通的动产、不动产要大得多。但知识产权价值的不确定性也没有阻碍其上成立质权。商业秘密价值由于种类繁多，不确定性更高。但相对而言，技术秘密的价值性更容易判断，更容易确定下来。因此，在商业秘密质押中主要是技术秘密。

第二，占有问题。知识产权质押不存在占有问题，不管是商标权、专利权、著作权，都可以进行登记。但商业秘密质押占有面临一个如何转移占有的问题。如果质权人获悉了商业秘密的具体内容，则存在一个无法返还的问题。如果质权人未能获悉具体内容，对于质押的商业秘密资料之完整性、真实性，商业秘密内容的价值性、秘密性均无法决定。但这一点不能阻碍商业秘密质押的根本原因在于，双方可通过有公信力的第三方对商业秘密的内容进行确认、评估，也可以由第三方对出质人提交的商业秘密的载体进行保存，或者在双方确认密封后交由质权人保存。总之，在商业秘密质押的情况下，如何实现质权人的占有是一个可以解决的技术性问题。

第三，质押风险问题。质押过程确实使得商业秘密泄露的风险增大，这种风险是知识产权质押所不存在的。不过，这一点也不是商业秘密质押不能实施的障碍。在保持其秘密性这一点上，质权人、出质人的利益是一致的。如果在质押合同中明确各方权利义务、责任风险，采取合适的保密措施,可以降低泄密风险。

第四,出质人重复处分问题。这是商业秘密无法有效解决的问题,不管是重复出质,还是转让、许可,实际上均无法制止。不过,这也不是形成商业秘密质押的根本障碍。只要商业秘密没有泄露,总有一定的价值。商业秘密质押仅仅是债权实现的担保,并非买卖商业秘密本身。在买卖的场合尚且存在重复处分的问题,在质押的情况下自然无须太过介意。双方只要在质押合同中对重复处分问题进行约定,可以通过合同方式制约出质人的重复处分行为。

五 商业秘密质押中注意的几个问题

第一,提交质押的主要是技术秘密,经营秘密的价值性往往无法衡量,而且并非所有的经营信息都适合进行质押,比如上市公司的内幕信息。

第二,在质押前是否一定要对商业秘密进行评估。目前,由于缺少具体的评估实施细则和量化标准,评估机构的专业能力、视角、方法和经验会直接影响估值,评估人的主观判断可能存在误差。因此,在质权实现前,商业秘密评估的价值往往不是很高。就商业秘密价值到底有多大,双方在诚信原则之上自由平等地进行协商,达成一致意见,形成一个价格即可。但在实践中,债权人一方(比如国有商业银行)往往基于内部管理的需要对出质的商业秘密进行评估。

第三,出质方式。商业秘密出质的对象是承载着商业秘密的载体,而不是商业秘密信息本身。出质期间,商业秘密权利人仍然可以运用商业秘密进行生产。在经过质权人同意并将收益提存后,仍然可以许可他人使用。在具体操作中,可以借助一些中介机构完成商业秘密的出质的运作过程。例如,商业秘密出质必须进行公证或者律师见证,将出质的商业秘密载体交由公证处、律师事务所代为保管等。

第七节 商业秘密权善意取得

一 商业秘密权善意取得的概念及现行规定

商业秘密权的善意取得，是指无处分权的商业秘密持有人，将其持有的商业秘密转让给第三人，第三人在善意、无重大过失，且支付正常对价的情况下，依法取得商业秘密权的一种法律制度。

我国《反不正当竞争法》第9条对于第三人获取商业秘密的行为，仅规定了第三人明知或应当知道其所获得、使用或披露的商业秘密是其前手通过不正当途径得来的情况，而并没有对"第三人为善意"的情形作出明确规定。

《深圳经济特区企业技术秘密保护条例》第36条第1款规定："技术秘密受让人或者技术秘密得悉人不知道也没有合理的依据应当知道该技术秘密是非法转让或者违约披露的，赔偿责任由非法出让人或者违法、违约披露人承担。"可见，出于对安全交易和保护善意第三人的利益方面的考虑，该条例对善意第三人商业秘密权的取得采取肯定态度。

随着经济的高速发展，商业秘密在市场竞争中的地位越来越重要。商业秘密善意取得引发了维护交易安全和保护商业秘密权利人财产权益的冲突。商业秘密权利人的私有财产权理所应当得到保护；第三人主观上善意，客观上支付了相应的对价，其合法权益也应得到法律的救济和保护。商业秘密善意取得制度一方面要维护权利人的利益，另一方面要维护市场交易安全，需要在善意第三人和权利人之间进行协调平衡。

是否承认商业秘密善意取得制度的关键在于：是否承认商业秘密是一项独立的财产权，是一种支配权、绝对权。如果承认这一点，就应当承认善意取得制度。反之，如果商业秘密保护仅仅是基于维护市场竞争秩序的需要，就无所谓善意取得制度。比如，德国法律对此没有作出具体的规定，且通常认为经营者通过恶意行为人取得第三方的商业秘密信息，除非该秘密已经进入公有领域，否则不允许进一步的使用。因为在这种情况下，永久的善意取得是不可能存在的，且这种行为对商业秘密所有人造成了损害。

二 商业秘密权善意取得的构成要件

我国《民法典》第 311 条规定："无处分权人将不动产或者动产转让给受让人的，所有权人有权追回；除法律另有规定外，符合下列情形的，受让人取得该不动产或者动产的所有权：（一）受让人受让该不动产或者动产时是善意；（二）以合理的价格转让；（三）转让的不动产或者动产依照法律规定应当登记的已经登记，不需要登记的已经交付给受让人。受让人依据前款规定取得不动产或者动产的所有权的，原所有权人有权向无处分权人请求损害赔偿。当事人善意取得其他物权的，参照适用前两款规定。"

参照上述我国法律对善意取得制度的相关规定，主张商业秘密的善意取得，应当满足以下构成要件。

第一，第三人从无处分权的持有人处取得或受让商业秘密。这个"持有人"既可以是通过侵权或者违约方式，取得并占有商业秘密的持有人，也可以是无权处分该商业秘密的合法持有人，如基于雇佣合同关系持有商业秘密，包括自己占有和辅助占有。

第二，交易行为已经完成，且除持有人无处分权外，其他方面都合法有效。在物权法上,如果善意第三人为承租人,就该标的物而言,第三人并没有取得任何物权,自然不应当适用善意取得制度;如果善意第三人为质权人,则可以适用善意取得制度。那么,商业秘密被许可人是否可以适用善意取得制度?参照物权法的规定,这里的交易行为应当限定为转让,商业秘密许可使用合同不适用善意取得制度。

第三,第三人主观上为善意,即要求第三人对无权处分情形在主观上不知情,且无重大过失。对于重大过失的判断应采取客观标准,即将"一般人根据具体情形,凭借交易经验皆可作出的判断"作为衡量善意与否的依据。如果转让过程中,第三人明知或者由于其重大的疏忽应当注意而没有注意到转让人的无权处分行为,则不能认定其具有善意。

关于善意的时间点,存在两种观点:一种是取得商业秘密的时间,取得商业秘密之后获悉是无权处分的,不影响第三人的披露和使用;另一种是持续性标准,即第三人获取商业秘密时为善意,但在使用或披露时为恶意,也是侵权行为。前者为日本通行观点,后者为美国通行观点。美国《侵权法重述》第758节规定,行为人从第三人处获得商业秘密时,未注意到其属于他人的商业秘密,且该第三人披露行为违反对他人的义务,则第三人对接到通知之前的披露和使用,不承担法律责任;对接到通知之后的披露和使用,承担法律责任。实际上,这两种观点并无本质差异。在美国,如果第三人在取得商业秘密时支付了对价,则仍然可以继续使用和披露,不受影响。

第四,第三人须支付了适当的对价,即第三人按照公平交易原则对持有人支付了合理的对价才取得相关信息的所有权。如未支付对价或支付很少的对价,持有人和第三人之间没有发生真正的市场交易行为,第三人不应受善意取得制度保护。如第三人直接雇佣持有人,由此获得商业秘密,也不算支付对价。

在美国,如果没有支付对价,即使在取得商业秘密时为善意,在使用、披露时为恶意,也不能适用善意取得制度。除非第三人在接到侵权通知之前,为使用商业秘密进行了投资,如改建工厂、购买设备等。这种情况下,要求第三人继续承担法律责任将失去公平。

案例参考: 浙江 TM 精密机械有限公司与新昌县航天机床设备有限公司商业秘密纠纷案①。原告浙江 TM 精密机械有限公司(以下简称"TM 公司")成立于 2006 年 11 月。2008 年 4 月,潘某某担任原告的技术员工作,参与了原告"轴承套圈车削自动线"项目的研发工作。原告对该项目的技术图纸采取了在电脑 USB 接口贴上封条等保密措施。潘某某在原告公司工作期间,即通过网络将"轴承套圈车削自动线"的技术图纸发送到自己的 QQ 邮箱。2009 年 6 月 11 日,潘某某向原告提出离职申请,并于同日与原告签订了《保密义务、著作权及技术成果权归属权承诺书》,承诺在劳动合同期内以及合同终止或解除后三年内"对公司有关产品生产、开发、技术或管理方法、推销计划、不动产或财务情况以及有关公司或任何关联公司的经营的任何其他资料严守机密"。2009 年 7 月 3 日,潘某某进入被告新昌县航天机床设备有限公司(以下简称"航天公司")技术部工作,是航天公司唯一的技术员。潘某某在航天公司任职期间,将从 TM 公司处获取的"轴承套圈车削自动线"的技术图纸用于航天公司"轴承套圈液压车削自动线"相关机床图纸的设计,仅对图纸上的公司名称和图号略作变动即交航天公司使用,航天公司未就该项目投入任何研发经费。后航天公司将上述图纸交外加工单位生产相关机床产品,并复制原告宣

---

① 浙江省高级人民法院(2010)浙知终字第 88 号二审民事判决书。

传册中的产品照片制作了航天公司的宣传册。2009年8月12日,新昌县工商局到航天公司处检查并提取了涉案的技术图纸,潘某某认可上述技术图纸系从原告处获取。原告认为两被告的行为侵犯了其商业秘密,于2009年9月24日向法院提起诉讼。

法院认为,航天公司在明知潘某某之前在原告处从事技术员工作的事实,仍招聘其作为企业的唯一的技术人员,且在几乎没有投入多少时间、劳力和资金的情况下就完成了涉案技术的研发,这在正常的研发过程中是根本不可能存在的;而且,在航天公司对其产品的宣传过程中,宣传材料上还印有原告的"TOMAN"商标。可见,航天公司是在明知潘某某熟知原告技术的情况下,意在获取原告的相关技术,对潘某某进行聘用,主观上存在恶意。故对于航天公司提出的其为善意第三人的主张不予支持。

三 商业秘密权善意取得的法律后果

第一,无权处分人和受让人签订的合同有效。《民法典》第597条规定:"因出卖人未取得处分权致使标的物所有权不能转移的,买受人可以解除合同并请求出卖人承担违约责任。法律、行政法规禁止或者限制转让的标的物,依照其规定。"据此,该合同有效。

第二,权利各自所有。第三人善意取得信息后,只要该信息还是处于秘密状态,商业秘密权就依然存在。这种情况下,考虑到商业秘密权排他性较弱,有必要认定原权利人继续享有,这样第三人和原权利人之间形成一种权利各有状态。双方均可以使用、收益、处分,彼此之间不受制约。反之,如果认定原权利人丧失了商业秘密权,这对原权利人过于不利。且在事实上,原权利人依然能够占有、使用商业秘密,客观上也能够进行处分。因此,在商业秘密善意取得场合,权利人和第三人之间不需要向对方回收商业秘密载体。总之，在商业秘密善意取得时，产生一种权利各有状态，是一种更为合适的制度安排。这是动产善意取得和商业秘密善意取得之间应当存在的根本差异。

值得注意的是，《最高人民法院关于审理技术合同纠纷案件适用法律若干问题的解释》第12条第1款规定："根据民法典第八百五十条的规定，侵害他人技术秘密的技术合同被确认无效后，除法律、行政法规另有规定的以外，善意取得该技术秘密的一方当事人可以在其取得时的范围内继续使用该技术秘密，但应当向权利人支付合理的使用费并承担保密义务。"芬兰、荷兰等北欧国家认为善意第三人有权继续使用该商业秘密。日本《反不正当竞争法》第11条规定，只要第三人善意、有偿地获得商业秘密，就可在原有范围内自由使用。我国也有学者认为："善意第三人对受让取得的商业秘密，可以继续使用，但应当向权利人支付合理的使用费并承担保密义务。"[①] 据此，善意第三人只是获得了许可使用权，在权利人和善意第三人之间形成了一种强制许可使用关系。显然，这种制度并非善意取得制度。

第三，违约责任。如果无权处分人和原权利人之间有合同关系，无权处分行为就是一种违约行为，可以根据合同追究其法律责任。比如，重复转让商业秘密权的，在前的受让人有权追究转让人的违约责任，当事人另有约定的除外。

第四，侵权责任。无权处分行为也是一种侵权行为，侵犯了他人的商业秘密权，使得他人由权利独有状态转化为权利各有状态。比如，被许可人擅自转让商业秘密权的，不仅违反了许可合同，而且也侵犯了许可人的商业秘密权。权利人可以向无权处分人主张赔偿，赔偿的范围不限于受让人支付的对价。

[①] 王长松：《商业秘密的法律保护》，《河北法学》2000年第5期。

第五，不当得利。无处分权人无商业秘密的处分权，擅自对商业秘密进行处分，所获得的利益缺少法律依据，构成不当得利。即使该利益高于权利人的损失，也应当归属于权利人。

第六，第三人在善意取得后再进行的处分为有权处分。在此情况下，受让人不管是善意还是恶意，均能够取得相应的权利。需要注意的是，第三人取得商业秘密权是根据法律制度取得，并非基于其与无权处分人的合同取得。该合同有效，但无权处分人没有处分权。

在此需要强调，上述责任承担者均为无权处分人，而不是善意第三人。在善意第三人方面，其已经支付了相应的对价，不应当再向权利人承担支付义务；否则，善意取得制度将失去意义。

深度思考：如果无权处分人仅仅许可善意第三人使用商业秘密，善意第三人也支付了相应的对价，这种情况下就不能适用善意取得制度，而是适用类似于强制许可制度，在第三人和权利人之间形成强制许可使用关系。该处有两个问题，第一，如果无权处分人和第三人之间形成的是独占的或排他的许可使用关系，权利人是否要承继这种关系？本书持否定观点，权利人不应当受到过度的约束。第二，如果无权处分人和第三人之间的许可使用费数额太低，权利人是否要继续承受低价？本书认为，也不应当受此约束，应当比照专利强制许可制度，以合理价格进行许可。

第八节　商业秘密的交付

一　有载体的商业秘密交付方式

指将承载商业秘密的纸质、磁质等介质或实物交付给买受人。参照动产交付的方式,这种交付包括以下两种。

第一,现实交付,是指出卖人将商业秘密载体以自提、送货、托运等方式直接转移给买受人而使载体处于买受人的实际控制之下,实现买受人对载体的事实占有。

第二,指示交付,是指载体由第三人占有时,出卖人将对于第三人返还载体的请求权让与买受人以代替载体的实际交付,而该返还请求权正是载体所有权的体现。

至于另外两种交付方式——简易交付和占有改定,前者适用的前提是受让人已经占有了商业秘密载体;在后者的情况下,受让人成为间接占有人,转让人成为直接占有人。实际上,这两种方式都不适用于商业秘密交付。其主要原因在于:商业秘密本质上是一种信息,在这两种占有商业秘密载体的情况下,实际早已经完成了商业秘密的交付,根本就不需要进行占有改定和简易交付。这是物权交付与信息交付的重大差异。

二 无载体的商业秘密交付方式

电子化的商业秘密不需要实物载体、无损耗、易复制、易传播等,脱离了实物载体的束缚,更多的是以电子化的方式传送,如何进行交付?最高人民法院《关于审理买卖合同纠纷案件适用法律问题的解释》对电子信息产品交付进行了专门规定:如果买卖双方对交付问题有约定的,遵照其约定;没有约定或者约定不明的,当事人可以协议补充;不能达成补充协议的,按照合同有关条款或者交易习惯确定。如果按照上述规则仍不能确定,买受人收到约定的电子信息产品或者权利凭证即为交付。

根据商业秘密的特点,参照电子信息产品的交付方式,无载体商业秘密交付方式至少包括以下几种。

第一，交付权利凭证。对于这一方式而言，买卖双方并不直接交付商业秘密，而是交付相关权利凭证，比如访问或使用该商业秘密路径的密码。在此情形下，买受人取得权利凭证后，即可自由决定取得、使用该商业秘密的时间。买受人收到该权利凭证的，即应认定出卖人已完成交付义务。

第二，以在线网络传输的方式接收或者下载该信息产品。考虑到商业秘密的出卖人在商业秘密的制作及传输方式选择方面有更明显的优势地位，参照《关于审理买卖合同纠纷案件适用法律问题的解释》第2条的规定，买受人收到约定的商业秘密即交付。在实务中，双方可以约定指定电子邮箱或其他方式，以发送到该电子邮箱等方式实现交付目的。

第三，交付解码口令。在通过技术手段对商业秘密加密的情况下，即使买方下载、收到商业秘密，也无法进行解读、使用，需要卖方交付解码口令。在获得解码口令后，方能视为交付。

第九节　商业秘密占有与丧失

一　商业秘密占有

参照物权法上的占有概念，在商业秘密法上，也应有占有概念，商业秘密的占有可以分为以下几种。

1. 有载体占有、无载体占有

商业秘密的本质是信息，信息从符号形式中解读出来。只要掌握了信息，就能够实现对商业秘密的占有。而符号形式往往存在于一定的载体上，也可以呈现在人们的脑海中。前者为有载体占有，后者为无载体占有；前者又可以被称为客观占有，后者为主观占有。

该种区分的意义在于以下几点。

第一，利于判断是否存在窃取行为。不管是否有载体的交付、复制，只要无权获得该信息的人了解、掌握了该信息，即为窃取，其对信息的占有为无载体的占有。

第二，利于判断是否交付。交付的方式既包括有载体的交付，也包括无载体的交付，只要将相关信息告知，即为交付。

第三，在有载体占有的情况下，对于信息的掌握相对比较完整、全面，不易遗漏、变形、丢失；而在无载体占有的情况下，脑海中的信息往往会发生变形、遗漏、丢失。

2. 有权占有、无权占有

商业秘密的权利人和许可使用合同的被许可人对商业秘密的占有为有权占有，其对商业秘密的占有是合法的、有效的。在有权占有的情况下，占有人往往可以使用该商业秘密，当事人之间另有约定的除外。

对商业秘密无任何权源的占有为无权占有，无权占有人不能使用商业秘密，也不能将商业秘密公开或泄露给第三人，不能转让给第三人，不能许可他人使用，否则即为侵权。

该种区分的意义在于：第一，区分占有人是否有权使用该商业秘密；第二，判断占有人是否有权许可或转让商业秘密。

3. 善意占有、恶意占有

善意占有和恶意占有均为无权占有。

善意占有分为三种情形：其一，占有人不知道自己的占有为无权源占有，比如无意中掌握他人的商业秘密；其二，有权占有终结后，占有人对商业秘密的占有为无权占有，同时也是善意占有；其三，员工在工作过程中获得的商业秘密，离职后对该秘密的主观占有为善意占有。

恶意占有，是指明知或应知无权源，仍然占有该商业秘密。比如，窃取他人商业秘密而实现占有的，或者明知他人无权转让或许可，仍然从他人处获得该商业秘密的，为恶意占有。员工在离职时应当移交有载体的商业秘密而没有移交，其对该商业秘密的客观占有为恶意占有。

该种区分的意义在于：在善意占有情况下，只要对该商业秘密不使用、不处分，一般不会承担侵权责任；在恶意占有情况下，即使不使用、不处分，往往也要承担侵权责任。

4. 自己占有、辅助占有

自己占有，是指占有人自己对商业秘密或其载体进行事实上的管领。所有人亲自支配与控制商业秘密载体，或掌握相关信息。

辅助占有，是指基于特定的从属关系，受他人指示而对商业秘密载体进行事实上的管领或掌握相关信息。

该种区分意义在于有助于判断侵权主体。辅助占有人虽对商业秘密进行事实上的管领，但其是依据他人的指示进行占有，并非真正的占有人，因而并非侵权人。但若辅助占有人为企业员工，其离职后仍然占有该商业秘密的，即已经成为自己占有；如果无权处分、使用他人商业秘密，即成为侵权人。

二 商业秘密丧失的情形

《江苏省高级人民法院关于审理商业秘密案件有关问题的意见》（已失效）第10条规定："权利人导致商业秘密公开的方式为：（一）自愿公之于众；（二）申请专利并经公告；（三）公开销售含有商业秘密，且他人可以通过观察等手段轻易获取该商业秘密的产品；（四）保密措施明显不当。"结合实践中的情况，商业秘密丧失的情形包括以下几种。

一是所有人自愿将商业秘密公之于众，比如发表论文、申报课题。这些信息已经进入公共领域，企业不能再主张商业秘密。

二是保密措施不当。如在委托他人加工、制造配套的产品时，随意告诉受托人自己的商业秘密而不告知保密义务，被受托人予以公开，就可能丧失该商业秘密。

三是所有人申请专利。申请专利是以公开其技术内容为条件的，所有人可改变技术的保护方式，将其技术秘密设为专利保护。在申请专利时根据专利法的有关规定，必须将技术的内容公开，进行公告。一经公告，即丧失非公知性。

四是因第三人的侵权行为而公开。第三人非法获取他人的商业秘密后予以公开，商业秘密消灭。

五是他人通过独立开发研究出商业秘密后，将其公开，该商业秘密归于消灭。

六是权利人自己泄密。采取合理的保密措施防止商业秘密信息公之于众，是权利人的商业秘密权获得法律保护的重要前提。如果权利人未采取合理措施，或者随意将秘密泄露给他人，则该信息将失去商业秘密的保护。

七是政府要求公开商业秘密。比如，政府基于环境和健康方面的考量，要求食品生产者在其产品上准确注明成分名称，要求杀虫剂生产者披露杀虫剂的主要成分及其他大量信息。当然，这种公开也是有限制的，即不公开生产方法及惰性元素信息。若该种公开构成征用，应向商业秘密研发人进行赔偿。[1]

---

[1] 〔美〕罗伯特·P. 墨杰斯等：《新技术时代的知识产权法》，齐筠、张清等译，中国政法大学出版社，2003，第 51 页。

第四章
商业秘密体系论

一流企业重视商业秘密战略，二流企业关注商业秘密管理，三流企业注重商业秘密利用，四流企业注重商业秘密保护，不入流的企业认为自己没有商业秘密。

第一节 企业商业秘密体系存在的问题

所有企业都握有有价值的信息，企业商业秘密的范围和价值同该企业在科技领域中的地位及其规模的大小没有必然关系。即使是一个只有20个人，并且50年没有改变过经营方式的机床作坊，也有对它来讲有价值的商业秘密。商业秘密维系着企业的生存，而保护企业的商业秘密应放到所有高层管理者所优先考虑的地位，而不管它是高技术公司还是低技术公司。[①]

当前，企业商业秘密体系中主要存在的问题包括以下几个层次。

[①] 参见〔美〕丹尼斯·昂科维克《商业秘密》，胡翔、叶方恬译，企业管理出版社，1991，第11页。

第一个层次：意识层次，缺少基本的商业秘密意识。该问题通常存在于广大中小企业，往往是非科技型企业。正因为缺少商业秘密意识，所以后续的商业秘密制度、管理、设施等都谈不上。第二个层次：管理层次，虽具有商业秘密意识及基本的商业秘密制度，但对商业秘密管理缺少系统考虑，管理手段不全面、不合理，在企业层面上建构的制度仅仅浮在表层，难以深入基层。第三个层次：使用层次，没有充分发挥商业秘密的作用，商业秘密处于存而不用状态。第四个层次：战略层次，未能在企业发展的长远角度上处理商业秘密问题。

一 意识层次问题

1. 认为企业无商业秘密

许多企业对专利、商标等知识产权的保护逐渐重视，但仍然缺少商业秘密意识。尤其是一些简单的生产型或贸易型企业，往往不认为自己拥有商业秘密。

2. 很多企业不知道有哪些商业秘密

一些企业知道自己有商业秘密，但不知商业秘密真正在哪里。常常将一些公知信息当作自己的商业秘密加以保护，对于真正有价值的信息却不采取保密措施。原因是没有充分认识商业秘密的特征和要求。

3. 有些企业认为企业所有信息都是商业秘密

产生这种认识的主要原因同样是不能把握商业秘密的本质，干脆将本企业所有的技术或信息都列为商业秘密。在与企业员工或其他人签订保密条款或合同时，很含糊或很笼统地描述其单位的商业秘密，实际上将所有信息都列为商业秘密加以保护。

欠缺商业秘密意识导致有些企业以文件、论文、产品介绍、操作规程、技术推介等方式，将本可作为商业秘密的信息公开。一些企业将本单位生产经营和影响经济效益的因素、产品或方法、关键参数作为内容对外进行交流；有些国有企业的员工和科研人员为评职称或展示自己的研究成果，以论文的形式将本单位的商业秘密发表在国内外专业刊物上，完全进入了公有领域。

二　管理层次问题

1. 保护范围没有系统化

很多企业都深刻地认识到"科学技术是第一生产力"，能对技术信息加以或多或少的保护，但对经营信息则认识不足，导致企业没有采取相应的管理措施，在商业秘密保护方面存在重大缺口。

2. 缺乏有效的保护

部分企业保密工作重点常常对外不对内，在对外活动中很注意保密，但对内部员工保密程度不强，对商业秘密没有分区域、分层次、分密级、点面结合进行保护，使商业秘密保护流于形式。[①] 这样就有可能面临两个后果。第一，商业秘密侵权的主要表现形式就是企业员工受高薪或其他利益的驱使，带着企业的关键资料跳槽到竞争企业或自己设立公司，反过来与原企业进行竞争。企业明知此种情况而无能为力，难以起诉。第二，起诉后败诉风险较大。该问题具体表现为：在诉讼阶段对采取保密措施举证不能，或对商业秘密的概括和描述不当，使其被认定为公知技术，都会导致侵权指控失败。

---

① 分区域保护，就是在明确商业秘密的秘密范围后，有意识地将秘密划分区域，让不同的人员接触该商业秘密的不同部分，使得尽可能少的员工掌握全部商业秘密；分层次保护，就是不同层次的员工掌握的商业秘密等级应该有所不同，附加在不同层次员工身上的保密义务也应有所区别；点面结合的保护，"面"的保护是指要制定企业一体通行的保密制度，"点"的保护是指要在一般保密制度的基础上，针对特定人员、特定秘密的具体制度进行细化、强化。

三　使用层次问题

对于商业秘密而言，保护措施是商业秘密成为商业秘密的重要条件，但商业秘密本身是企业用来获得市场竞争优势的工具，本身是为了通过使用产生经济效益，而不是为了保护而保护。在使用方式上，第一种方式是自己使用；第二种方式是许可他人使用，这就需要订立合同，对许可使用的方式、区域、再授权等事项作出约定；第三种方式是在关联企业内部使用，进行一定程度上的信息共享；第四种方式是和他人共有商业秘密权。不管是哪一种使用方式，最终目的就是让商业秘密发挥应有的作用，增加企业的经济效益，强化企业的市场竞争优势。但就目前各个企业而言，多数情况下还是没有充分发挥商业秘密的价值，没有得到充分的利用。

四　战略层次问题

在战略层面上思考企业的商业秘密问题，主要是处理好专利和商业秘密之间的关系。专利和商业秘密这两种信息保护方式具有很大的差异性，专利权的排他性更强，但具有一定的期限，商业秘密没有具体保护期限，但排他性较弱；专利的要求较高，而商业秘密的要求比较低；等等。除上述区别外，商业秘密与专利也有共通之处。技术信息如果符合专利的条件，也可以申请专利权，技术秘密由此转化为专利。反之，即专利技术无法退化为商业秘密。

当前，在商业秘密保护层次方面，我国多数中小企业还是处于第一层次，少数大中型企业处于第二层次，能够达到第三层次、第四层次的为数不多。

第二节　企业商业秘密4.0体系的基本构想

总结前文提及目前商业秘密保护中出现的几个突出问题：缺少总体规划，没有从战略高度思考商业秘密问题；没有从提高企业竞争优势角度上思考商业秘密有效运用问题，对商业秘密运用考虑不足；对商业秘密管理缺少系统考虑，管理手段不全面、不合理，在公司层面上建构的制度仅仅浮在表层，难以深入基层；在出现泄密问题后，难以进行有效的保护；等等。

在解决上述问题的过程中，需要处理好以下几组关系。

一是效率和成本的关系，也就是企业经营效率和商业秘密管理成本之间的关系。既不能为了片面追求企业经营效率而置商业秘密于不顾，也不能为了追求保密而损害企业的经营效率，本末倒置。"关键就在于如何能在商业情报上罩上保护层，同时又能有一定的灵活性以便对它进行商业利用。"[①]

二是在企业战略层面处理好秘密和公开之间的关系，也就是处理好商业秘密同企业公开的专利技术以及其他信息之间的关系。不能什么都公开，也不能什么都不公开。哪些能够公开？何时公开？谁来公开？都需要建立完善的制度和机制。

三是处理好整体和局部之间的关系，也就是企业整体管理和部门管理之间的关系。厘清企业和部门在商业秘密管理上的职责划分，同时充分调动基层单位的积极性。只有这样，才能够增强企业商业秘密制度的可操作性。

[①] 〔美〕丹尼斯·昂科维克：《商业秘密》，胡翔、叶方恬译，企业管理出版社，1991，第15页。

厘清以上关系需要以全面的视角、辩证的眼光看待企业商业秘密问题。之所以为全面，是因为不能将商业秘密的内容仅仅局限于少数核心技术，也不能将商业秘密的问题仅仅局限于保护，而是包括规划、管理、使用、保护等四个方面；之所以为辩证，就是要看到任何对商业秘密的管理、保护都是一把双刃剑，都可能带来负面作用，对正反两个方面的效果需要有充分的考量。

基于上述考量，本书提出商业秘密4.0体系。

一　商业秘密体系建构的四个环节

1. 战略环节

主要是考量商业秘密和专利技术之间的关系，分清楚哪些技术要申请专利，哪些技术要作为商业秘密保护，哪些技术暂时作为商业秘密保护，最终申请专利保护。在战略层面上还需要考虑商业情报战略和反情报战略。

2. 管理环节

在日常过程中，综合运用各种手段，比如合同手段、经济手段、组织手段、宣传手段等对商业秘密进行管理。特别是要根据企业的实际情况，对商业秘密进行分级管理。

3. 运用环节

怎样使得企业商业秘密发挥应有的作用？具体方式包括自己实施、转让、许可实施、进行投资、共有等。只有充分发挥作用，才有可能实现商业秘密效用最大化。

4. 保护环节

出问题时怎么进行保护？主要是通过民法保护模式、行政保护模式、刑法保护模式等集中保护企业的商业秘密。

二 企业商业秘密体系的四个版本

1. 商业秘密 1.0 体系

只侧重于下游的保护,这是商业秘密体系初级版。大部分中小企业都还处于 1.0 体系阶段,对于商业秘密完全处于一种无意识状态。仅有在出事后,才能想到通过各种方式阻止他人的侵权行为。

2. 商业秘密 2.0 体系

侧重于中游管理。进入该体系说明企业对商业秘密具有一定的意识,也采取了一定的管理手段,但仅限于此而已。

3. 商业秘密 3.0 体系

侧重于中游利用。该版本超越了管理层面,为高级版本,目前只有少数企业才能够做到。

4. 商业秘密 4.0 体系

提升到上游战略层面思考商业秘密问题,为最高版本,为数极少的企业有自己的商业秘密战略。

三 4.0 体系的四大特征

4.0 体系也即一种以提高企业竞争优势为核心的、立体互动式的、全过程的商业秘密体系,具有以下四大特征。

第一,以提高企业竞争优势为核心目的。这里首先是一个理念问题。商业秘密的管理不是为了管理而管理,不是为了保护而保护。管理需要支付对价,保护需要付出成本。在商业秘密问题上,关键在于:科学管理、合理保护。但管理和保护不是目的,最终目的还是为了促进企业的经济效益,提高企业的竞争优势,这是建构企业商业秘密体系的根本。

第二，建立从公司层面到部门、再到班组，从宏观到中观、再到微观三位一体的立体式制度体系，不浮在表层。目前，多数企业的商业秘密体系建设仅仅浮在上层，并没有能够深入下去，根本原因就在于没有形成一个立体式的体系，仅仅认为商业秘密制度体系建设是公司层面上的事情。立体化做法应当是在公司层面、部门层面、班组层面分别建构相应的商业秘密制度，形成一个从公司制度到部门规程再到班组实施细则的，一个多层级的、有序的商业秘密制度体系。

第三，互动式，是指公司员工全员参与的，自查、自省、自建、自守的制度。对于广大公司员工而言，当前多数商业秘密制度体系的形成过程是外在于他们的，他们没有在其中发挥什么作用。而在4.0体系中，商业秘密体系的形成必须有公司员工的参与，需要员工结合本部门、小组的实际情况，查找密点，检讨部门商业秘密管理、保护中的漏洞，建立相应的部门规程和实施细则。只有这样的制度，员工才有可能进行遵守。

第四，全过程，是指战略、管理、运用、保护四个阶段俱全的制度体系。包括战略体系、管理体系、运用体系、保护体系等四个子体系。这几个方面依次展开、缺一不可。

四　4.0体系建构的四个阶段

整个建构流程大概需要半年到一年的时间，主要包括以下几个阶段。

第一阶段，全员动员、培训，充分认识商业秘密体系建构的重要性，了解商业秘密的基础知识。

第二阶段，问卷调查，根据事先设计的问卷，对企业商业秘密体系现状进行诊脉。

第三阶段，以部门为单位，进行商业密点、泄密风险、存在问题、对策建议方面的自查自纠。

第四阶段，制定部门及公司层面上的制度体系建构文本，并进行试用；后根据实际运行状况逐步调整。

第三节　企业商业秘密战略体系

一　权利选择战略

企业对科技成果的保护，既可以申请专利保护，也可以作为商业秘密来保护，但它们是两种截然不同的保护措施。企业在把握商业秘密与专利各自特点的基础上，应根据技术信息的性质、市场应用前景、所属专业领域现有技术水平及发展预测、企业保密能力等方面的因素，综合决定采取何种具体的保护方式。

第一，技术复杂程度。复杂技术往往不容易发明，可以通过商业秘密方式予以保护，既能够维持垄断地位，又能避免因专利公开所带来的泄密，还能够避免过早暴露企业的战略意图。

第二，经济价值高低。专利申请往往劳民伤财，对于经济利益不高的技术，可以采取商业秘密保护方式。

第三，技术生命周期。一些更新速度快、稳定性差的技术，往往还未获得专利授权，新的替代技术可能就已经产生。对于这部分技术，可以考虑商业秘密保护方式。

第四，开发费用及成本。商业秘密的保护强度远远低于专利权保护，对于耗资巨大的技术，专利权保护强度更高，而商业秘密保护方式风险较高。

案例参考：成都神剑消防科技有限公司与陕西兰德森茂消防科技有限公司再审案[①]。2002年8月8日，兰德森茂公司选举张森为董事，聘用张森为公司总工程师和科研所所长，负责超音速、跨音速自动灭火产品的研发工作。其后，兰德森茂公司向国家知识产权局申请"长时间推力作用的超音速干粉灭火装置"实用新型专利。2006年，张森进入神剑公司工作。2006年7月26日，国家知识产权局授予"长时间推力作用的超音速干粉灭火装置"实用新型专利权，专利权人张森。之后，兰德森茂公司向人民法院起诉，请求确认其为该实用新型专利权人。2007年8月2日，法院确认该实用新型专利权人为兰德森茂公司。2006年7月26日，神剑公司成立，主要负责人张森。

兰德森茂公司表示其主张的商业秘密是其生产固定式燃气干粉灭火装备的全部技术，与其拥有的专利技术相同。二审法院认为：兰德森茂公司在二审中亦未能就其主张的商业秘密的具体内容、载体、商业价值、对该项商业秘密所采取的具体保密措施提供证据，且其对一审判决中"兰德森茂公司表示其主张的商业秘密是其生产固定式燃气干粉灭火装备的全部技术，与其拥有的专利技术相同"无异议，故其上诉理由缺乏事实依据，不予支持。

显然，在该案中，原告方面搞错了专利技术和商业秘密之间的关系，试图利用商业秘密模式来保护专利技术。

案例参考：上海市人民检察院第二分院诉周德隆等人侵犯商业秘密二审案[②]。在该案中，上海市高级人民法院认为："不为公众所知悉"是指该信息无法从公开渠道直接获取。而公开渠道包括：出版物公开和公开销售、使用、反向工程以及口头泄密等其他方式公开。但

[①] 最高人民法院（2010）民申字第1353号审判监督民事裁定书。
[②] 上海市高级人民法院（2004）沪高刑终字第50号二审刑事裁定书。

除了出版物公开外，其他方式公开仅具有公开的可能性，并不必然导致被不特定的人所知悉，而且"知悉"不能仅仅是一知半解。本案中，龚政申请的"在网面的基材上直接打孔的装置"虽于2002年6月12日被授予实用新型专利，但其中关于亚恒公司生产"刺孔型干爽网面"的工艺技术信息只有一小部分被专利文献公开，而大部分具体而且关键的信息并未被专利文献公开，不能说明亚恒公司的这部分技术信息已进入公知领域。

二 分段申请专利战略

把控商业秘密转化为专利权的步骤和时间。

第一，基础发明。等应用研究和周边研究大致成熟后再提出专利申请。防止他人抢先申请改进发明，构成对基础发明的封锁。

第二，市场上竞争对手较多，或者产品的市场需求量较大，或者是很容易被模仿的技术，应尽快申请专利。

第三，对本企业居于领先地位，且不易模仿的技术，可以在预测竞争对手快要获取的时候再去申请专利，有效延长了专利保护期，同时也避免技术过早外泄。

三 商业秘密保护与专利绑定战略

对于技术成果，全世界范围内，据不完全统计，仅仅通过专利权保护占10%，仅用商业秘密保护的不到10%，而综合两种方式予以保护的占到30%。专利和商业秘密两种战略手段相结合，互为补充，保护效果更好。基本方式有两种：一是，针对研发成果中的关键核心部分，以商业秘密形式进行保护，其他大部分内容申请专利保护；二是，研发成果主体以商业秘密方式保护，对其中某个相对独立部分或个别环节申请专利权保护。

绑定战略综合运用法律和管理双层保护措施，使得竞争对手难以全面、完整地掌握自己研发的成果，可以更长久地保持市场竞争优势。在对外授权时，既进行专利授权使用许可，也进行技术秘密许可，收取两种形式的费用，实现研发成果价值最大化。

案例参考：湖南天联复合材料有限公司诉吕运征等侵害商业秘密纠纷案[①]。2001年10月18日，原告天联公司董事长向国家知识产权局申请了"复合材料井盖"专利，国家知识产权局于2002年7月3日授予其实用新型专利权。在该专利实施过程中，原告天联公司在原有基础上又研制开发了三方面的专有技术，即个性化面模制造技术、分层复合技术和预浸料技术，该三项专有技术与"复合材料井盖"实用新型专利技术结合，生产出独特的复合材料井盖产品。为防止其技术被泄露，原告天联公司制订了一套较完整的保密制度。2002年4月至2003年2月，被告吕运征作为原告天联公司的员工和技术骨干，负责复合材料井盖产品的质量检验、生产过程质量监督，领取了原告天联公司的保密性技术资料。

被告吕运征离开原告天联公司后，于2004年4月29日向国家知识产权局申请了"新型高强复合材料井盖"专利；2005年5月25日，国家知识产权局授予其实用新型专利。2006年7月23日，被告吕运征与他人签订《专利技术实施许可合同》。

2006年8月30日，被告鑫程公司登记成立，法定代表人为陈钢，经营范围为新型高强复合材料井盖和新型雨水箅子的加工和销售。2007年6月6日，经原告天联公司申请，法院对被告鑫程公司的生产

---

① 湖南省长沙市中级人民法院（2007）长中民三初字第0180号一审民事判决书。

车间、生产模具、生产产品进行了拍照,并提取了被告鑫程公司生产的涉嫌侵权的 A 型圆形 650 复合材料井盖一套。经比对,被告鑫程公司的生产工艺与原告天联公司作为商业秘密进行保护的个性化面模制造技术、分层复合技术和预浸料技术生产工艺相同,被告鑫程公司没有使用被告吕运征的专利技术。

法院认为:原告天联公司特有的个性化面模制造技术、分层复合技术和预浸料技术符合商业秘密必须具备的条件,构成商业秘密。被告主观上存在过错,客观上实施了原告天联公司的商业秘密的行为,给原告天联公司造成了经济损失,构成侵权行为。

四 商业秘密情报战略及反情报战略

企业中竞争情报部门的战略实施成果已逐步成为企业决策的重要依据之一,主要包括情报战略和反情报战略。[①]

1. 情报战略

分析竞争对手的信息,主要有三方面的内容:竞争对手企业运营中的信息、竞争对手企业中竞争情报机构及人员的信息,以及第三方信息。

首先,要在充分调查研究的基础上尽可能确定所有的竞争对手,了解每个竞争对手在各个方面的弱势和优势。掌握竞争对手如何进行竞争,采取什么样的竞争策略,以及对本企业竞争方案的可能反应。

其次,了解竞争对手的素质,包括群体士气、群体凝聚力、企业规范、企业结构、企业文化等,因为这是标志对手竞争力强弱的重要方面。

---

① 参见李海丽《基于企业战略环境分析的反竞争情报战略的制定》,《科技创业月刊》2011 年第 24 期。

最后，所谓第三方，即与企业发生联系的组织或个人，包括广告商、供应商、经销商、客户、企业主管部门、银行、咨询机构、证券商、行业协会等。由于业务上的联系，他们了解企业的广告战略、资本结构、产品结构、销售渠道乃至经营等各方面的情况。因此，对第三方的信息分析也是了解竞争对手的一种途径。

2. 反情报战略

反竞争情报是指针对竞争对手或第三方合理、合法的情报搜集行为。

企业反竞争情报工作是围绕竞争情报进行的，因此首先要明确竞争情报获取的工作步骤：一是规划与定向，即确立竞争情报过程的目标；二是情报搜集，采用合适的信息采集方法收集企业内外的相关信息；三是信息加工，初步整理收集来的数据和信息，将其分类、排序、存储，使之有序化；四是情报分析，运用情报分析技术对加工后的信息进行深入分析，产生情报产品；五是情报传播，采取恰当的情报传播方式将情报产品传递到情报用户手中，为其决策提供依据。

案例参考：1984年，广东省科委将"冷等静压精细陶瓷辊棒"的生产技术作为重点攻关项目下达给佛陶所。经过八年多的研制，终于取得了成功。佛陶所对该成果采取了各种保密措施。1992年3月10日，佛陶所向广东省科委和国家科委申报了国家秘密级技术；1993年8月18日确定该项目为国家秘密级技术，保密期为15年。

1992年、1993年，佛陶所分别向国家专利局申请了4项专利。国家专利局于1995年5月11日证实上述4项的申报内容自申请公开之日起均属公知专利技术。1995年5月10日，国家科委和广东省科委对佛陶所的专利技术和技术秘密进行了界定，认为：佛陶所被批准备案的技术秘密共有5大范围,其中第3题目的技术内容已于专利申请公开日起为公知的专利技术,尚有4个题目的内容仍属技术秘密尚未解密。

被告金昌厂厂长区永超,原系佛陶所的窑炉技术工人,1990年6月自动辞职离开佛陶所到金昌厂办厂,并负责生产技术。1992年3月7日金昌厂领取工商执照,同年12月正式投产,1993年2月产品开始进入市场销售。由于该厂的技术不过关,产品质量达不到标准,区永超便找到了原在佛陶所工作的吴国雄。吴国雄于1993年2月因合同期满离开佛陶所到金昌厂负责技术管理。金昌厂购买机械设备、模具、原料时均到佛陶所定做、制造的厂家去订购。烟台、四川、湛江、珠海等地有关单位均证明:金昌厂购买设备、原料、模具时,对各厂家提出按佛陶所提出的技术质量要求、规格大小、机械性能定做购买。

《最高人民法院公报》1995年第4期内记载:"对被告金昌厂提供的公知技术资料,包括美国文献、1990年第5期《陶瓷》杂志以及原告佛陶所申报的4项专利内容等材料进行分析和认定:(一)关于配方及原料加工处理方面,专利申请只公布了配方一个范围,而最优配方尚未公布。原料的产地、加工混合方法,有别过去传统方法的特定造粒工艺均未公布。成型生产工艺方面,专利中只公布挤出定型机中的机咀部分,而混合搅拌机、造粒机、挤出定型机的生产厂家、型号规格尚未公布。等静压设备及预制成型方面,专利中只公布了一种陶瓷辊棒成型方法以及成型模具,而等静压设备及内外模具的生产厂家、产地、规格、型号及技术参数均未公布。窑炉及耐火材料、烧成方法方面的内容均未公布。精加工设备方面,陶瓷辊棒烧成后的精加工方法、设备均未公布。另外,佛陶所4项专利申请中,专利说明书及申请说明书未涉及的内容仍属于技术秘密。"据此,佛山市中级人民法院认为,佛陶所的技术秘密并未因公知技术的存在而解密。[①]

第四节 企业商业秘密管理体系

一 合同管理体系

企业在对外经济交往中以订立合同的方式,明确各方对商业秘密保护的权利和义务。若对方违反保密义务,则可依合同追究其违约责任,如要求违约方支付违约金、赔偿金、继续履行保密义务等。

企业可以与职工签订保密合同保护商业秘密。我国《劳动法》第22条规定:"劳动合同当事人可以在劳动合同中约定保守用人单位商业秘密的有关事项。"

二 制度管理体系

可以根据行业以及企业的具体情况,制订符合商业秘密保护规律的管理制度,包括但不限于以下内容:

①商业秘密保护机构和人员职责制度;

②商业秘密认定机构与认定程序;

③废弃文件、废物处理管理制度;

④商业秘密使用、转让、解密、销毁制度;

⑤对外交流涉密审查制度;

⑥新产品信息发布的涉密审查制度;

[①] 广东省佛山市中级人民法院1995年7月13日审结,载于《最高人民法院公报》1995年第4期。

⑦企业情报、档案、资料管理制度；

⑧电子信息管理制度；

⑨员工保守商业秘密制度；

⑩企业商业秘密投资审查、保护制度；

⑪商业秘密争议处理制度；

⑫保密工作奖惩制度。

三 经济管理体系

在实务中，泄密人员主要包括：高级研发人员、技术人员、企业高管、普通技术人员、关键岗位的技术工人、市场营销人员、财会人员、秘书人员、网络安全管理人员。对于上述人员，可以通过经济手段保护商业秘密，主要包括下列三个层次的方法。

第一，用分配方法来保护商业秘密。给予涉密员工优厚的工资、奖金待遇，以激励其保守商业秘密。

第二，用长期化的劳动契约来保护商业秘密。人才流动是商业秘密泄露的主要路径，而通过劳动契约长期化可以增进涉密员工的忠诚度。

第三，以特定产权安排方式保护商业秘密。比如，通过股权激励方式，允许涉密员工成为企业的主人，与企业命运休戚与共。

四 技术管理体系

第一，建立防火墙阻止非法访问和入侵，防止关键数据外泄。此外，还可以考虑建立虚拟保险箱，强化保护防火墙后面的数据库和内部资源。

第二，对涉密信息采取加密措施。加密技术包括对称密钥加密、非对称密钥加密以及混合密码系统加密。

第三，对公司内部的电脑设立分级操作口令，严格控制电脑上网，防止信息通过互联网传输失窃。

第四，划分专门的保密区域，设置保密室、保密柜等专门设施。

第五，技术工具。比如采用专门的拆卸工具，阻止他人使用一般工具对设备进行拆卸，增加他人通过反向工程获取商业秘密的难度，除非他人进行破坏性拆卸。

第六，信息技术管理。对于掌握核心机密的员工，企业需要通过信息技术手段做好权限管控和审计，凭授权访问或操作文件，对成员划分不同的角色权限，使用动态水印技术等，把控好风险，企业才能安全无忧。具体方式包括以下几个方面。

其一，文件权限。企业管理员可按需将每个企业文件或文件夹授予不同的文件权限等级。

其二，角色权限。按照职位或所负责项目的不同，对成员划分不同的角色权限，不同角色授予不同的企业文件权限。

其三，管用分离。管理员账号仅拥有后台管理、权限分配能力，其他文件操作权限需要另外分配，实现严格管用分离。

其四，日志审计。企业管理员可在后台审计每个账号的文件操作日志，追溯异常文件操作。

其五，预览水印可溯源。可在预览时显示当前使用账号及时间等信息，有效防止拍照、截图等泄密行为。

其六，分享安全防拷贝。预览时可禁止直接复制文字、图片，分享需操作权限，防恶意拷贝。

五　组织管理体系

第一，建立保护商业秘密的机构。如成立企业保密委员会，在保密委员会成员中增加行政业务处室领导的比例；明确专职人员负责商业秘密的日常管理。此外，商业秘密管理机构可以单独设立，也可以和企业法务机构、知识产权管理机构重叠。

第二，单元管理与整体管理相结合的立体化体系。在建构过程中，全员调动，使得商业秘密体系深入企业内部、基层。在商业秘密体系的建构、实施过程中充分发挥员工积极性。

比如，2010年3月，国务院国有资产监督管理委员会第87次主任办公会议审议通过《中央企业商业秘密保护暂行规定》。其中，第6条规定："中央企业商业秘密保护工作按照统一领导、分级管理的原则，实行企业法定代表人负责制。"第7条规定："各中央企业保密委员会是商业秘密保护工作的工作机构，负责贯彻国家有关法律、法规和规章，落实上级保密机构、部门的工作要求，研究决定企业商业秘密保护工作的相关事项。各中央企业保密办公室作为本企业保密委员会的日常办事机构，负责依法组织开展商业秘密保护教育培训、保密检查、保密技术防护和泄密事件查处等工作。"第8条规定："中央企业保密办公室应当配备专职保密工作人员，负责商业秘密保护管理。"第9条规定："中央企业科技、法律、知识产权等业务部门按照职责分工，负责职责范围内商业秘密的保护和管理工作。"

六　商业秘密分级体系

（一）密级区分标准

保密需要成本，越高的保密标准意味着越高的保密代价。一个企业拥有的商业秘密不可计数，重要的商业秘密所面临的泄密风险更高，花费的保护成本也更高一些；不重要的商业秘密所面临的泄密风险低，保护成本就可以低一些。这就需要根据商业秘密的重要性程度对商业秘密进行分级，以合理的成本保护商业秘密的安全。

美国IBM公司依据商业秘密与业务的关系、与业务的施政方针的关系、有关业界竞争的影响度、是否为IBM产品技术上及收益上成功的关键等因素，依重要程度，将商业秘密依次分为绝密、限阅、机密、仅内部使用四种。然后再依其等级，决定其复印、对外公开、对内公开、废弃、保管、资料传送时候的处理规定。例如，对外公开时，前三类的资料必须得到特定人员的同意；复印资料时，前二类的资料只有原制作单位才能复印；传送资料时，前二类的资料必须加密才可传送。

我国《中央企业商业秘密保护暂行规定》将中央企业的商业秘密区分为"核心商密"和"普通商密"两种。不过，由于国家秘密的密级划分为三级——绝密、机密和秘密，对于中央企业来讲，其商业秘密中属于国家秘密范围的，必须依法按照国家秘密的划分规定进行保护。当然，也有其他企业区分为三级，即一级商密、二级商密、三级商密；个别大型企业划分得更为细致，为五个层级。

1. 技术秘密等级区分标准

（1）该技术的开发成本或购买成本；

（2）技术成熟度，对产品质量和性能的影响，是否为产品技术上及收益上成功的关键等因素；

（3）与公司主营业务的关系，包括未来施政方针的关系；

（4）技术生命周期，生命周期太短的，不宜列为核心；

（5）保密的可行性，包括反向工程的难易程度，竞争对手尚且未掌握的且难以通过反向工程获得的，可列为核心；

（6）是否涉及新产品，且具有较大市场前景；

（7）技术信息是否获得有关专家或部门的鉴定以及鉴定结果；

（8）是否上升为国家秘密。

2. 经营信息密级区分标准

（1）重要性程度，比如对重要客户、关键客户的信息资料，再比如产品的财务成本资料等；

（2）具体性程度，涉及的公司客户数量信息越多、内容越详细的，为核心商密的可能性就越大；

（3）购买成本；

（4）转让及许可使用收益；

（5）产生的利益和竞争优势；

（6）泄密的后果，包括被竞争对手窃取后的损失，以及竞争对手获得后的收益。

（二）密级区分示范

1. 绝密

绝密指公司最重要的秘密，泄露后会使得公司权益遭受重大损害。包括：

（1）财务分析报告；

（2）高层管理者考核报告；

（3）工资分配方案；

（4）涉及项目成本、利润的报告或论证材料；

（5）经营战略决策、公司项目技术核心资料；

（6）公司认为应为绝密的其他文件。

2. 机密

机密指公司的重要秘密，一旦外泄会使公司权益遭受较大损害。包括：

（1）重要业务合同；

（2）立项报告；

（3）业务进度分析报告；

（4）尚未公开或不宜公开情报的来往文书；

（5）公司认为应列入机密范畴内的其他材料。

3. 秘密

秘密指公司的秘密信息，一旦泄露会使公司权益遭受损害。包括：

（1）工作条例、规章制度；

（2）一般业务工作来往文件；

（3）一般性请示、会议纪要、简报、通知、情况反映等；

（4）日常管理工作计划、总结、报告；

（5）月、季工作计划与总结报告；

（6）干部任免、调配、定级文件；

（7）财产、物资、档案等各类手续凭证。

比如，在汽水（生产企业）例子中，很明显，最重要、最敏感的商业秘密是产品配方，包括必要原材料的购买、产品配方与瓶装设备的结合。假定公司新型汽水的试验配方有三个商业秘密分类等级："秘密"、"机密"和"绝密"。公司可根据各自的政策，将全部产品配方进行分级，将主打产品定为"绝密"级，将其他普通产品定为"机密"级。另外，失败或不合格品配方可定为"秘密"级。另外，该新汽水的试验配方应该定为"绝密"级。[①]

（三）商业秘密生命周期中的密级管理

商业秘密是动态变化的，每个商业秘密都有一个生命周期，从创造、开发、专利选择、应用实施，到最终过期。商业秘密的密级在其

[①] 参见〔美〕马克·R.哈里根、〔美〕理查德·F.韦加德《商业秘密资产管理》，余仲儒译，知识产权出版社，2017，第95页。

生命周期中也会发生改变，直到它最终因过时而被解密。[①]

1. 创造阶段

当商业秘密被创造出来时，其对公司的最终重要性可能尚未被知晓或理解。举例来说，一种新型汽水的试验配方，最终可能被选为上市销售的配方，也可能不会被选中。即使被选为上市销售的配方，新的汽水可能在市场上销售得并不成功，也可能出乎意料地成功大卖。正因如此，当商业秘密创造出来时，应当将其界定为最高密级。

2. 开发阶段

如果对新配方的市场调查可能表明该新汽水将成为公司的主要卖点，同时也带动公司的其他产品进入新市场，理应树立公司主打产品的地位，其配方应保留绝密级。反之，市场调查可能清楚表明，该产品与公司其他产品一起，依靠包装销售稳定，因此更多算是普通产品，在公司分类决策中应将其密级状态降至"机密"级。最后，如果表明该产品可能不会在市场上成功销售，项目可能要整体降级，也会导致配方的分类等级降为"秘密"级。

3. 专利选择阶段

每个专利刚开始时都是商业秘密。许多商业秘密在生命周期中生来就面临着一个问题，即评价一项商业秘密是否构成可授权主题。要想获得专利授权，商业秘密信息也必须是新颖的、实用的、非显而易见的，而且也需要付出解密代价。在专利技术公开后，最终也要撤销申请部分技术的密级。

[①] 参见〔美〕马克·R. 哈里根、〔美〕理查德·F. 韦加德《商业秘密资产管理》，余仲儒译，知识产权出版社，2017，第95~99页。在该书中，应用阶段表述为"申请阶段"，在"申请阶段"后还有一个"许可阶段"，但在书中未见密级方面的论述，故本书作了变动。

4. 应用实施阶段

在产品制造过程中，商业秘密需要在公司内部得到更广泛的应用。对于较高密级的商业秘密不要披露得过多、过广。在前文汽水配方例子中，很明显，最重要、最敏感的商业秘密是产品配方。对于与产品有关的次级商业秘密，没有必要采取这种成本高昂的极端措施进行保护。无论如何，如产品包装手册及其他相关印刷品，在发布广告后不久就会人尽皆知，需要撤销相关部分的秘密等级。

5. 过期阶段

过时并不意味着该信息不再有用。这里的过时指的是，该信息不再是秘密，导致该信息缺乏源于信息保密具有的独立价值。然而，将该信息的实际用途保密仍然可以让公司有收益。就汽水配方例子而论，假定该饮料含有汽水通常没有的一种特殊配料，在包装列出的授权产品配料中归为"天然香料和人工香料"。即使公开披露了该配料可能适用于汽水，甚至适用于假设的特殊类型的汽水，那也不会披露该汽水公司在其他特定产品中实际使用了这些配料。因此，将这些配料的用途进行保密，仍然可以确保该用途信息能作为商业秘密，不过，该信息作为商业秘密应降级。

案例参考：美国可口可乐公司的配方自1886年诞生以来，已保密达130多年。其实，可口可乐99%以上的配料是公开的，它基本上是几种物质的混合物——糖、碳酸水、焦糖、磷酸、咖啡因和失去效能的古柯叶及椰子果。神秘的配料——"7×号货物"在可口可乐中所占的比例还不到1%，但正是这1%成为其最高的商业秘密。公司在配方保密方面，设置了严格的措施：配方一直只有10人左右知晓，他人要知悉需要获得董事会的批准。可口可乐在进军印度市场时，印度政府要求其申请专利，以确保其配方材料不会触犯印度宗教禁忌，但可口可乐公司宁愿丧失庞大的印度市场，也不愿申请专利导致配方泄密。

七 培训管理体系

培训的目的是树立保密意识，可采取岗前、在岗和离岗教育相结合的方式。

第一，岗前商业秘密保护教育。对新员工进行商业秘密保护意识培训，使其了解本企业的商业秘密保护管理制度。

第二，在岗商业秘密保护教育。在岗后，明确本岗位所接触到的商业秘密、商业秘密保护的控制要求、泄密造成的后果和惩处措施等。商业秘密保护教育采取定期和各种不定期举办方式。定期按照事前策划的时间进行；不定期可根据工作实际需要，如在事件发生后进行学习教育。

第三，离岗（包括岗位调整）前商业秘密保护教育。离岗前，进一步明确商业秘密保护应遵守的约定、义务、要求以及泄密后果。

八 宣传管理体系

宣传报道，指公司在报纸、杂志、广播、电视、国际互联网、印刷品等媒体上所做的所有宣传性介绍或宣传内容。对宣传环节进行把关，防止商业秘密外泄。

第一，对外发布的任何宣传报道、发表论文著作坚持"信息谁发布，保密谁负责"的原则，部门负责人须对宣传报道进行内容审查和保密审查；对外宣传报道、发表论文著作须经过保密工作领导小组审批通过后方可发布。

第二，接受新闻媒体采访、摄像、拍照等，应当履行审批手续。内容不得涉及商业秘密，对超出审批范围的拍摄等行为应及时阻止。

第三，对需要宣传报道的会议，应严格按照公司保密管理制度，对稿件和报道进行涉密审查。

第四，对涉密会议需要进行采访、摄像、照相和文字报道的，进入会场的人员须经审查，严格管理文字、图像影像等资料。

第五，印制产品宣传资料时，部门负责人要进行保密审查，保密办公室要进行审核，内容不得涉密。

第五节　企业商业秘密利用体系

商业秘密的价值主要不在于保有，而是使用。商业秘密的利用方式也是多元化的，既要考虑企业以及商业秘密的实际情况，也要基于市场竞争态势，考量竞争对手的技术水平、研发能力，预测技术发展趋势，将眼前利益和长远利益结合起来，立足于企业的整体布局，选择适合自身特点的利用方式。一般而言，商业秘密的利用方式包括以下几种。

一　商业秘密消极利用

主要指的是防御性商业秘密，这些商业秘密的价值不在于使用，而在于拥有。只要拥有这些商业秘密，就能够筑起一道防御的城墙，相对于竞争对手而言保持竞争优势。比如，自己使用的是3.0版本技术，对手使用的是1.0版本技术，手中拥有的2.0版本技术即为防御性商业秘密，可以不使用，只要不泄露就能够保持相较于其他经营者更大的竞争优势。

二 商业秘密自己利用

即将企业商业秘密技术信息、经营信息和管理信息运用于自身的生产、经营和管理活动中，实现商业秘密价值。如果企业有严密的管理和保护商业秘密的条件，又具有充分实施商业秘密的资源和能力，可优先选择自行实施方式，借此取得市场竞争优势。

三 商业秘密转让

通过转让商业秘密获取转让费，从而实现商业秘密的价值。并非所有的商业秘密都能够转让，比如，上市公司的内幕信息就不能进行转让，也不能进行许可使用。在实际生活中，进行转让的往往都是技术秘密。如果企业既没有保密能力，又不能充分实施商业秘密，最好选择转让商业秘密。

四 商业秘密许可使用

因生产规模、资金、资源配置方面的限制，企业不能全面实施其商业秘密，可以选择许可他人实施。

就许可企业而言，首先应在谈判时应当注意保密。企业在谈判中披露给对方商业秘密的范围应尽量缩小，不能"和盘托出"，特别是其中的关键性商业秘密。一旦谈判没有成功，许可人将无法制止对方实施。

其次，作为许可方的企业应当在谈判前签订保密协议，得到被许可人保密承诺，甚至对被许可人的保密措施进行考察。

再次，该协议应当特别明确在没有获得许可方书面同意前，对方当事人不得将该商业秘密泄露给任何第三方，或是许可第三方实施，或是转让给第三方。

最后，正式达成的商业秘密许可应明确商业秘密的范围、许可性质、对方的保密任务、重要概念界定、技术回授、使用费交付等问题，其中应特别体现对商业秘密的充分保护。

五　商业秘密出资

商业秘密出资即将商业秘密作为知识产权进行价值评估后，作为资产进行投资。投资的方式有以下两种。

一种是投资于有限责任公司，获得公司的股权，但需要将商业秘密权转移到公司名下，原权利人丧失商业秘密权。同时，原权利人不能再对外进行许可、转让，否则即为无权处分，侵犯了公司的商业秘密权。

另一种是投资于合伙企业，这种情况下，是否要进行评估？占多大的出资份额？出资方是否有权转让商业秘密？是否有权对外进行再许可？如何承担保密义务？这些都可以由合伙人进行约定。

六　商业秘密共有

商业秘密共有是商业秘密使用的具体方式之一，由单独所有变为共有。实际上是一种特殊的转让方式，转让的是该商业秘密的具体份额。这个过程可以是有偿的，也可以是无偿的。

七　商业秘密共享

商业秘密共享主要是在一个公司集团内部共享某种秘密，作为进一步研发的基础，但又不是采取许可使用的方式。共享有助于减少重复研发的成本，节约资源。但仍然应当制定完善的管理制度，防止出现泄密情况。

第六节 企业商业秘密保护体系

在商业秘密被侵犯后，怎么保护商业秘密成为需要解决的问题。目前来看，主要是三种保护模式。本节就这三种保护模式略作阐述，下一章中将详细论述。

一 民法保护模式

民法保护模式，主要通过追究违约责任、侵权责任等路径，维护自身的合法权益。民法保护模式的启动成本最低，但面临举证难的问题。由于窃取、使用商业秘密的人员往往是内部员工，包括管理人员和研发人员，他们直接掌握商业秘密，容易通过复制等方式将商业秘密转移出去。"根据中国裁判文书数据显示，2012—2017年审结商业秘密案件共686件，其中民事案件579件，刑事案件107件……商业秘密民事案件中，一审原告的胜诉率只有14%，原告诉讼请求未获支持的占86%。"[1]

二 行政保护模式

权利人除以民事、刑事诉讼方式进行保护外，还可以向市场监管部门申请查处侵权行为，并对侵权人的行为进行处罚以保护自己的商业秘密。市场监管部门应根据当事人申请，及时进行调查，收

---

[1] 田期智：《从举证责任难点进行分析，企业应采取哪些措施保护商业秘密？》，360doc 个人图书馆，2017年7月2日，http://www.360doc.com/content/17/0702/12/38119025_668177303.shtml，最后访问日期：2023年3月3日。

集并调取证据，并可扣留被申请人以不正当手段获取权利人的载有商业秘密的图纸、软件及其他有关资料，责令被申请人停止销售使用权利人商业秘密生产的产品等。最后根据查明的事实，对侵权人处以行政处罚。

侵犯商业秘密属于民事侵权行为，但它不仅损害商业秘密权利人的经济利益，而且破坏正常的市场竞争秩序。加强商业秘密的保护，有助于打击扰乱市场秩序的不良行为，有助于树立公平、诚实、信用的市场经营理念。它可以使民法的基本原则与市场经济的内在要求有机结合起来，逐步构建和巩固良好的市场秩序。

三 刑事保护模式

我国《刑法》第219条明确规定了侵犯商业秘密罪。当年我国修改《刑法》时增加的侵犯商业秘密罪的规定被专家誉为："从世界范围看，我国刑法对商业秘密罪的规定可能是最为全面的，但是，也是最为严厉的。"[1]

通过刑事程序保护商业秘密是获取侵权证据、损失证据的最为有效的途径，刑事案件在立案后被判有罪的比例也高达86%。但刑事保护模式面临一个重大问题——启动难，需要提供初步证据证明存在侵权行为，而且给权利人造成了重大的损失。

当前，中国在商业秘密的保护方面亦取得了长足的进展，至今已形成了融民法保护模式、行政法保护模式、刑法保护模式三位于一体的商业秘密保护制度，其保护范围和保护水平正逐渐同国际惯例接轨。在上述三种保护模式中，民法保护模式具有通用性，可以和行政保护模式、刑事保护模式并存，也可以单独启动，但其缺陷在于往往

---

[1] 孔祥俊：《商业秘密保护法原理》，中国法制出版社，1997，第374页。

难以取得侵权和损失的深度证据。行政保护模式和刑事保护模式启动较难，需要权利人提供初步证据，包括权属证据、侵权证据、损失证据等，但启动后，能够通过公权力取得深度证据，提高办案的成功率，对侵权人的震慑也更大一些。

第五章
商业秘密保护论

商业秘密保护的上策是启动刑事侦查程序，中策是推动行政调查程序，下策是直接启动民事诉讼程序。下策失败概率高，不得已而为之。

第一节　商业秘密国际立法保护现状

一　商业秘密的国际立法保护

商业秘密保护形式经历了三个阶段：从最初的自然保护，即通过商业秘密持有人采取严格措施以防泄露；发展到契约保护，即市场交易的双方通过订立保密条款或签订保密协议，确定保密义务；再到立法保护，即通过国家立法将商业秘密纳入法律保护范畴。

1883年《保护工业产权巴黎公约》虽然没有明确规定商业秘密，但通常第十条之二关于禁止不公平竞争的内容涵摄了对商业秘密的保护。1967年签订的《建立世界知识产权组织公约》第2条第8款将巴黎公约防止不正当竞争的内容明确纳入了知识产权领域所应处理的议题。

1994年通过的TRIPs协议是第一个明文保护商业秘密的国际公约，第39条明确规定了"未经披露的信息"，并将其纳入知识产权范畴。该条还规定了商业秘密的基本构成要件：具有商业价值的信息只要经合法控制人采取相关措施，保持其一定程度的秘密性，该信息都可以作为商业秘密加以保护。世界知识产权组织国际局也在《反不正当竞争示范法》第6条第1项规定："凡在工商活动中之行为或做法，未经合法控制秘密信息之人同意，违背诚信的商业惯例而泄露、取得或使用这些秘密信息的，构成不正当竞争。"从而形成了以TRIPs协议为核心的商业秘密国际法律保护体系。

二 西方商业秘密保护的立法模式

18世纪、19世纪的两次工业革命极大地推动了社会生产力的发展，直接导致了社会财富的增加。工业时代的市场竞争远远复杂和激烈于古罗马所处的简单商品经济时代，特别是员工和企业之间是一种雇佣关系，员工流动性比较强，员工在职和离职时很容易窃取商业秘密。在这种情况下，如何维持市场优势竞争地位成为一项迫切任务。在这个时候，企业一方面对部分技术申请专利，以公开为代价获得一定范围内的垄断利益；另一方面，对部分信息采取各种保密措施，成为法律保护的对象。商业秘密逐渐成为一个法律术语，有关保护商业秘密的立法活动在这一时期呈现上升趋势。在此大背景下，各国商业秘密立法模式主要分为以下三种情况。

1. 非专门立法

大陆法系国家大多都没有商业秘密的专门立法，而主要从维护公平、诚信和商业道德的角度上保护商业秘密，通过反不正当竞争法进行规制。采取此种立法模式的国家有德、日等国。除反不正当竞争法外，这些国家的侵权法、合同法以及刑法中也包含保护商业秘密的内容。

2. 专门立法

根据世界知识产权组织1994年的统计，瑞典是当时世界上唯一指定专门商业秘密法的国家，保护范围包括各种商业秘密，如技术秘密、经营秘密。制裁措施包括禁令、罚金、损害赔偿金等。对于商业间谍，可以追究其刑事责任。总体来看，商业秘密专门立法已经形成一种趋势。如英国于1982年提出了《保护秘密权利法草案》，加拿大于1987年提出《加拿大统一商业秘密法草案》。

3. 分别立法与专门立法相结合

1939年，美国法律学会在司法判例基础上编撰《侵权行为法重述》，首次系统地界定了商业秘密的概念，并明确以侵权模式保护商业秘密，但它仅仅为具有示范性质的文件。1979年，美国"国家统一州法委员会"编制了《统一商业秘密法》（1985年修订），已经有超过40个州和哥伦比亚特区采纳了该法。不过，以上两个文件并非严格意义上的国家法典，而均为州法。

1996年，美国制定了《经济间谍法案》（Economic Espionage Act of 1996，EEA）。EEA的颁布实施，是美国首次把商业秘密带入了联邦法制的领域，也是美国首次以刑事制裁的方式来处理商业秘密案件，希望以此来遏阻国际性的商业秘密窃取行为。2016年5月11日，美国总统奥巴马正式签署了《保护商业秘密法》（Defend Trade Secrets Act of 2016，DTSA），将美国对商业秘密盗窃案件的民事保护上升到联邦法律层面。

第二节　我国商业秘密法律体系状况

1985年，国务院发布《技术引进合同管理条例》，该条例第一次提出"专有技术"的概念，规定专有技术的受方应对供方提供或传授的专有技术和有关技术资料，按合同约定的范围和期限承担保密义务，这是我国最早保护商业秘密的立法。1986年，我国颁布《民法通则》，并没有将商业秘密列入保护范围，但在第118条中规定："公民、法人的著作权（版权）、专利权、商标专用权、发现权、发明权和其他科技成果权受到剽窃、篡改、假冒等侵害的，有权要求停止侵害，消除影响，赔偿损失。"技术秘密可以包含在"其他科技成果"之中。1987年颁布的《技术合同法》及1989年颁布的《技术合同法实施条例》规定了技术秘密保护的有关内容。

1991年4月9日，全国人大通过《民事诉讼法》，该法第一次明确提出"商业秘密"的概念。随后，最高人民法院在《关于适用〈中华人民共和国民事诉讼法〉若干问题的意见》中界定了"商业秘密"概念的范围。1993年，我国颁布《反不正当竞争法》，第一次对商业秘密概念、侵权类型、法律责任等方面系统地进行规定，是我国商业秘密法律体系建设的一个里程碑。2017年，我国颁布《民法总则》，第123条规定了商业秘密作为知识产权的客体，这样就在立法上认定商业秘密属于知识产权对象之一。2020年颁布的《民法典》将《民法总则》《合同法》中的相关规定进行整合。当前，我国商业秘密保护主要是以《反不正当竞争法》为主体，涉及程序法、民法、刑法、劳动法、法规规章、司法解释等，构成了一个相对完整的法律体系，但在国家法律层面上尚没有专门的商业秘密立法。

一　反不正当竞争法保护

《反不正当竞争法》是保护商业秘密的核心法律。2019年4月23日，我国对《反不正当竞争法》进行修改，此次修改极大地强化了对商业秘密的法律保护，集中体现在以下几个方面：一是扩大"商业秘密"的定义范围，不限于技术信息与经营信息，还包括其他各种商业信息；二是增加"电子侵入"作为明确列举的侵犯商业秘密行为；三是扩大保密义务的范围，纳入法定保密义务；四是增加"教唆、引诱、帮助"作为侵犯商业秘密行为；五是明确"经营者以外的其他自然人、法人和非法人组织"可以作为侵犯商业秘密的行为主体；六是增加惩罚性赔偿；七是提高法定赔偿金额、行政处罚金额的上限；八是规定侵犯商业秘密案件的举证责任倒置问题。

二　程序法保护

《民事诉讼法》第137条规定，人民法院审理民事案件，涉及商业秘密的案件，当事人申请不公开审理的，可以不公开审理。第71条规定，商业秘密作为证据应当保密，需要开庭出示的，不得在公开开庭时出示等。

三　民法保护

我国《民法典》第123条确立了"商业秘密"与专利、商标、作品一样，同属知识产权权利客体之一的地位。《民法典》第501条规定了当事人在订立、履行合同过程中保守商业秘密的义务以及应当承担的法律责任。合同编分则部分，对承揽合同、技术开发合同、技术转让合同所涉及的保密义务亦作了相应的规定。

四　刑法保护

《刑法》在"侵犯知识产权罪"一节第219条中规定了侵犯商业秘密罪，即实施侵犯商业秘密的行为，给商业秘密权利人造成重大损失的，处3年以下有期徒刑或者拘役，并处或单处罚金；造成特别严重后果的，处3年以上7年以下有期徒刑，并处罚金。

五　劳动法保护

《劳动法》第22条、《劳动合同法》第23条和第24条规定了劳动者对用人单位的商业秘密负有保密义务，同时规定了用人单位对员工享有竞业禁止的权利。另外，对侵犯商业秘密的救济措施也进行了具体规定，包括支付违约金、停止侵害、继续履行、赔偿损失和解除合同等。

第三节　商业秘密与专利两种保护模式之比较

一　商业秘密模式的优点

1. 商业秘密法律保护期限是不确定的

只要具备商业秘密的构成要件，商业秘密就一直存在，没有保护期限，而专利权保护具有法定的保护期限。期限届满，专利技术进入公有领域。

2. 商业秘密保护成本较低

企业自己采取各种保密措施即可，且不需要缴纳申请费、年费。而专利申请，特别是发明专利申请，不仅时间漫长，而且需要支出费用。在获得专利权后，也需要缴纳年费。

3. 保护范围比较广

商业秘密包括各种信息，技术信息、经营信息以及其他商业信息，内容极为广泛。而专利权对象仅仅为技术信息，不包括各种商业信息。在技术信息中，仅仅限于产品、方法或者其改进所提出的新的技术方案。

4. 商业秘密方式保护不需要公开技术成果

商业秘密不需要公开，有助于权利人保持竞争优势，但专利申请必须公开，而且无法阻止他人申请改进专利。

5. 商业秘密保护门槛较低

商业秘密保护的一个重要目的是维护商业竞争伦理，其对商业秘密构成要件的要求不高，保密措施具有合理性即可，在非公知性方面是指相关公众无法轻易获得，而在价值性方面的要求则弹性更大，即不需要具有专利技术的创造性要求。正因为如此，很多达不到要求的技术成果本来可以作为商业秘密予以保护，一旦申请专利不成功，也不能继续作为商业秘密进行保护。

6. 商业秘密保护无法域限制

只要商业秘密存在，在承认商业秘密的国家和地区，商业秘密权利人均能依据国际条约或双边、多边协定，获得保护。而专利权保护具有地域特征，只有在该国、该地区申请专利后，商业秘密权利人才能够获得相应的保护。

二　商业秘密保护的缺点

1. 商业秘密的保护强度不高

商业秘密权利人无法阻止他人通过独立研发、反向工程等手段获取、使用商业秘密。在同一法域范围内，可以存在多个商业秘密权利人。在侵犯商业秘密时，权利人也不能阻止他人使用、销售利用该商业秘密制造出来的产品。专利权保护则不存在此种情况,在同一法域范围内,只有一个专利权人。而且,专利权人可以阻止他人使用、销售利用专利技术生产的产品。

2. 权利丧失风险高

不管基于何种原因,不管公开行为是否合法,商业秘密一旦被公开,丧失非公知性,就会产生失权的效果。专利权一旦被授权,除非是因为个别情况,如未按规定缴纳年费等,一般不会失权,权利的稳定性较高。

3. 在商业秘密侵权纠纷案件中,权利人举证比较困难

由于商业秘密不能公示公信,权利人对秘密只能采用秘而不宣的方式。被控侵权人往往是内部人,窃取商业秘密的行为不易被察觉,权利人也难以搜集被控侵权人使用商业秘密的证据。专利权的维权则相对容易,往往可以对公开销售的专利产品进行鉴定、比对,获取其使用专利技术的证据。

总之,商业秘密法提供的保护在很多方面远弱于专利法,商业秘密所有人同时还要承担其秘密被竞争对手通过窃取、背信等方式所掌握的风险,并且这些方式难以发现和证明。如果说专利法如同屏障,那么商业秘密法则如同筛子,在保护方面漏洞百出。[①]

第四节 商业秘密的民法保护模式

一 合同保护模式

合同保护是最古老、最传统的一种商业秘密保护途径,其核心是

[①] 参见黄武双等译《美国商业秘密判例1 公共政策、构成要件和加害行为》,法律出版社,2011,第168页。

通过对合同义务的确认，以违约责任方式预防和惩罚泄密行为。在现实生活中，商业秘密侵权行为主要发生在买卖、承揽、授权、雇佣等合同的履行过程中。此种保护模式下的合同包括以下几种。

1. 明示的劳动合同

企业与员工通过签订保密合同来保护商业秘密，这是世界各国的常规做法。如在美国，多数企业具有比较强烈的商业秘密保护意识，往往根据员工涉密层级的不同，签订不同内容的保密协议。我国《劳动法》第22条规定："劳动合同当事人可以在劳动合同中约定保守用人单位商业秘密的有关事项。"我国新修正的《劳动合同法》规定："用人单位与劳动者可以在劳动合同中约定保守用人单位的商业秘密和与知识产权相关的保密事项。"

2. 企业之间专门的商业秘密合同

企业之间的经营合作，如委托开发、投资、许可使用、授权生产等，往往涉及商业秘密的使用，容易造成泄密的风险。在这些合同中，有必要加入专门的商业秘密条款，防止合同相对方泄露商业秘密。

3. 默示保密合同

保密义务属于《合同法》上附随义务中的忠实义务的具体表现形式之一。所谓附随义务，乃是债之关系在其发展过程中，基于诚实信用原则，依其情事而产生的各种义务。默示保密义务是一种附随义务，即虽然未明文写入合同之中，但根据当时的环境、条件，决定当事人方或双方应该承担的义务，推定存在保护商业秘密的合同义务，包括先合同义务、后合同义务以及合同履行过程中的保密义务，广泛存在于合同订立、履行以及结束后的全过程中。当然，仅仅依据附随义务不能认定当事人采取了合理的保密措施。

4. 竞业禁止合同

竞业禁止是指根据法律规定或合同约定，禁止员工在本单位任职期间同时兼职于与其所在单位有业务竞争的单位，或禁止他们在原单位离职后一段时间内从业于与原单位有业务竞争的单位，包括劳动者自行创建的与原单位业务范围相同的企业。需要注意的是：竞业禁止分为法定和约定两种。其中，法定竞业禁止主要针对的是公司的董监高等高级管理人员。在劳动关系存续期间，企业的一般劳动者不受竞业禁止约束，如有约定的除外。

在上述四种合同法保护模式中，前三种保护模式属于直接保护，而竞业禁止合同模式属于间接保护，或者说是预防性保护，为了防止商业秘密泄露而阻止劳动者加入竞争对手。

二 反不正当竞争法保护模式

以反不正当竞争法保护模式对商业秘密进行保护是大陆法系国家的普遍做法。我国1993年颁布施行的《反不正当竞争法》对商业秘密的定义、侵犯商业秘密的行为类型和法律责任等方面作了较为全面的规定。反不正当竞争法保护模式的特点在于以下几点。

第一，突破合同关系的相对性，使得合同关系以外的第三人能够成为被告。合同保护模式只是在有明示合同的情况下才能够要求承担合同责任，对于没有合同关系的第三人，无法要求其承担合同责任。而通过反不正当竞争法保护模式则能够克服此种弊端。我国《反不正当竞争法》规定："第三人明知或者应知商业秘密权利人的员工、前员工或者其他单位、个人实施本条第一款所列违法行为，仍获取、披露、使用或者允许他人使用该商业秘密的，视为侵犯商业秘密。"

第二，商业道德成为保护对象。侵犯商业秘密的行为人主观上都是故意的,客观上采用了窃取、非法使用、泄露等行为,其目的一般是取得市场竞争优势。《反不正当竞争法》是民法诚信原则在市场竞争领域的具体应用,商业道德是民法诚信原则的具体体现。客观上,《反不正当竞争法》的目的是遏制各种不正当的竞争行为,仅仅关注的是侵犯商业秘密行为的正当性。至于商业秘密本身的权利范围以及侵权损害结果,则并非关注重点。

第三,《反不正当竞争法》着重于维护市场竞争秩序,侵犯商业秘密的行为不仅损害了他人的竞争优势,而且也破坏了市场竞争秩序,需要受到公法的规制,从而为公权力介入奠定了基础。

第四,《反不正当竞争法》使得商业秘密保护结果具有自由裁量的性质,其所保护的不是明确的民事权利,而是一种法益,这种法益是否存在?具体内容是什么?往往是不太确定的,需要在个案中进行司法认定。这也同商业秘密客体范围不确定、是否存在不确定、损害后果不确定等特点高度契合。

三 知识产权保护模式

通说将商业秘密归入知识产权范畴,这种理论在20世纪50年代就已经被世界多数国家普遍接受。但商业秘密由于其内容具有庞杂性,存在客体范围不确定、是否存在不确定、经济价值不确定、权能范围不确定等问题。多方面因素使得商业秘密很难同专利权、商标权、著作权等知识产权并列,只是一种名义上的知识产权。

四 民法不同保护模式的比较

第一,在以上三种保护模式中,合同保护模式最为简单,尤其在对保密范围、违约后果有约定的情况下,只要行为人违反约定,即承担相应的违约责任。而且，在签署竞业禁止合同情况下，还可以预先防止泄密，这是其他保护模式所不及的。

第二，知识产权法保护模式工程最为浩大，需要明确企业商业秘密对象的范围，明确商业秘密权的具体内容，对商业秘密的条件最为苛刻，也需要处理好商业秘密权同知识产权之间的冲突，保护的难度也最大。

第三，反不正当竞争法保护模式能够适应商业秘密的复杂情况，是最为现实的一种保护模式。

上述三种保护模式有时候会存在竞合。比如在商业秘密案件中，员工将其掌握的商业秘密利用职务之便泄露给第三人，或离职后自己使用。在这种情况下，企业可以员工侵犯其商业秘密为由将员工诉至法院，也可以员工违反保密协议为由提起违约之诉。这里就存在违约和侵权的竞合问题，权利人可以选择违约之诉，也可以选择侵权之诉。

在侵权诉讼中，侵犯商业秘密的归责原则属于过错责任原则，需要证明：商业秘密的存在；行为人实施了侵犯商业秘密的行为，如披露、使用或允许他人使用其所掌握的商业秘密；损害事实的存在，权利人因行为人的侵权行为利益受损；侵权人具有过错；等等。

在合同纠纷诉讼中，违约责任的归责原则主要为严格责任，一方当事人只要客观上有违约行为，就要承担违约责任，不论其是否有过错。因此，需要举证的内容包括：商业秘密的存在；双方当事人存在保密合同关系；员工实施了违约行为。

有两个值得注意的要点：一是，用人单位与劳动者约定竞业禁止，后劳动者违反约定进入竞争单位就职，且将商业秘密泄露给新用人单位使用，违反竞业禁止和侵犯商业秘密系不同的行为，不构成竞合，而是聚合，可以同时或先后提起；二是，在追究违反保密合同责任时，往往需要先提起劳动仲裁，但用人单位可以选择侵权之诉，不需要先进行劳动仲裁。

延伸阅读：关于"商业秘密蟑螂"。"专利蟑螂"（patent trolls）指一种专利非实施主体专注于从其他专利权人手中购买专利，然后通过诉讼活动赚取巨额利润的专利运营公司。美国学者根据"专利蟑螂"的语义，将"商业秘密蟑螂"（trade secrets trolls）描述为"以商业目的为导向的非实施体，它利用商业秘密保护客体范围广泛而不清晰的优势，以起诉为手段对具有侵权可能性的被告进行威胁，目的在于与受恐吓的被告达成和解协议或以胜诉的方式得到损害赔偿金"。"商业秘密蟑螂"具有如下特征：（1）它们不实施或研发商业秘密，并无创新的原动力；（2）它们运营商业秘密的目的是在等待疑似侵权行为的发生而发起攻击，赚取和解费或赔偿金；（3）它们会利用商业秘密相关特性在诉讼中的优势发起诉讼或以诉讼相威胁。2015年美国学者David S. Levine和Sharon K. Sandeen指出："商业秘密蟑螂就要来临。"其危害在于：（1）美国不断提高商业秘密保护水平的行为，打破了以往财产权理论与侵权责任理论对商业秘密保护的平衡，过分注重对商业秘密财产权的保护会引发无端的商业秘密恶意诉讼行为；（2）将商业秘密保护上升到联邦民事救济层面，吸引原告用更高水平的诉讼程序保护自己的权利，一旦"商业秘密蟑螂"形成，可能引发大量商业秘密案件进入联邦诉讼程序，造成司法资源不足；（3）新创设的单方民事没收程序会被"商业秘密蟑螂"用作威胁他人的诉讼"武器"。商业秘密作为一种有价值的信息，其数量之庞大难以估算，一旦"商业秘密蟑螂"出现，其造成的负面影响比之"专利蟑螂"恐有过之而无不及。①

第五节　商业秘密的行政保护模式

一　行政保护的意义

TRIPs协议对商业秘密的救济方式包括民事、行政和刑事三种。从国外立法整体情况来看，对商业秘密的救济多以民事救济和刑事救济为主，采取行政救济方式的较少。我国台湾地区"公平交易法"第19条第5款规定，被害人可请求公平交易委员会以行政处分方式，限期命侵害人停止或改正其侵害行为。逾期仍不停止或改正，公平交易委员会得继续限期命其停止或改正，并按次连续处新台币100万元以下之罚款，至停止或改正为止。行政救济的主体是公平交易委员会，行政救济的主要方式是限期停止或改正侵害行为和罚款。②

我国《反不正当竞争法》第4条规定："县级以上人民政府履行工商行政管理职责的部门对不正当竞争行为进行查处；法律、行政法规规定由其他部门查处的，依照其规定。"《关于禁止侵犯商业秘密行为的若干规定》第4条规定："侵犯商业秘密行为由县级以上工商行政管理机关认定处理。"

与民事、刑事诉讼保护方式相比，市场监管部门对于商业秘密侵权案件的处理更为高效、快捷。目前，市场监管部门依法查处侵犯商

---

① David S. Levine, Sharon K. Sandeen, "Here Come the Trade Secret TrollslJj", *Wash. &Lee L. Rev. Online*, 2015（71）：230-263，转引自闫宇晨、徐棣枫《创新保护与危机：美国商业秘密蟑螂问题研究》，《科学管理研究》2018年第4期。
② 参见沈强《TRIPS协议与商业秘密民事救济制度比较研究》，上海交通大学出版社，2011，第70~71页。

业秘密违法案件主要面临着"三难"问题,即发现难、取证难、认定难。所谓发现难,行政机关在查处侵犯商业秘密的违法行为时,主要依靠商业秘密权利人的举报。所谓取证难,行政机关的执法手段仅限于检查有关财物,查询、复制与案件有关的合同、账册等资料,询问当事人和证人。信息时代,当事人的许多数据采用电子形式,一定程度上加大了取证难度。所谓认定难,由于商业秘密涉及的专业性较强,加上法律的规定过于原则,不便操作,行政机关要认定对方的侵权行为非常困难。

二 行政保护的具体路径

根据《市场监督管理行政处罚程序规定》《关于禁止侵犯商业秘密行为的若干规定》《反不正当竞争法》的相关规定,权利人选择采取行政救济方式保护自己的商业秘密时,应当采取以下步骤。

第一步,应确定管辖的市场监管部门。一般而言,县级、市级市场监管部门管辖本辖区内发生的案件,省级市场监管部门管辖本辖区发生的重大、复杂案件,而市场监管部门则管辖跨区重大、复杂案件。

第二步,权利人在向市场监管部门申请查处侵权人的侵权行为时,应提供存在商业秘密及发生侵权行为的相关证据。若权利人能够证明被申请人所使用的信息与自己的商业秘密相同或类似,同时能够证明被申请人有获得其商业秘密的条件,而被申请人不能或不提供所使用的信息具有合法来源的证据时,市场监管部门可根据有关证据,认定被申请人存在侵权行为。

第三步,对被申请人违法披露、使用、允许他人使用商业秘密将给权利人造成不可挽回的损失的,应权利人请求并由权利人出具自愿对强制措施后果承担责任的书面保证后,市场监管部门可以责令被申请人停止销售使用权利人商业秘密生产的产品。

三 行政处罚方式

我国《反不正当竞争法》第 21 条规定："经营者以及其他自然人、法人和非法人组织违反本法第九条规定侵犯商业秘密的，由监督检查部门责令停止违法行为，没收违法所得，处十万元以上一百万元以下的罚款；情节严重的，处五十万元以上五百万元以下的罚款。"故主要处罚方式如下。

第一，罚款。在 1993 年《反不正当竞争法》颁布时，处罚金额的幅度范围一万元以上二十万元以下。该法 2017 年修订后，对侵犯商业秘密的处罚区分了不同情形，一般违法处十万元以上五十万元以下的罚款；情节严重的，处五十万元以上三百万元以下的罚款。而在 2019 年 4 月 23 日修正后，行政处罚的罚款数额也大幅提高，一般违法的处罚最高额由五十万元的罚款提高到一百万元，情节严重的处罚最高额由三百万元提高到五百万元。显然，《反不正当竞争法》的修改提高了商业秘密行政保护力度，罚款金额大幅度提高有助于遏制侵权行为。

第二，没收违法所得。2019 年 4 月 23 日修正后的《反不正当竞争法》中的行政处罚措施增加了没收违法所得。

第三，责令停止侵权。国家工商行政管理局《关于禁止侵犯商业秘密行为的若干规定》第 7 条规定，由市场监管部门依照反不正当竞争法的规定，责令停止违法行为，对被申请人违法披露、使用、允许他人使用商业秘密将给权利人造成不可挽回的损失的，应权利人请求并由权利人出具自愿对强制措施后果承担责任的书面保证，市场监管部门可以采取下列措施：扣留被申请人以不正当手段获取权利人载有商业秘密的图纸、软件及其他有关资料；责令被申请人停止销售使用权利人商业秘密生产的产品。

除此之外，市场监管部门还可对侵权物品进行处理，其方式包括：责令并监督侵权人将载有商业秘密的图纸、软件及其他有关资料返还权利人；监督侵权人销毁使用权利人商业秘密生产的、流入市场将会造成商业秘密公开的产品。但权利人同意收购、销售等其他处理方式的除外。

应注意的是，市场监管部门只对侵权人进行行政处罚，不对侵权赔偿作裁定，只进行调解。若侵权人拒不执行处罚决定或继续实施侵犯商业秘密行为的，则视为新的违法行为，由市场监管部门对其予以从重处罚。

另外，2019年4月23日修改后的《反不正当竞争法》在行政处罚对象（旧法中为经营者）方面，增加了"以及其他自然人、法人和非法人组织"，从而扩大了行政处罚的对象，实际上突破了《反不正当竞争法》的适用范围。

第六节 商业秘密的刑法保护模式

一 商业秘密刑法保护模式的必要性

商业秘密权是一项私权，同物权、债权一样，本质上是个体的私益。为什么侵犯商业秘密要受到刑事处罚？主要理由有两个。一是，侵犯商业秘密达到比较严重的程度可能涉及刑罚。正如物权本为私权，但如果严重侵犯物权，在刑法上也有一个破坏公私财物罪。二是，同物权、债权等民事权利不一样的是，商业秘密与市场竞争相关。商业秘密是市场竞争的利器，侵犯商业秘密也多为基于市场竞争的需要，破坏的是市场竞争秩序。因而，商业秘密保护与公共利益的关联更为紧密。

与民法保护模式、行政保护模式相比较，刑法保护模式是一种更为有效的救济形式。首先，刑事救济更为严厉，不仅可以对罪犯处以罚金，而且可以剥夺罪犯的人身自由，威慑力更大。其次，刑事救济方式有助于搜集侵权证据以及损失证据，提高办案成功率，制止侵权行为。中国裁判文书数据显示，2012至2017年审结商业秘密刑事案件107件，一审被判决有罪的占85%。[①] 最后，刑事救济的成功能够为民事诉讼奠定基础。只要刑事案件能够定谳，民事诉讼中包括侵权行为成立、赔偿数额增加等诉请的成功率就大增。故此，使用刑法保护商业秘密业已为世界上大多数国家所普遍接受与采用。

从早期的刑事立法来看，不少国家对侵犯商业秘密行为的惩治多适用盗窃罪原则，但传统刑法中的盗窃罪往往难以遏制形形色色的侵犯商业秘密的行为。随着人们对商业秘密认识的深入及商业秘密在经济生活中地位的提升，20世纪60年代以后，一些国家针对商业秘密特点，逐步建立起一套全新的刑事救济制度。当前，世界上多数国家均在法律中作出了相应规定，其中：美国、瑞士、泰国制定了商业秘密单行法规，规定了行为人应承担的刑事责任；意大利、比利时、芬兰等国在现行的刑法典中新增侵犯商业秘密罪这一独立罪名，日本还强化刑事保护力度以有效地惩治侵犯商业秘密行为。[②]

[①] 《从举证要求看企业商业秘密管理》，"知识产权家"搜狐号，2017年6月12日，https://www.sohu.com/a/148201306_99895431，最后访问日期：2023年3月3日。

[②] 2015年7月3日，日本国会通过《不正当竞争防止法修改议案》，加大刑事处罚力度，包括提高罚金刑最大金额，新法将对个人的最大罚款金额从1000万日元提升至2000万日元，对企业或其他法人的最大罚款金额从3亿日元提升至5亿日元。此外，对于在境外不正当地使用和不正当地向海外企业披露商业秘密的行为引入了一种新的处罚方式，即对个人最高罚金3000万日元，对法人机构最高罚金10亿日元。参见郑友德、王活涛、高薇《日本商业秘密保护研究》，《知识产权》2017年第1期。

二 我国 1997 年《刑法》关于侵犯商业秘密罪的规定

1997 年 10 月 1 日开始施行的《刑法》中增加了"侵犯商业秘密罪"。1997 年《刑法》第 219 条规定:"有下列侵犯商业秘密行为之一,给商业秘密的权利人造成重大损失的,处三年以下有期徒刑或者拘役,并处或者单处罚金;造成特别严重后果的,处三年以上七年以下有期徒刑,并处罚金:(一)以盗窃、利诱、胁迫或者其他不正当手段获取权利人的商业秘密的;(二)披露、使用或者允许他人使用以前项手段获取的权利人的商业秘密的;(三)违反约定或者违反权利人有关保守商业秘密的要求,披露、使用或者允许他人使用其所掌握的商业秘密的。明知或者应知前款所列行为,获取、使用或者披露他人的商业秘密的,以侵犯商业秘密论……"

最高人民法院、最高人民检察院《关于办理侵犯知识产权刑事案件具体应用法律若干问题的解释》规定:"实施刑法第二百一十九条规定的行为之一,给商业秘密的权利人造成损失数额在五十万元以上的,属于'给商业秘密的权利人造成重大损失',应当以侵犯商业秘密罪判处三年以下有期徒刑或者拘役,并处或者单处罚金。给商业秘密的权利人造成损失数额在二百五十万元以上的,属于刑法第二百一十九条规定的'造成特别严重后果',应当以侵犯商业秘密罪判处三年以上七年以下有期徒刑,并处罚金。"

从上述规定来看:

第一,本罪犯罪客体是市场竞争秩序。表面看来,侵犯商业秘密罪的行为主要指向他人的商业秘密,可能会给权利人造成巨大的经济损失。但行为本身违背了商业道德,损害了市场秩序,所以本罪属于破坏社会主义经济秩序罪范畴。

第二，本罪的犯罪主体为一般主体。主要是单位内部人员，"雇员是本企业商业秘密的最大威胁"。[①] 外部人员包括具有监管职责的公务员以及律师、会计师等外部专业技术人员。单位也可以成为本罪的犯罪主体，如有组织地窃取其他单位的商业秘密。

第三，本罪的主观方面只能是故意，并且只能是直接故意，也就是说，希望并追求结果发生。《刑法》第219条规定的"应知"应当解释为"推定明知"，过失侵犯商业秘密行为不承担刑事责任。不过，行为人主观上是泄愤报复，还是谋取私利，均不影响本罪的成立。

第四，本罪的客观方面表现为实施了侵犯商业秘密的行为。《刑法》第219条规定的行为包括：不当获取、披露行为、使用行为。本罪在客观上还要求实施侵犯权利人商业秘密的行为给权利人造成重大经济损失。在50万元以上的，属于重大损失；给商业秘密权利人造成损失数额在250万元以上的，属于"造成特别严重后果"。[②]

三 《刑法修正案（十一）》的相关规定

2020年12月26日，中华人民共和国第十三届全国人民代表大会常务委员会第二十四次会议通过《刑法修正案（十一）》，该修正案自2021年3月1日起施行。对于商业秘密部分，主要变动如下。

第一，增加了电子侵入部分。2020年1月15日，中美达成《中

---

① 〔美〕丹尼斯·昂科维克：《商业秘密》，胡翔、叶方恬译，企业管理出版社，1991，第46页。
② 学界有观点认为，《刑法》第219条侵犯商业秘密罪中，"重大损失"的数额计算不能完全依照民事上计算专利损失赔偿额的规则。无论是计算方法还是每种方法的具体参考因素，都应当从商业秘密的非排他性、价值的市场性、行为的法益侵害性角度予以衡量。非排他性主要限制了权利人损失计算方法的适用范围及其参考因素；价值的市场性表明研发成本不能计入商业秘密价值或权利人实际损失；行为的法益侵害性表明侵权产品未进入市场时不能认定侵权人构成侵犯商业秘密罪，对侵权人获利的计算不能采用侵权利润等。参见王文静《论侵犯商业秘密罪中"重大损失"的认定原则》，《法学评论》2020年第6期。

华人民共和国政府和美利坚合众国政府经济贸易协议》，约定中国应列出构成侵犯商业秘密的其他行为，尤其是电子入侵、违反或诱导违反不披露秘密信息或意图保密的信息的义务。此次《刑法修正案（十一）》对该协定有所体现。修改后的《刑法》第219条规定的情形包括："以盗窃、贿赂、欺诈、胁迫、电子侵入或者其他不正当手段获取权利人的商业秘密的。"

第二，从结果犯修改为情节犯。在修改前，构罪的条件之一是给商业秘密的权利人造成重大损失；但在修改后，只要求情节严重，不要求损害后果。这一点与中美经贸协议中取消商业秘密刑事调查对损失的要求相一致。[1]

第三，加大了刑事处罚力度。在修改前，给商业秘密的权利人造成重大损失的，处3年以下有期徒刑或者拘役，并处或者单处罚金；造成特别严重后果的，处3年以上7年以下有期徒刑，并处罚金。在修改后，情节严重的，处3年以下有期徒刑，并处或者单处罚金；情节特别严重的，处3年以上10年以下有期徒刑，并处罚金。显然，在最高刑上限方面，从7年调到10年。

第四，新增"商业间谍罪"。在《刑法》第219条后增加一条，作为第219条之一："为境外的机构、组织、人员窃取、刺探、收买、非法提供商业秘密的，处五年以下有期徒刑，并处或者单处罚金；情节严重的，处五年以上有期徒刑，并处罚金。"就本罪而言，它的服

---

[1] 《中华人民共和国政府和美利坚合众国政府经济贸易协议》规定："第1.7条 启动刑事执法的门槛 一、双方应取消任何将商业秘密权利人确定发生实际损失作为启动侵犯商业秘密刑事调查前提的要求。二、中国：（一）作为过渡措施，应澄清在相关法律的商业秘密条款中，作为刑事执法门槛的'重大损失'可以由补救成本充分证明，例如为减轻对商业运营或计划的损害或重新保障计算机或其他系统安全所产生的成本，并显著降低启动刑事执法的所有门槛；以及（二）作为后续措施，应在可适用的所有措施中取消将商业秘密权利人确定发生实际损失作为启动侵犯商业秘密刑事调查前提的要求。"

务对象是境外机构、组织或个人,并非本国;犯罪对象是本国的商业秘密;处罚重于侵犯商业秘密罪,但轻于"为境外窃取、刺探、收买、非法提供国家秘密、情报罪"。①

第五,《刑法修正案(十一)》删除了商业秘密的概念。按照原《刑法》条文的表述,商业秘密是指"不为公众所知悉,能为权利人带来经济利益,具有实用性并经权利人采取保密措施的技术信息和经营信息"。但这并不意味着商业秘密的认定标准具有开放性,对商业秘密犯罪行为打击泛化,增加"类推解释"的客观风险。在《反不正当竞争法》第9条第4款对商业秘密的概念作了明确规定之后,在《刑法》中,没有必要再重复规定。

四 刑事附带民事诉讼问题

最高人民法院《关于执行〈中华人民共和国刑事诉讼法〉若干问题的解释》第88条规定:"附带民事诉讼的起诉条件是:(一)提起附带民事诉讼的原告人、法定代理人符合法定条件;(二)有明确的被告人;(三)有请求赔偿的具体要求和事实根据;(四)被害人的物质损失是由被告人的犯罪行为造成的;(五)属于人民法院受理附带民事诉讼的范围。"该解释规定了附带民事诉讼起诉的五个条件。前四个条件在实践中不会有什么问题,关键在于第五个条件——何为属于人民法院受理附带民事诉讼的范围?

对于刑事附带民事诉讼,我们可以从以下几个方面进行解读:首先,受害人只能就物质损失提起附带民事诉讼,对于就精神损害提起

---

① 本书前文提及的曾经轰动全国的"力拓案",2003~2009年,澳大利亚力拓公司驻上海办事处的四名员工,采用不正当手段收买中国钢铁生产单位内部人员,协同窃取中国各钢企的技术数据、生产流程参数等机密,并透露给国外铁矿石供应商,为力拓公司在中国铁矿石贸易中获取巨额销售利润。按照修改后的《刑法》的规定,员工构成商业间谍罪。

的附带民事诉讼人民法院不予受理；其次，受害人物质损失的原因只能是人身权利受到侵犯或财物被毁坏。具体到商业秘密方面，商业秘密本质上是各种信息，既不存在被损坏问题，也不存在精神损失问题。但基于民事权利基本原理，损害财物是侵权行为，侵犯商业秘密同样也是侵权行为，没有本质区别。从诉讼经济的角度上看，可以提起刑事附带民事诉讼。

另外，对于刑事程序和民事程序之间的关系，根据《最高人民法院关于审理侵犯商业秘密民事案件适用法律若干问题的规定》第25条，当事人以涉及同一被诉侵犯商业秘密行为的刑事案件尚未审结为由，请求中止审理侵犯商业秘密民事案件，人民法院在听取当事人意见后认为必须以该刑事案件的审理结果为依据的，应予支持。也就是说，并不必然"先刑后民"，如果民事案件审理不需要以刑事案件确定的事实为证据的，可以先行裁决。[1]

案例参考：陕西省西安市人民检察院以被告人裴国良涉嫌侵犯商业秘密罪[2]提起公诉，西安重型机械研究所（以下简称"西安重研所"）同时对裴国良、中冶连铸技术工程股份有限公司（以下简称"中冶公司"）提起附带民事诉讼。起诉书指控：被告人裴国良利用在西安重研所担任高级工程师的工作便利，将凌钢连铸机主设备图纸的电子版本拷贝下来，裴国良应聘到中冶公司担任副总工程师后，将

---

[1] 商业秘密刑民交叉案件在审理过程中若遵循传统的"先刑后民"的审理原则，则往往会产生审理法院级别错位、判决结果大相径庭的问题。为了保证我国司法公信力，在知识产权案件"三审合一"制度试点后，为减少商业秘密民刑交叉案件审理模式混乱的问题，需要在审理过程中确立"先民后刑"的审理顺序，明确民事程序与刑事程序的衔接，避免商业秘密案件审理过程中二次泄密等问题。参见冯晓青、涂靖《商业秘密案件民刑交叉问题研究》，《河南大学学报》（社会科学版）2020年第6期。

[2] 陕西省高级人民法院2006年10月11日审结，载于《最高人民法院公报》2006年第12期。

该电子版本输入中冶公司局域网，供中冶公司使用；裴国良的行为给西安重研所造成至少 148 万元的经济损失，构成侵犯商业秘密罪，请依法判处。附带民事诉讼原告人为西安重研所。

　　本案争议焦点之一是：中冶公司能否成为附带民事诉讼被告人？西安市中级人民法院认为：被告人裴国良受聘于附带民事诉讼被告人中冶公司，是项目技术负责人。裴国良为完成中冶公司交付的设计任务，将窃取附带民事诉讼原告人西安重研所的技术秘密上传到中冶公司局域网，供中冶公司的设计人员在为川威公司、泰山公司设计、制造板坯连铸机时使用。裴国良是为履行公职而直接侵权，其行为属于单位侵权，应当由其所在单位中冶公司承担侵权民事责任。客观上，中冶公司也是靠裴国良上传的图纸，才能在短时间内为川威公司、泰山公司完成板坯连铸机的设计、制造工作，从而谋取了巨额利润。中冶公司的行为与裴国良的行为共同导致侵犯西安重研所合法民事权益的损害结果发生，均与损害结果之间存在法律上的因果关系。单从民事角度讲，中冶公司也应对西安重研所遭受的经济损失承担赔偿责任。将中冶公司列为本案附带民事诉讼被告人，不仅合法，而且合理。

第六章
商业秘密侵权论

商业秘密侵权案办案之难，难于上青天。原告胜诉三分之一归功于原告商业秘密管理水平，三分之一归功于办案技巧，三分之一归功于被告的粗心大意。

第一节　具体侵权行为

侵犯商业秘密的行为须具有道德上的可谴责性，是一种不正当竞争行为。"以暴力或者欺诈手段（这些我们都称之为'盗窃'）而获得商业秘密的就应当具有可惩罚性，其原因，一是假如承认它们是合法的，则将在以私力救济而抵制此类侵犯时带来巨大的成本；二是将对发明激励造成损害。"[1] 下列几种行为均具有道德上的可谴责性，违反了公认的商业道德和民法诚信原则。

---

[1] 〔美〕威廉·M. 兰德斯、〔美〕理查德·A. 波斯纳：《知识产权法的经济结构》，金海军译，北京大学出版社，2005，第470、471页。

一　非法获取行为

"窃取"方式是指通过盗窃、监听、偷偷拍摄或复印等不为他人知悉的方式获取他人商业秘密。如，趁着商业秘密所有人不在场的时候，将商业秘密的载体偷偷拿走，然后进行复制或者强行记忆，再将载体放回原处，而商业秘密权利人在这个过程中可能完全不知情。由此可见，商业秘密保护中的盗窃行为和传统意义上的盗窃行为有不同的含义，它是针对商业秘密而出现的一种特殊侵权行为。

2019年4月23日修改的《反不正当竞争法》增加了"电子侵入"这一方式，原条款没有列举，并不意味着旧《反不正当竞争法》不对电子侵入侵权行为进行规制，而是可以将其作为"其他不正当手段"加以规范。2019年《反不正当竞争法》第9条第1款第1项新增规定，经营者不得以"电子侵入"的方式获取商业秘密，这是一种新的侵权类型。传统的商业秘密的载体多为纸质资料，侵权行为主要表现为窃取纸质材料。随着互联网技术的发展，商业秘密的载体从传统纸质资料发展到电子数据，产生了各种电子窃取行为，窃取手段多样化，包括非法入侵企业计算机系统，安装监听监视设备，植入电脑病毒等，以上俗称"黑客"（hacking）所实施的窃取竞争者的商业秘密。[1] 上述"电子侵入"的载体包括数字化办公系统、服务器、邮箱、云盘、应用账户等，关键是考量行为人是否享有合法进入电子载体的权限、是否超出权限，应当根据行为人的身份、岗位职责、劳动合同、保密协议、管理制度、有无授权文件等方面加以综合判断。

"利诱"方式是指以承诺给予某种利益为引诱手段获取商业秘密

---

[1] 孜里米拉·艾尼瓦尔：《试论反不正当竞争法修正案的商业秘密条款》，《科技与法律》2020年第2期。

的行为。一般意义上的利诱就是指使用各种利益作为诱饵，这里的"利益"是一个非常广泛的含义，比如以高薪引诱那些掌握了某些重要商业秘密的员工带着秘密跳槽。需要特别指出的是，以较高薪水吸引员工跳槽是利诱行为还是正常的人才流动，必须要区分清楚。这里一个最重要的区别在于，利诱行为发生过程中，员工跳槽成功的重要原因是他掌握了原来所在单位的商业秘密；如果符合这一点，就可以称之为商业秘密侵权的利诱行为，否则应该视为正常的人才流动。只有在人才流动过程中，将员工掌握的商业秘密作为流动的重要考虑因素和条件之一，才可以认定其侵犯了原单位的商业秘密权。

"胁迫"方式是指行为人采取精神或肉体的威胁、强制，使他人不得不交出商业秘密。此处的胁迫主要是指使用暴力手段进行威胁，既包括现实的威胁，也包括对其将来的威胁。在胁迫手段上，通常是非法的，但不排除胁迫手段本身可能是合法的，但与目的相关联，则是非法的。如以告发他人偷税漏税为由迫使他人交出商业秘密，即为显例。

其他不正当手段认定的关键在于：手段具有"不正当性"，不合乎常情常理。总之，凡以违反商业道德的方法获取商业秘密的，不论其是否使用该商业秘密，或者是否泄漏该商业秘密，获取商业秘密行为本身就是侵权。

二 非法披露行为

披露是指侵权人将权利人的商业秘密向他人公开，包括三种情况：一是告知特定人，结果是该特定人非法占有商业秘密；二是向少部分人公开；三是向社会公开，侵权人通过信息媒体如报纸、杂志、广播、电视等向社会传播，将商业秘密公之于众。

根据获取商业秘密方式的不同，非法披露实际上可以分为三种类型。

第一种类型，经过不正当行为获得商业秘密后，进行非法披露。在此过程中，非法获取商业秘密的行为已经构成对商业秘密的侵犯，再予以非法披露，属于"非法获取""非法披露"两个行为的聚合。

第二种类型，合法取得人的非法披露行为，即通过合法途径掌握商业秘密的权利人以外的人违反约定的保密义务或保密要求将商业秘密披露给他人。例如，掌握商业秘密的公司雇员、基于转让合同而合法持有商业秘密的人，他们均负有保密义务，则此时再予以披露，则仅仅构成非法披露行为。

第三种类型，第三人的故意披露行为。如果非法获取人或者合法持有人将商业秘密披露给第三人，而第三人对商业秘密来源违法这一事实是明知或应知的，也构成非法披露行为。

三 非法使用行为

所谓"非法使用"，是指行为人出于营利目的，未经允许使用商业秘密的行为。非法使用包括两种情况，一是自己非法使用，二是非法将其转让交给第三方来使用，无论哪种情况，都是在商业秘密所有人没有同意的情况下发生的行为。根据获取商业秘密方式的不同，非法使用商业秘密行为可以分为如下三种情况。

第一，在未经允许的情况下，使用采取不正当手段获得的商业秘密，或者在没有经过允许的情况下，允许他人使用非法获取的商业秘密。

第二，未经权利人同意，擅自使用或者允许他人使用自己合法持有的商业秘密。

第三，第三人明知或应知商业秘密系转让人非法获取，仍然受让并使用。

使用方式包括直接使用和间接使用。其中，直接使用指在生产经营中进行有形使用，如生产产品、维修、更新设备等，或制作产品销售计划、开展业务咨询等。间接使用是指用于研发活动中，表面上看没有直接使用，但也有助于其降低研发成本，提高研发进度，因而这也是一种使用行为。

《最高人民法院关于审理侵犯商业秘密民事案件适用法律若干问题的规定》第9条规定："被诉侵权人在生产经营活动中直接使用商业秘密，或者对商业秘密进行修改、改进后使用，或者根据商业秘密调整、优化、改进有关生产经营活动的，人民法院应当认定属于反不正当竞争法第九条所称的使用商业秘密。"

在美国加利福尼亚州北区联邦地区法院2005年判决的原告凹凸科技国际有限公司诉被告巨力有限公司案件①中，在分析双方庭审时出示的证据前，双方当事人对"使用"一词的定义产生争议。双方同意，持有商业秘密以及在公司内部讨论商业秘密均不构成使用；对内部实验能否构成使用，双方不能达成一致意见。参照双方援引的加州和联邦判例，法院得出结论，对商业秘密信息的内部实验尽管未生成产品也能构成使用。

在 AT&T Communicat v. Pacific Bell 案②中，被告认为，依据《美国统一商业秘密法》，侵占和使用商业秘密的行为仅包括将商业秘密的信息出售给原告的竞争对手，或直接以竞争为目的使用商业秘密。

---

① 399 F. Supp. 2d 1064.
② 1998 U. S. Dist. LEXIS 13459, at *8（N. D. Cal. 1998）.

法院否决了该主张。正如最近的 PMC, Inc v. Kadisha 案[1]所述："使用机密信息用于制作、生产、研究、发展以及营销包含商业秘密产品的行为，正是使用商业秘密行为的具体表现；此外，利用包含商业秘密的信息招揽客户也构成使用。"[2]

四　违反约定或法定义务，披露、使用或者允许他人使用其所掌握的权利人的商业秘密

第一，因业务需要而掌握商业秘密的员工。这是侵犯商业秘密的常见情形，员工离职后将自己掌握的商业秘密披露给新单位使用，或者成立新的企业，利用自己掌握的商业秘密谋利。

第二，为权利人提供服务的外部人员，如公司顾问、律师、会计师、鉴定人等。

第三，商业秘密权利人经营上的合作伙伴，如银行、供应商、代理商等。

第四，合法取得商业秘密使用权的被许可人、受让人等。

第五，以商业秘密投资或入股的企业人员、合作者等。

第六，离职职工。《专利法实施细则》第12条第1款第3项规定："（企业员工）退休、调离原单位后或者劳动、人事关系终止后1年内作出的，与其在原单位承担的本职工作或者原单位分配的任务有关的发明创造。"

值得注意的是：公权力机关人员在行使其职权的过程中获得商业秘密，自然也负有保密义务。不过，是否在区分个人行为和职务行为

---

[1] 78 Cal. App. 4th 1368, 1383, 93 Cal. Rptr. 2d 663（2000）.
[2] 参见黄武双等译《美国商业秘密判例1　公共政策、构成要件和加害行为》，法律出版社，2011，第6页。

的基础上再追究责任，这是一个可以深入探讨的问题。本书认为，如果其在行使职权的过程中存在过错，泄露了权利人的商业秘密，从法理上讲，这属于一种履职过程中的过错，应追究其国家赔偿责任。在公务行为结束后，再发生泄露，可认定为个人行为，权利人可以主张侵权损害赔偿责任。如果发生非法使用或允许他人使用的情形，或者擅自转让商业秘密，这些行为同公务行为之间没有必然联系，纯粹是个人行为，可以直接追究个人的侵权责任。

五　第三人明知或者应知前款所列行为，获取、使用或者披露他人的商业秘密

在侵犯商业秘密的案件中往往有第三人，即第三人在明知或应知商业秘密系由非法手段得来，而获取、使用或者披露他人的商业秘密。这是一种恶意获取和使用，同样可以构成侵犯商业秘密权。

善意获取、使用，甚至披露商业秘密的第三人不承担法律责任。判断第三人是否善意，一方面，需要分析其主观上是否属于明知或应知的情形；另一方面，应明确其主观状态的时间标准。如果权利人将第二人非法窃取或违约披露等事实告知善意第三人，第三人的善意即行终止。可见，第三人收到商业秘密权利人发出通知的时间是确定第三人主观善意的时间标准。

值得注意的是：在经营中使用"利用商业秘密所制造的产品"（即侵权产品）并不属于该法所规制的侵害商业秘密的行为。经营者购买侵害商业秘密的产品进行使用，由于此时侵权产品已经退出市场流通，并不涉及与其他市场主体进行市场竞争的问题，不论侵权产品使用人主观上是否知道该产品涉嫌侵权，均不属于反不正当竞争法调整的范畴。当然，出于保护商业秘密权益人的需要，为确保相关经营

者能够向侵权产品的源头进行追索，使侵权产品退出市场流通，侵害商业秘密产品的销售商和使用者均有义务向商业秘密权益人提供进货渠道、买家等信息，否则应当承担相应的补充赔偿责任。

在上海东富龙科技股份有限公司、上海天祥健台制药机械有限公司等与广州白云山明兴制药有限公司侵害商业秘密纠纷案[①]中，明兴公司系被控侵权产品的使用者，其通过公开招标程序于东富龙公司处购买被控侵权产品并使用，不属于反不正当竞争法的调整范围。且现有证据无法证明明兴公司知道该产品系侵权产品，而明兴公司能够提供该产品的购买合同，并证明其支付了相应的对价，故明兴公司不构成反不正当竞争法规定的擅自使用天祥健台公司涉案技术秘密的行为，亦无须停止使用含有被控侵权蜗轮蜗杆的压片机。

在青岛市公用建筑设计研究院有限公司与北京大成华智软件技术有限公司等侵害计算机软件著作权纠纷案[②]中，法院认为："判断是否存在1993年反不正当竞争法第十条第二款所指'第三人明知或者应知前款所列违法行为，获取、使用或者披露他人的商业秘密'之情形，既要充分保护商业秘密权利人的合法权益，又要合理确定经营主体在通常商业过程交易中所负注意义务的大小；既不能放任侵权行为，也不能对商业主体科以过高的注意义务，不适当地增大市场交易成本。此外，也要考虑裁判结果对各方预期利益的影响，以及各方的缔约角色、判断能力，保护善意交易主体的合理信赖利益。基于此，本院认为，青岛公用设计院的被控行为不属于1993年反不正当竞争法第十条第二款规制的情形，不应承担侵权责任。"[③]

[①] 上海市高级人民法院（2019）沪民终129号二审民事判决书。
[②] 北京知识产权法院（2018）京73民终1249号二审民事判决书。
[③] 北京知识产权法院（2018）京73民终1249号二审民事判决书。

六 教唆、引诱、帮助他人侵犯商业秘密

间接侵权是指行为人本身并没有直接侵犯商业秘密的行为，但教唆、引诱、帮助他人实施直接侵权。

2019年4月23日修改的《反不正当竞争法》第9条第1款新增第4项，将"教唆、引诱、帮助他人违反保密义务或者违反权利人有关保守商业秘密的要求，获取、披露、使用或者允许他人使用权利人的商业秘密"规定为侵犯商业秘密。据此，对于仅从事了教唆、引诱、帮助行为的间接侵权人，权利人可以直接追究其侵权责任。

间接侵权与共同侵权之间存在复杂的关系。共同侵权的构成要件有三：一是主体的复合性，要求具有两个以上的主体；二是有意思关联或行为关联，要求加害人之间有意思联络或行为关联；三，加害行为的结果是一个不可分割的整体。间接侵权有可能同时构成共同侵权，如间接侵权人主观上明知自己的行为会侵害他人权利，但仍然教唆、引诱、帮助他人实施直接侵权行为。

在共同侵权的情况下，加害人之间承担的往往是一种连带责任。但如果采用共同侵权制度，对于间接侵权人而言，其责任过重。对于权利人而言，举证证明教唆者、帮助者与直接侵权人之间有共同侵权意思联络、在实施侵权行为时有明确的分工协作，存在重大困难。

为了在扩大侵权人范围的同时，减轻间接侵权人的法律责任，有必要设置间接侵权制度。在间接侵权情况下，间接侵权人和直接侵权人之间存在意思联络的，要和直接侵权人承担连带责任。如果没有意思联络的，间接侵权人最多就其过错部分同直接侵权人承担连带责任，不用全部承担连带责任。这样对间接侵权人而言，其承担的责任

相对较轻。

在商业秘密保护中，引入间接侵权制度，意义至少有以下几点：一是明确了教唆、引诱、帮助行为同样构成侵权，扩大了保护范围；二是减轻了权利人的举证责任，不需要证明间接侵权人和直接侵权人之间存在意思联络；三是划清间接侵权和直接侵权之间的界限，分别施加不同的法律责任。

七 使用、销售利用商业秘密制作的产品一般不属于侵权行为

如果不知道他人侵犯商业秘密，经销或使用相关商品的，是否构成侵权？本书认为，不构成侵权。主要原因还是在于商业秘密的本质特征：商业秘密具有非公知性、价值性、保密性，销售者、使用者无法判断所涉信息是否为商业秘密、商业秘密权利主体是谁、是否经过许可、是否为上游销售者独立研发。基于维护交易安全的考虑，认定其不构成侵权较为妥当。

但如果行为人明知侵权人非法使用他人商业秘密生产侵权产品，仍销售侵权产品，则构成商业秘密共同侵权，应承担帮助侵权的民事责任。在上海市第二中级人民法院审理的上海化工研究院与陈伟元侵害商业秘密纠纷一案[①]中，法院认为，2001年上半年，被告汇鸿苏州公司的法定代表人李网弟曾与李玉明共同商量出资成立一家生产稳定性同位素^{15}N标记化合物的公司，通过被告程尚雄介绍认识了被告陈伟元、被告强剑康，并委托被告陈伟元、被告程尚雄以被告埃索托普公司的名义到加工单位为被告埃索托普公司定制、验收部分生产设备，为生产侵权产品作准备。2001年7月17日，被告埃索托普公司成立，李玉明担任法定代表人。被告陈伟元、被告程尚雄、被告强剑康

---

① 上海市高级人民法院（2005）沪高民三（知）终字第40号二审民事判决书。

分别向原告化工院及其下属的有机所提出辞职,进入被告埃索托普公司担任重要职务,生产侵权产品。2001年12月18日,李玉明担任被告汇鸿苏州公司的股东及董事。因此,根据上述事实可以认定,在被告埃索托普公司成立之前,被告汇鸿苏州公司的法定代表人李网弟已参与被告埃索托普公司的筹备工作,且已明知被告陈伟元、被告强剑康为原告单位的涉密人员;在被告埃索托普公司成立之后,被告汇鸿苏州公司与被告埃索托普公司又互有分工,被告埃索托普公司负责生产侵权产品,被告汇鸿苏州公司负责销售侵权产品,被告埃索托普公司的法定代表人又成为被告汇鸿苏州公司的股东及董事。因此,被告陈伟元、被告程尚雄、被告强剑康、被告埃索托普公司、被告汇鸿苏州公司具有共同的侵权故意,其中被告汇鸿苏州公司在明知被告埃索托普公司生产侵权产品的情况下,仍销售侵权产品,与其余四名被告共同构成商业秘密侵权,五名被告应当承担连带赔偿民事责任。

深度思考:在传统侵权法上,没有直接侵权和间接侵权的区分,只有"共同侵权"和"单独侵权"的概念。共同侵权行为是指加害人为二人或二人以上共同侵害他人合法民事权益造成损害,加害人应当承担连带责任的侵权行为。对于共同侵权的构成要件,具有两种不同的观点。一种是主观说,该说主张共同侵权行为的成立,不仅需要加害人之间有共同行为,而且加害人必须有通谋的意思,即使没有通谋的意思,也至少对损害有共同的认识。英美法国家采取主观说,德国也基本坚持此说。另一种是客观说,该说主张行为人实施了共同的客观行为,日、法等国坚持共同行为说。

在知识产权法上,是否引入间接侵权制度,存在争议。有一种观点认为,在我国民法上已经存在共同侵权制度的情况下,引进英美法上的间接侵权制度是没有必要的。实际上,直接侵权和间接侵权区分的意义主要在于平衡权利人、直接侵权人、间接侵权人三者之间的利益关系。这主要体现在帮助侵权认定上,要求间接侵权人须具有主观过错。在帮助侵权产生之连带责任承担上,要求间接侵权人和直接侵权人之间具有共谋。显然,这样的制度安排有效提高了间接侵权认定的门槛,减轻了间接侵权人的赔偿责任。当然,从另一个角度上看,不要求间接侵权人和直接侵权人之间具有共谋,也是减轻权利人的举证负担。

总之,在知识产权法上区分直接侵权和间接侵权,并没有违反民法的基本原理,与共同侵权制度也并不冲突,而是在权利人、直接侵权人、间接侵权人三者之间分配风险与负担,实现三者利益的均衡,体现了知识产权制度的特殊要求和需要。在商业秘密法上,也应作相应的考量。

延伸阅读:在电视连续剧《潜伏》中,有这样三个情节:第一,余则成潜入保密局天津站站长办公室看到关于国民党潜伏特务李涯(代号"佛龛")的资料;第二,余则成把自己在工作中掌握的情报告诉地下党;第三,余则成在天津解放前夕把国民党潜伏名单用微型相机复制下来。对于上述三种行为,从商业秘密保护的角度上看:第一种情形,余则成无权接触相关信息,尽管没有复制,但偷偷地看了"佛龛"的资料,其性质为窃取;第二种情形,余则成基于正当理由接触相关信息,其性质不为窃取;第三种情形,余则成可以接触、翻阅潜伏名单,但不能进行拍照、复制,这种无权复制行为的性质为窃取,窃取的目的是保证信息的准确性。由此可知,对于职工利用自己在本职工作中已经掌握的资料是否构成对窃取商业秘密,判断标准包括以下几点。第一,是否正当地接触、掌握相关信息?第二,离职职工获得该项技术的手段,是放在脑子里,还是私下复制的?由此,工程师未经许可,在离职时擅自拷贝出自己主持设计的图纸,其性质也是窃取。未经拷贝,凭着记忆带走相关信息并非窃取,最多就是非法泄露或使用。

第二节 主体资格

一 知识产权侵权纠纷中的原告主体资格

最高人民法院1998年7月20日下发的《关于全国部分法院知识产权审判工作座谈会纪要》规定:"知识产权民事纠纷案件的起诉人,可以是合同当事人、权利人和利害关系人。利害关系人包括独占、排他许可合同的被许可人、依照法律规定已经继承或正在发生继承的知识产权中财产权利的继承人等。"

《最高人民法院关于审理商标民事纠纷案件适用法律若干问题的解释》第4条第2款规定:"在发生注册商标专用权被侵害时,独占使用许可合同的被许可人可以向人民法院提起诉讼;排他使用许可合同的被许可人可以和商标注册人共同起诉,也可以在商标注册人不起诉的情况下,自行提起诉讼;普通使用许可合同的被许可人经商标注册人明确授权,可以提起诉讼。"

目前,在知识产权领域,独占(或专有)使用权人可以单独起诉,但排他使用权人和普通使用权人则不能单独起诉。其中的原因可能有两个:一是,如果允许普通的被许可人都能够作为原告,同一起侵权行为,可能会引发无数官司,浪费诉讼资源,超越被告的赔偿能力;二是,在理论上,被许可使用权是一种债权,一般来说,债权是一种相对权,不能成为损害的对象。侵犯债权造成的损失是一种纯粹经济损失,只有侵权人具有侵犯特定债权人的主观故意,纯粹经济损失才能够获得赔偿,侵权责任才得以成立。①

不过,本书认为,上述逻辑并不成立。理由如下:第一,在知识产权法上,独占使用权本质上也仍然是一种债权,并不具有公示公信的效力,并没有像用益物权一样取得绝对权、支配权地位,同普通许可形成的使用权之间并无本质差异;第二,不管是普通许可,还是独占许可,其起诉受损的权益到底是什么?如果是知识产权本身,则不管是普通的被许可人,还是独占被许可人,均不是知识产权人,都没有起诉资格。如果是基于被许可人本身的法益受到损害,则不管是普通的被许可人,还是独占被许可人,均有独立的起诉资格。当然,被许可人基于授权合同享有的权益不能等同于知识产权,侵权构成要件、赔偿范围也是不一样的。

二 商业秘密案件中原告主体资格方面的法律规定

TRIPs协议第39条规定,有关信息的权益主体只需符合下列三个条件:一是该信息作为整体或作为其中内容的确切组合,并非通常从事有关该信息工作之领域的人们所普遍了解或容易获得的;二是具有商业价值;三是合法控制该信息之人,为保密已经根据有关情况采取了合理措施。显然,这里的控制该信息的范围中,不仅包括权利人,还包括被许可人。

---

① 德国《民法典》第823条【损害赔偿义务】:"(1)因故意或者过失不法侵害他人生命、身体、健康、自由、所有权或者其他权利者,对他人因此而产生的损害负赔偿义务。(2)违反以保护他人为目的的法律者,负相同的义务。如果根据法律的内容并无过失也可能违反此种法律的,仅在有过失的情况下,始负赔偿义务。"第826条【违反善良风俗的故意损害】:"以违反善良风俗的方式故意对他人施加损害的人,对他人负有损害赔偿义务。"

1996年美国《经济间谍法》第1839条术语定义中，商业秘密的"所有者"指由于法定权利或衡平权利，或接受许可，从而保有商业秘密的人或实体。

日本《反不正当竞争法》第2条第1款第7项规定："对保有商业秘密的经营者（以下称为'保有者'）所示的商业秘密，出于谋求不正当竞业或谋求其他不正当利益目的，或者出于对保有者加以损害目的，予以使用行为或者披露的行为。"这里的"保有者"的范围明显超越"权利人"的范围。

从以上的规定来看，TRIPs协议和美国《经济间谍法》中，原告的主体资格包括权利人、被许可人以及其他合法控制者。而在我国《反不正当竞争法》中，原告的主体资格限于权利人，至于被许可人，无论是独占的，还是排他的、普通的，均无起诉资格，范围明显过窄。

2020年8月24日，最高人民法院审判委员会第1810次会议通过《最高人民法院关于审理侵犯商业秘密民事案件适用法律若干问题的规定》，其中第26条规定："对于侵犯商业秘密行为，商业秘密独占使用许可合同的被许可人提起诉讼的，人民法院应当依法受理。排他使用许可合同的被许可人和权利人共同提起诉讼，或者在权利人不起诉的情况下自行提起诉讼的，人民法院应当依法受理。普通使用许可合同的被许可人和权利人共同提起诉讼，或者经权利人书面授权单独提起诉讼的，人民法院应当依法受理。"

三　合法控制人应当具有诉讼主体资格

在商业秘密领域中，是否要限制原告的主体资格？只有商业秘密的权利人才具有原告资格，普通被许可人不具有主体资格？本书认为，包括普通被许可人在内的合法控制人均应当具有原告主体资格，主要原因有以下几个。

第一，由于商业秘密的信息处于秘密状态，具有诉讼主体资格的人是权利人，还是被许可人？许可是独占许可，还是排他许可，抑或是普通许可？占有是合法占有，还是非法占有？这些问题在查明前都是不确定的。

第二，在商业秘密侵权诉讼中，侵权人针对特定的商业秘密持有人实施侵权行为，主观上存在故意，一般能够符合纯粹经济损失情况下侵权责任的构成要件。诉讼请求不会无限扩大被告的赔偿范围，超越其偿付能力。[①]

第三，从立法目的上看，商业秘密制度重要的立法目的之一在于维护商业竞争伦理和市场竞争秩序，而不在于填平权利人的经济损失。因此，原告不应当局限于权利人，还应当包括享有该权益的其他主体。

第四，合法控制人概念涵盖范围更大，除了权利人、被许可人以外，还包括其他主体。比如保管人，或是在谈判过程中获得对方商业秘密的一方当事人。商业秘密的合法控制人均有起诉的资格，这有助于维护商业伦理，遏制非法行为。否则的话，如果行为人从权利人以外的其他主体处窃取商业秘密，权利人将处于无法启动诉讼的尴尬境地。

第五，权利人以外的其他主体提起诉讼的，如果商业秘密尚未公开，则其有权要求停止侵权。在损害赔偿方面，则可以根据权利人的主体地位给予区别对待，或者在诉讼中通知权利人作为利害关系人参加诉讼。

[①] 在民法上，对于纯粹经济损失，其以故意背于善良风俗为要件，不是在于惩罚，而是鉴于加害人明知而为之，责任范围可得预见，自不应免于赔偿责任。参见王泽鉴《侵权行为法》（第一册），中国政法大学出版社，2001，第99~100页。

第六,如果本身是通过非法手段获取商业秘密的人,则无权作为原告提起诉讼。法院在审理过程中发现原告非法持有商业秘密的,可以判决驳回诉讼请求。

总之,在商业秘密诉讼中,不管是否为权利人,只要是商业秘密的合法控制人,均应具有原告资格,这样有助于维护商业道德和市场竞争秩序,更好地实现商业秘密制度的立法目的。

四 关于被告的主体资格

我国商业秘密法的核心条款规定在《反不正当竞争法》中,作为反不正当竞争法的组成部分之一。《反不正当竞争法》规定原被告双方都是经营者。如果行为人并无经营目的,比如仅仅是企业员工、前员工基于泄愤目的,或者用于其他非商业用途,能否依据《反不正当竞争法》追究其法律责任,此处存在争议。2019年4月23日,修改后的《反不正当竞争法》规定,经营者以外的其他自然人、法人和非法人组织实施前款所列违法行为的,视为侵犯商业秘密。这样,无论行为人是否属于经营者,均可以依照《反不正当竞争法》追究其法律责任。这也说明一个问题,如果把商业秘密当作知识产权的有机组成部分,或者作为独立的财产权,就不应当规定在《反不正当竞争法》中。

第三节 归责原则

归责原则是确定民事侵权责任的依据,决定了侵权责任的构成要件、举证责任分配、赔偿方法、赔偿范围。基于我国现行立法,我国商业秘密侵权适用过错责任原则,权利人承担主要举证责任。

一　适用过错责任原则，权利人承担主要举证责任

侵权行为的归责原则有过错责任原则、无过错责任原则和过错推定责任原则。过错责任原则要求要将损害后果归咎于行为人时，行为人主观上必须具有过错。在商业秘密侵权案件中，下列几种行为均适用过错原则。

1. 不正当手段获取行为

美国《统一商业秘密法》（1985年修改）在其定义中明确规定，"不正当手段"包括盗窃、贿赂、虚假陈述、违反或诱使违反保密义务、通过电子或其他手段进行间谍活动。我国《反不正当竞争法》第9条规定，禁止以盗窃、利诱、胁迫或其他手段获取权利人的商业秘密。很明显，行为人有故意心理，适用过错责任原则。

2. 违法使用、披露行为

我国《反不正当竞争法》第9条规定，披露、使用或者允许他人使用以盗窃、贿赂等手段获取的权利人的商业秘密构成侵权。从这里我们可以看出，违反该条构成侵权的前提是"以不正当手段获取了该商业秘密"。如果行为人以正当手段获取商业秘密，违反了商业秘密保护合同的义务，应该构成违约，此处存在侵权与违约的竞合。但不管是哪一种情形，行为人都存在主观过错。

3. 第三人侵权行为

我国《反不正当竞争法》第9条规定，第三人明知或者应知前款所列违法行为，获取、使用或者披露他人的商业秘密的，视为侵犯商业秘密。《刑法》第219条第2款规定："明知前款所列行为，获取、披露、使用或者允许他人使用该商业秘密的，以侵犯商业秘密论。"

4. 教唆、帮助行为

在知识产权领域中，间接侵权成立的条件之一是行为人主观上需要存在故意，没有主观故意的，不构成侵犯知识产权。本书认为，间接侵犯商业秘密的，也不应当例外，必须以存在主观故意为前提，过失不构成侵权。比如，无意中为他人窃取商业秘密的行为提供帮助，即不构成侵权。

二 过失不构成侵犯商业秘密权，更不构成侵犯商业秘密罪

过错责任原则包括故意和过失两种心理状态。日本《反不正当竞争法》中，对于侵犯商业秘密权行为的主观心理状态分为两种：故意和重大过失。本书认为，在侵犯商业秘密权的行为中，只包括故意，不包括过失。

我国《反不正当竞争法》第9条规定，第三人明知或者应知前款所列违法行为，获取、使用或者披露他人的商业秘密，视为侵犯商业秘密。《刑法》第219条第2款规定："明知前款所列行为，获取、披露、使用或者允许他人使用该商业秘密的，以侵犯商业秘密论。"

前文中的"应当知道"的语义是"不知"，由此常被认为是疏忽大意的过失。但实际上，在"应当知道"这一用语中，人们想要描述的是一种不同于"确切地知道"的认识状态，这种认识状态应当定义为"推定知道"。如果是过失的话，行为的结果往往是与行为人的愿望相反的，并不符合行为人的利益。侵犯商业秘密的行为确实对行为人有利的，是行为人积极追求的结果，因而与直接故意中的"希望结果发生"的心理状态更为接近。

因此，"应知"或者"应当知道"指的都是明知，因而属于故意的范畴。为此，针对《刑法》第219条，应当将"应知"理解为"推

定故意",而不是"应当预见"。"推定故意"也是故意的一种特定类型,行为的结果也是行为人所追求的,行为人如果否认自己具有此种故意,必须提出反证。①

总之,仅仅是主观过失不能构成侵犯商业秘密权,更不能构成侵犯商业秘密罪,善意第三人不构成侵权。不过,在知识产权领域中,直接侵权不以存在主观故意为条件,过失或无过失的,均可以构成侵权。但在侵犯商业秘密的直接侵权行为中,主观故意都是必要条件。主要原因是:在反不正当竞争法上,侵犯商业秘密的行为不仅是一种违反商业伦理的行为,也是民法上违反善良风俗的行为,必须以存在主观故意为前提。

第四节　原告举证范围

《最高人民法院关于审理不正当竞争民事案件应用法律若干问题的解释》(已失效)第14条规定:"当事人指称他人侵犯其商业秘密的,应当对其拥有的商业秘密符合法定条件、对方当事人的信息与其商业秘密相同或者实质相同以及对方当事人采取不正当手段的事实负举证责任。其中,商业秘密符合法定条件的证据,包括商业秘密的载体、具体内容、商业价值和对该项商业秘密所采取的具体保密措施等。"该解释也进一步证明了"不为公众所知悉"应由主张权利的当事人证明,而不应由被告来证明。据此规定,原告举证的内容包括以下几种。

---

① 参见唐稷尧《扩张与限缩:论我国商业秘密刑法保护的基本立场与实现路径》,《政治与法律》2020年第7期。

一 权利证据

1. 密点的确定

在商业秘密案件中,诉讼代理人要从其提供的所有资料当中先排除公知信息,如行业常识或行业惯例,找出真正的密点。此外,还有寻找密点组合,比如产品的材质、尺寸、大小可以做一些密点组合,把一系列的特征做一个组合密点,即使其中某一密点被否定,原告的密点组合还是能够成立。

2. 权利来源

对于原告来说,在诉讼中,往往需要说明其商业秘密的来源,权利人是自行研发的还是通过转让获得的,是独占许可人抑或普通许可人。如果商业秘密来源于他人,往往需要提供相关证据。

3. 保密措施

包括各种物理措施、法律措施、管理措施等,尽可能地一一列举。

4. 非公知性

非公知性一般要原告方予以举证证明。在湖北洁达环境工程有限公司与郑州润达电力清洗有限公司、陈某等侵害商业秘密再审案[①]中,湖北洁达公司主张的第 1 项技术信息是"电厂油管道水基专用清洗液",具体技术密点包括清洗液的配比、原材料的组成和特定的清洗工艺。技术信息的载体是《湖北省科技成果鉴定查新报告书》和《荆科鉴字（2001）第 09 号科学技术成果鉴定证书》。上述文件的形成时间早于本案被控侵权行为约十年之久。涉及相关争议的另案民事判决,虽有关于前述信息构成商业秘密的认定,但距本案被控侵权行为发生时间亦有数年之久。前述查新报告、鉴定证书或判决书等文件,

---

① 最高人民法院（2016）最高法民申 2161 号审判监督民事裁定书。

不能作为主张相关技术信息构成商业秘密的当然依据。在郑州润达公司和陈庭荣提交证据资料证明相关清洗技术已经公开的情况下，湖北洁达公司未就该技术信息仍然不为公众知悉进一步提供证据，亦不申请司法鉴定，二审法院由此认定本案现有证据不足以证明前述技术信息仍然处于不为相关公众知悉的状态。

5. 实用性和经济性证据

根据《最高人民法院关于审理不正当竞争民事案件应用法律若干问题的解释》的规定："有关信息具有现实的或者潜在的商业价值，能为权利人带来竞争优势的，应当认定为反不正当竞争法第十条第三款规定的'能为权利人带来经济利益、具有实用性'。"因此有些实验数据，哪怕是失败的实验数据，也应该认定为有实用价值。实用性和经济性的证据也应当由原告进行举证。

以客户名单为例，原告为证明其客户名单符合商业秘密的要件，可以提交如下证据：第一，客户名册，包括名称、地址、联系方式、联系人等；第二，为开发客户付出人力、物力方面的证据，如参加展会、组织客户年会、联谊活动、优惠活动、客户礼品方面的证据，或因有特别的身份关系而成为客户的身份关系的证据；第三，与客户之间发生的合同、结算票据等。

我国2019年4月23日修改的《反不正当竞争法》第32条第1款规定了构成商业秘密的举证规则，极大地减轻了权利人的举证负担。权利人仅需提供初步证据，证明其已经对所主张的商业秘密采取了保密措施，且合理表明商业秘密被侵犯，此时举证责任将倒置给被告，由其证明权利人所主张的商业秘密不属于《反不正当竞争法》规定的商业秘密。也就是说，权利人只需要证明商业秘密法定要件中的"采取保密措施"，再合理表明商业秘密被侵犯的后果。涉案信息"为公众所知悉""不具有商业价值""不属于商业信息"等，均由被告承担举证责任。由此，原告对秘密性的举证责任将大大减轻。当然，原告对于商业秘密的具体内容，包括密点，仍然要进行举证。

二 确定被告侵权的证据

2019年4月23日修改的《反不正当竞争法》第32条第2款规定："商业秘密权利人提供初步证据合理表明商业秘密被侵犯，且提供以下证据之一的，涉嫌侵权人应当证明其不存在侵犯商业秘密的行为：（一）有证据表明涉嫌侵权人有渠道或者机会获取商业秘密，且其使用的信息与该商业秘密实质上相同；（二）有证据表明商业秘密已经被涉嫌侵权人披露、使用或者有被披露、使用的风险；（三）有其他证据表明商业秘密被涉嫌侵权人侵犯。"

在确定侵权主体的前提下，权利人往往还要证明被告能够获得或接触了商业秘密，这些证据包括图纸借阅记录和员工的职责范围，被告参与研发的证据，被告和原告之间存在劳动关系的证据，或者被告和原告之间存在合同关系的证据等。

证明被告实施了侵犯商业秘密的行为，包括非法获取商业秘密的事实、使用商业秘密的事实、允许他人使用商业秘密的事实、披露商业秘密的事实等。

有时候，法院会根据实际情况进行举证责任倒置。比如，原告可以通过涉案信息获取困难、被告在成立时间较短或几乎没有研发投入的情况下即很快推出了相关产品等证据，推定被告具有接触涉案秘密之可能性。被告无法举证推翻的，则应认定被告实施了侵权行为。最高人民法院在（2011）民监字第414号民事裁定书中认为，通过公知资料中对生产墨汁的配方组分进行有机排列组合，生产出符合市场需要的高质量的墨汁必定需要大量的劳动和反复的实验,而被告在成立后短短时间内,凭借几个没有相关技术背景的个人,很快生产出产品并在北京、深圳等地销售,在没有现成的成熟配方(涉案秘密)的前提下是不可能的。最终法院认定被告侵权。

三 损失证据

损失证据包括研发过程的立项文件、购买合同、对外许可使用合同、被告销售量、销售价格、原告销售价格等。在实际生活中,很难获得被告的财务数据,损失证据往往很难收集。在必要的时候,就研发费用、财务成本等可以通过审计途径进行确定。

维权费用证据包括律师费、鉴定费、公证费、差旅费等,这些费用也应当由被告承担。

四 举证责任移转

我国于2019年新修改的《反不正当竞争法》第32条增加了举证责任转移的规定,根本上改变了我国传统民事司法程序中商业秘密侵权案件的举证责任分配制度。第32条规定:"在侵犯商业秘密的民事审判程序中,商业秘密权利人提供初步证据,证明其已经对所主张的商业秘密采取保密措施,且合理表明商业秘密被侵犯,涉嫌侵权人应当证明权利人所主张的商业秘密不属于本法规定的商业秘密。商业秘密权利人提供初步证据合理表明商业秘密被侵犯,且提供以下证据之一的,涉嫌侵权人应当证明其不存在侵犯商业秘密的行为:(一)有证据表明涉嫌侵权人有渠道或者机会获取商业秘密,且其使用的信息与该商业秘密实质上相同;(二)有证据表明商业秘密已经被涉嫌侵权人披露、使用或者有被披露、使用的风险;(三)有其他证据表明商业秘密被涉嫌侵权人侵犯。"

2020年1月15日,中美达成《中华人民共和国政府和美利坚合众国政府经济贸易协议》,该协议"第1.5条 民事程序中的举证责任转移"规定:"一、双方应规定,在侵犯商业秘密的民事司法程序中,如商业秘密权利人已提供包括间接证据在内的初步证据,合理指向被告方侵犯商业秘密,则举证责任或提供证据的责任(在各自法律体系下使用适当的用词)转移至被告方。二、中国应规定:(一)当商业秘密权利人提供以下证据,未侵犯商业秘密的举证责任或提供证据的责任(在各自法律体系下使用适当的用词)转移至被告方:1. 被告方曾有渠道或机会获取商业秘密的证据,且被告方使用的信息在实质上与该商业秘密相同;2. 商业秘密已被或存在遭被告方披露或使用的风险的证据;或3. 商业秘密遭到被告方侵犯的其他证据;以及(二)在权利人提供初步证据,证明其已对其主张的商业秘密采取保密措施的情形下,举证责任或提供证据的责任(在各自法律体系下使用适当的用词)转移至被告方,以证明权利人确认的商业秘密为通常处理所涉信息范围内的人所普遍知道或容易获得,因而不是商业秘密。三、美国确认,美国现行措施给予与本条款规定内容同等的待遇。"

从以上规定来看,我国《反不正当竞争法》的相关规定与中美经贸协议有效衔接,但条文中表述的"初步证据"及"其他证据"的认定标准尚不清晰,司法实务中存在认定冲突的风险,尤其是涉及中美经济贸易的案件。[①]

[①] 参见周作斌、李宁《〈中美经贸协议〉中商业秘密的规定及我国应对路径》,《电子知识产权》2020年第4期。

五　举证责任分配——以客户名单为例

根据《最高人民法院关于审理不正当竞争民事案件应用法律若干问题的解释》第14条的规定，原告应当对其拥有客户名单、该名单符合商业秘密的构成要件、被告拥有的客户信息与其客户名单相同或部分相同、被告采取了不正当手段获取或使用了原告客户名单的事实负举证责任。

关于被告采取了不正当手段获取或使用了原告客户名单事实的举证责任，应采取"相同或实质相同"加"接触可能"，并"排除合法来源"的思路，即首先由原告证明被告客户名单与原告客户名单整体上相同或部分相同且被告有获取客户名单的条件，然后由被告对其客户名单的合法来源承担举证责任。

根据《最高人民法院关于审理不正当竞争民事案件应用法律若干问题的解释》第13条的规定，如果客户基于对员工个人的信赖而与员工所在单位进行市场交易，该员工离职后，能证明客户自愿与该员工或其新单位进行市场交易的，应当认定该员工或其新单位没有采取不正当手段，但该员工与原单位另有约定的除外。

这就是所谓的"客户自愿"，它使该员工或其新单位与原企业客户的交易不被认定为不正当竞争行为。但在审判过程中，客户多不愿参加诉讼，无法证明交易是否属于客户自愿。举证责任主要还是在员工，其需要证明客户对其个人的信赖。

第五节　司法鉴定

知识产权司法鉴定是指在诉讼过程中，鉴定人运用科学技术或者专门知识对诉讼涉及的专门性问题进行鉴别和判断,并提供鉴定意见的活动。商业秘密司法鉴定被认为是知识产权司法鉴定的一种。我国从20世纪90年代中期以后,逐步建立起知识产权司法鉴定机构,知识产权司法鉴定体系逐步完善。

一　当前商业秘密司法鉴定存在的问题

1. 鉴定体系不统一

目前主要存在着两套鉴定体系。第一,司法行政部门认可的鉴定体系。《司法鉴定程序通则》(司法部令第107号)对司法鉴定机构与鉴定人的管理、回避、委托与受理、实施、文书出具、鉴定人出庭等作出了详尽规定。第二,人民法院系统认可的鉴定体系。2002年3月27日,最高人民法院发布《人民法院对外委托司法鉴定管理规定》。该规定指出:人民法院司法鉴定机构建立社会鉴定机构和鉴定人名册,根据鉴定对象对专业技术的要求,随机选择和委托鉴定人进行司法鉴定。此后,最高人民法院司法鉴定中心在《人民法院报》上逐批公布了鉴定机构名册,各省区市法院也相继公布了本地区的鉴定人名册,凡是列入各地名册的机构均可跨地区接受鉴定委托。

相比较而言,前者需要获得专门的知识产权司法鉴定许可证,鉴定人也需要具备相应的资质,鉴定机构数量和鉴定人数量受到限制,其鉴定意见也能为法院所接受。后者不需要具有知识产权司法鉴定许可证,鉴定专家也无鉴定人资质要求,数量较多,相对比较灵活,但同样受到人民法院的认可,一般也无问题。

2. 鉴定范围不统一

对于商业秘密的哪些属性能够进行鉴定,目前多数观点是:不属于专业技术问题的事项,如是否采取了保密措施、不正当手段的认定等，都不属于鉴定的范围。特别是对于是否属于商业秘密的整体判断，属于法律问题和法官的职责，不属于提请鉴定的范围，倘若将该问题提请鉴定机构决定，等于放弃了法官的职责。但也有一些鉴定机构的鉴定范围中包括：权利人主张的技术信息或经营信息是否具有实用性并能为权利人带来经济利益。也就是说，可对商业秘密的价值性进行鉴定，甚至对案涉信息是否为商业秘密进行鉴定。

3. 鉴定标准不统一

比如对于非公知性的鉴定，由于缺少统一的标准，再加上检索手段、检索范围的差异，对非公知性概念认识的不同，直接导致不同鉴定机构常得出相反的意见，使案件裁决结果产生极大的不确定性。

如沈阳化工股份有限公司与唐山三友氯碱有限责任公司、辽宁方大工程设计有限公司等侵害技术秘密纠纷案[①]。申请人认为，在商业秘密案件中，司法鉴定的范围应严格限制在技术领域，司法鉴定的对象只能是专门性问题，一项技术信息是否为商业秘密属于法律问题，应由人民法院作出判断。权利人的技术信息是否构成商业秘密，被诉侵权人是否侵权等不是委托鉴定的范围，不能由鉴定机构代替人民法院作出法律判断。

二　鉴定程序的启动

1. 原告单方进行鉴定

技术信息的同一性属于原告的举证责任范围，这一点争议不大。但对于技术信息非公知性的鉴定是否为权利人的举证责任，存在不同的观点。有人认为，非公知性鉴定无须权利人举证，如果被告认为该

---

① 河北省唐山市中级人民法院（2018）冀02民初444号一审民事判决书。

信息不具有非公知性,应当由被告举证。① 本书认为,权利人作为原告,应当对自己的权属举证,包括对该技术信息的非公知性进行举证,而对非公知性最有力的举证方式就是第三方机构的鉴定。在双方就非公知性发生争议的情况下,原告应当对自己提供的技术信息是否具有非公知性进行鉴定。

2. 被告委托鉴定

若被告对于涉案信息的非公知性以及同一性存在异议,也可以委托鉴定。当然,如果涉案信息明显属于公知技术,原告或其他人已经通过各种方式予以公开,也可以不委托鉴定。

3. 法院委托鉴定

如果双方均没有委托鉴定,而对涉案信息的非公知性、同一性存在争议;或者,如果原告和被告委托的鉴定机构得出不同鉴定意见,这个时候就需要由法院依职权委托第三方鉴定机构进行鉴定,根据该鉴定意见得出是否存在非公知性、同一性的结论。

由于鉴定标准的不统一,再加上鉴定专家水平参差不一,鉴定结果可能差异很大,故一个案件中可能要进行几次鉴定。

三 关于提交鉴定的材料

提交鉴定的材料一般分为以下两个部分。

第一个部分是关于原告商业秘密的材料,包括图纸、计算机源代码、数据、文字材料等。在这些材料中蕴含着原告主张的涉密信息。

第二个部分是关于被告的材料。被告的材料来源多样化:一是原告通过公安机关刑侦途径搜查获得,包括在被告员工处、生产经

---

① 朱颖:《"非公知性"举证规则的解读》,《经济研究导刊》2022 年第 16 期。

营场所获得；二是原告通过市场监管部门行政检查途径获得，包括在被告生产经营场所获得；三是原告通过人民法院在诉前或诉讼中对被告生产经营场所进行搜查获得；四是购买被告产品，该产品中运用了涉密信息；五是通过被告公开的材料获得相关信息，比如，被告针对原告的涉密信息申请专利、发表文章、进行展览等；六是被告主动提供。

检材是鉴定的基础，检材的来源和质量将直接影响鉴定意见的科学性、可靠性，直接影响鉴定意见能否作为定案的根据。《最高人民法院关于适用〈中华人民共和国刑事诉讼法〉的解释》第98条第3项规定，送检材料、样本来源不明，或者因污染不具备鉴定条件的，不得作为定案依据。也就是说，原告不得对被告的检材进行修正，被告也不能对原告的检材进行修正。凡是存在修正可能性的，即不能作为定案依据。

四 提交鉴定的密点

在进行鉴定前，原告须明确其商业秘密的范围，即明确其密点是什么。在现实生活中，有不少当事人由于对商业秘密认识不足，不清楚如何确定或举证自己的技术秘密，或者笼统地将某一物品统称为技术秘密，从而将不少本不属于商业秘密的信息纳入其中。[①] 因此，原被告应就其密点达成一致意见，并提交鉴定。鉴定机构对密点的非公知性以及该密点在被告材料中是否存在进行鉴定，比较被告的信息中是否包含与原告相同的密点，或者被告的信息中是否包含与原告密点相同的错误又无法提供合理的解释。需要注意的是，商业秘密侵权判定与专利侵权判定不同，不需要全面覆盖，只要被控侵权信息包含部

[①] 参见黄荔、罗苏平《商业秘密司法鉴定探讨》，《中国司法鉴定》2012年第3期。

分商业秘密信息即可构成侵权。

五 关于委托鉴定的具体内容

鉴定内容通常包含对涉密信息的非公知性和同一性进行鉴定。鉴定的重点应放在技术信息的非公知性，以及技术信息是否由被告窃取、使用上。具体而言，主要鉴定两点。

第一，非公知性鉴定，委托鉴定机构通过技术检索等方式，判断权利人主张的商业秘密是否不为公众所知悉。但经营信息非公知性的鉴定和技术秘密非公知性的鉴定应当有所区别，前者的非公知性可能不需要通过鉴定方式，后者的鉴定不应当等同于专利的新颖性鉴定。

第二，同一性鉴定，即权利人的商业秘密信息与被告获取或使用的信息是否具有一致性。鉴定机构仅仅对商业秘密的部分属性进行事实判断，并不对全部属性进行判断。也就是说，并不对涉案信息是否属于商业秘密以及被告是否侵犯商业秘密进行鉴定。

主要原因有两个：第一，从程序上讲，价值性、保密性等要件一般可以由具有普通常识的人士直接判断，不需要进行鉴定；第二，保密措施是否恰当不属于由技术专家判断的专业性技术问题，况且这些证据材料的真实性尚须在庭审过程中作出判断。有的鉴定机构在鉴定结论中，直接认定当事人所主张的信息构成商业秘密，这是非常不适当的。

当然，并非所有的涉密信息的非公知性和同一性都需要经过鉴定。比如对于商业信息而言，其非公知性相对容易判断，且缺少权威的检索机构和检索信息库，可以不经过鉴定就认定其是否具有公知性。在商业信息的同一性问题上也是一样。二者是否一致，通常人就可以进行判断，无须鉴定。在司法实践中，需要进行鉴定的往往是技术信息。

《江苏省高级人民法院侵犯商业秘密民事纠纷案件审理指南（修订版）》中"5.1 司法鉴定的内容"部分认为："侵犯商业秘密民事纠纷案件中的司法鉴定一般涉及以下内容：（1）原告主张的商业秘密是否已为公众所知悉；（2）被诉侵权的信息与商业秘密的异同；（3）原告对被告提供的供侵权对比的生产技术等持有异议，认为按照该技术无法生产出涉案产品或无法达到被告所称技术效果的，可以就该问题进行司法鉴定；（4）其他需要司法鉴定的内容。"由此可知，侵犯商业秘密民事纠纷案件中，基本上还是对非公知性和同一性进行鉴定。

第六节　诉前禁令

一　侵犯商业秘密诉前禁令

作为企业核心竞争力的商业秘密，一旦泄露将会引发严重后果，轻则使公司企业投入的研发成本或累积的竞争优势付之东流，重则造成无法挽回的经济损失，甚至给企业带来毁灭性的打击。《民事诉讼法》第103条规定："人民法院对于可能因当事人一方的行为或者其他原因，使判决难以执行或者造成当事人其他损害的案件，根据对方当事人的申请，可以裁定对其财产进行保全、责令其作出一定行为或者禁止其作出一定行为；当事人没有提出申请的，人民法院在必要时也可以裁定采取保全措施。人民法院采取保全措施，可以责令申请人提供担保，申请人不提供担保的，裁定驳回申请。人民法院接受申请后，对情况紧急的，必须在四十八小时内作出裁定；裁定采取保全措施的，应当立即开始执行。"

2018年11月26日，最高人民法院审判委员会第1755次会议通过《最高人民法院关于审查知识产权纠纷行为保全案件适用法律若干问题的规定》，其中第6条规定："有下列情况之一，不立即采取行为保全措施即足以损害申请人利益的，应当认定属于民事诉讼法第一百条、第一百零一条规定的'情况紧急'……"该条第1款即为"申请人的商业秘密即将被非法披露"。

根据上述规定，针对包含侵犯商业秘密在内的所有民事侵权行为，只要满足规定的条件，均可以采取诉前禁令措施，以保护权利人的正当利益。

2020年1月15日，中美达成《中华人民共和国政府和美利坚合众国政府经济贸易协议》，该协议"第1.6条 阻止使用商业秘密的临时措施"规定："一、双方应规定及时、有效的临时措施，以阻止使用被侵犯的商业秘密。二、中国应将使用或试图使用所主张的商业秘密信息认定为'紧急情况'，使得司法机关有权基于案件的特定事实和情形采取行为保全措施。三、美国确认，美国现行措施给予与本条款规定内容同等的待遇。"

《最高人民法院关于审理侵犯商业秘密民事案件适用法律若干问题的规定》第15条规定："被申请人试图或者已经以不正当手段获取、披露、使用或者允许他人使用权利人所主张的商业秘密，不采取行为保全措施会使判决难以执行或者造成当事人其他损害，或者将会使权利人的合法权益受到难以弥补的损害的，人民法院可以依法裁定采取行为保全措施。前款规定的情形属于民事诉讼法第一百条、第一百零一条所称情况紧急的，人民法院应当在四十八小时内作出裁定。"

二 国内首个侵犯商业秘密诉前禁令案例

2013年7月2日，美国礼来公司、礼来中国公司向上海市第一中级人民法院（以下简称"上海一中院"）起诉，状告黄某某侵害技术秘密[①]，同时向法院提出行为保全的申请，要求法院责令被告不得披露、使用或者允许他人使用从申请人处盗取的21个商业秘密文件。

根据美国礼来公司申请所述，黄某某于2012年5月入职礼来中国公司，担任化学主任研究员工作。礼来中国公司与被申请人签订了保密协议，并进行了相应的培训。2013年1月，黄某某从礼来中国公司的服务器上下载了48个美国礼来公司所拥有的文件（其中21个为核心机密商业文件），并将上述文件私自存储至黄某某所拥有的设备中。事后，美国礼来公司要求其删除涉密文件，但黄某某拒不删除。同年2月1日，礼来中国公司向黄某某发出停职通知书。当日，黄某某提交了辞职信。此后，礼来中国公司数次派员联系黄某某，要求其配合删除涉案的机密商业文件，但黄某某拒绝配合。同月27日，礼来中国公司发出劳动关系终止通知函，通知于当日立刻终止与黄某某的劳动关系。作为涉案商业秘密的权利人及开发使用者，美国礼来公司、礼来中国公司认为黄某某违背公司规章制度及保密协议内容，侵犯原告商业秘密，使原告商业秘密处于随时可能被二次外泄的危险境地，故诉请判令黄某某立即停止侵犯原告商业秘密的行为，赔偿原告损失及为制止侵权行为支付的律师费、公证费、调查费、翻译费及其他合理费用共计2000万元。美国礼来公司还向法院递交了"请求责令黄某某对已从原告处盗取的21个商业秘密不得复制、披露、使用或者允许他人使用"的保全申请，并提供担保金10万元。

上海一中院审查后认为，该保全申请符合法律规定，遂依照《民事诉讼法》第100条的规定作出诉前禁令裁定。

[①] 上海市第一中级人民法院（2013）沪一中民五（知）初第119号案件评析，载于《人民司法·案例》2013年第22期。

延伸阅读：美国商业秘密诉讼中的单方没收程序。[1] 美国参议院和众议院分别于2016年4月4日和4月29日通过《保护商业秘密法》议案，该法案于2016年5月11日由美国总统奥巴马签署生效。该法案特别规定了一套基于单方请求的没收（exparte seizure）程序。在法定的特殊条件下，基于原告的宣誓书或经确认的起诉状，联邦地区法院可作出没收命令，由联邦、州或者地方执法机构暂时没收命令相对人的财产，以保存证据，或阻止商业秘密的扩散。

基于单方请求的没收申请需满足以下7个条件：第一，相对人逃避、回避或者以其他方式不遵守临时限制令，致使临时限制令的救济不充足；第二，如果不作出没收命令，会发生立即的、不可挽回的损害；第三，拒绝没收申请对申请人造成的损害超过了对没收命令相对人的合法利益的损害，同时显著超过了对任何第三人的损害；第四，没收命令的申请人可以证明没收命令相对人通过不正当方式，或者与他人合谋以不正当方式窃取了商业秘密，且相对人实际占有该商业秘密或被没收财产；第五，申请人对被没收财产进行了合理的细致描述，并在合理的范围内确认了财产所在地；第六，如被通知，没收命令相对人或其同伙将以毁坏、转移、隐藏等方式使被没收财产不可获得；第七，没收申请未被申请人公开。

在立法进程中，没收程序的公平性具有很大争议，原因主要在于没收命令依单方请求作出，未赋予相对人正当的程序保障。最终颁行的法案对程序的适用规定了严格的条件，并且对没收命令的内容、执行措施等作出了详细的要求，这体现了法案在创设没收程序时的审慎，通过没收范围和影响的最小化，保护第三人以及相对人的合法权益。

---

[1] 参见傅宏宇《〈美国保护商业秘密法〉的立法评价》，《知识产权》2016年第7期。

第七节 被告抗辩理由

审判实践中,当原告的举证责任满足后,被告往往会采取以下几种手段进行抗辩。

一 涉案信息不符合商业秘密的构成要件

主要是指原告主张技术信息或经营信息不具有非公知性,涉案信息可以通过公开渠道无须付出一定的代价而容易获得;或不具有商业价值性,原告也没有采取合适的保密措施,因而并非商业秘密。

二 原告对涉案信息无合法权利

主要指原告并非商业秘密的合法权利人,原告掌握的商业秘密要么是非法获取的,要么是其他人允许其使用的。原告既不是商业秘密的所有权人,也不是使用权人。

三 被告使用的信息与原告的秘密信息不相同或者不相似

指原告和被告之间的信息不具有同一性,即不相同或不等同。在这种情况下,被告根本就没有窃取、使用原告的商业秘密,侵权行为就不存在。

四 被告自行开发研制

被告主张其使用的技术信息或经营信息系其自行开发研制获得,或是通过自行研究、情报分析取得。对此,被告须举出充分证据予以证明。由于举证难度相对较大,实践中被告抗辩成功的案例相对较少。

五　反向工程抗辩

反向工程抗辩是指通过技术手段对从公开渠道取得的产品进行拆卸、测绘、分析等而获得该产品的有关技术信息，由此获得的商业秘密不构成对权利人商业秘密的侵犯。但需要注意的是，凡是曾经接触过有关秘密信息的人，是不具有反向工程抗辩资格的。

六　个人信赖

个人信赖是侵犯客户名单商业秘密纠纷中，被告可能采取的一种抗辩事由。《最高人民法院关于审理不正当竞争民事案件应用法律若干问题的解释》（已失效）第13条第2款对此规定："客户基于对职工个人的信赖而与职工所在单位进行市场交易，该职工离职后，能够证明客户自愿选择与自己或者其新单位进行市场交易的，应当认定没有采用不正当手段，但职工与原单位另有约定的除外。"

《最高人民法院关于审理侵犯商业秘密民事案件适用法律若干问题的规定》第2条规定："当事人仅以与特定客户保持长期稳定交易关系为由，主张该特定客户属于商业秘密的，人民法院不予支持。客户基于对员工个人的信赖而与该员工所在单位进行交易，该员工离职后，能够证明客户自愿选择与该员工或者该员工所在的新单位进行交易的，人民法院应当认定该员工没有采用不正当手段获取权利人的商业秘密。"

《江苏省高级人民法院侵犯商业秘密民事纠纷案件审理指南（修订版）》第3.6.3部分规定了个人信赖问题。该规定有三个注意要点：第一，通常发生在强调个人技能的行业领域，如医疗、法律服务等；第二，客户是基于与员工个人之间存在特殊信赖关系，才与原告产生交易，如果是基于原告的声誉、平台、设施等因素与原告产生交易关系的,则不适用个人信赖的抗辩;第三,员工离职后,客户自愿与该员工或其所在单位发生交易。

七 被告无过错,善意取得或使用商业秘密

1. 善意取得

主张商业秘密的善意取得,应当证明:第三人与持有人之间转让商业秘密的交易行为已经完成,第三人主观上为善意并支付了适当对价。在这种情况下,第三人不仅不构成侵权,而且还成为新的商业秘密权利人。

2. 善意使用

根据我国《反不正当竞争法》第9条第3款:"第三人明知或者应知商业秘密权利人的员工、前员工或者其他单位、个人实施本条第一款所列违法行为,仍获取、披露、使用或者允许他人使用该商业秘密,视为侵犯商业秘密。"可见,对于第三人获取商业秘密的行为,我国法律仅规定了第三人明知或应当知道其所获得、使用或披露的商业秘密是其前手通过不正当途径得来的情况。如果第三人主观上没有过错,但不符合善意取得的条件,比如并非支付了对价,这种情况下的使用就是善意使用,第三人不承担赔偿责任,但应当停止使用。

八 原告明知被告使用却一直默许或懈怠行使权利

在商业秘密法上,并无时效取得制度,因此被告非法获取商业秘密的,也不能成为商业秘密权利人。原告没有采取积极措施维权的,本身也存在一定的过错,尽管这不会影响侵权行为的成立,但对确定赔偿数额会有一定的影响。

深度思考： 2021年9月，美国政府召开半导体高峰会，以提高芯片"供应链透明度"为由，要求台积电、三星等半导体企业在45天内交出芯片库存量、订单、销售纪录等数据。美国商务部部长雷蒙多在高峰会上声称，美国需要更多有关芯片供应链的信息，以提高处理危机的透明度，并确定短缺的根本原因。雷蒙多甚至威胁称，美国有很多方法能让企业交出数据，虽然不希望走到那一步，但如果有必要必定会采取行动。距离美国政府划定的最后期限不到一个月之际，包括英特尔、英飞凌、SK海力士和通用汽车在内的企业已表态愿意提供数据。台积电表示将会在11月8日前提交资料，但于25日又作了澄清，表示不会提供。

问题是，政府，特别是外国政府强迫半导体企业交出商业秘密，半导体企业是否侵犯客户的商业秘密，如果是在有合同约定保密的情形下，向美国政府提交了相关数据，半导体企业是否存在违约或侵权行为？美国政府的行为是否为正当的豁免理由？答案显然是否定的。

第八节　民事责任方式

一　停止侵权

停止侵权是最为常见的，也是首要的民事责任方式。其前提是被告还在非法持有、使用原告的商业秘密。如果被告已删除商业秘密，或者销毁商业秘密载体，或不再使用原告商业秘密，则该责任方式就不再适用。

如果原告的商业秘密已经由被告公开，丧失了非公知性，这种情况下，商业秘密权已经不复存在，就不能再判决被告停止侵权了。问题在于：在商业秘密不复存在后，被告是否可以使用该项秘密？从理论上讲，商业秘密一旦不复存在，任何人都可以使用，包括被告。但是基于民法诚信原则的考虑，被告不应继续享受其侵权行为带来的利益。但如果判决被告停止使用该项商业秘密会损害社会公共利益，或者原告未采取积极措施，已经给被告造成了一种不会维权的信赖，这些情况下，可以裁定被告继续使用该商业秘密，但需要向原告支付一定的对价。

《最高人民法院关于审理侵犯商业秘密民事案件适用法律若干问题的规定》第17条规定："人民法院对于侵犯商业秘密行为判决停止侵害的民事责任时，停止侵害的时间一般应当持续到该商业秘密已为公众所知悉时为止。依照前款规定判决停止侵害的时间明显不合理的，人民法院可以在依法保护权利人的商业秘密竞争优势的情况下，判决侵权人在一定期限或者范围内停止使用该商业秘密。"这是因为在商业秘密已经公开的情况下，永久性地禁止被告使用公知信息也是不合理的。

在美国加利福尼亚州北区联邦地区法院2005年判决的原告凹凸科技国际有限公司诉被告巨力有限公司案[1]中，法院认为，经营者若欲通过禁令剔除被告的竞争优势，必须证明竞争对手（被告）从侵占行为中获得竞争优势。在该案中，凹凸科技公司宣称自己花费6个月的时间研制该秘密，如果其禁令申请一经同意，巨力有限公司会被全面禁止使用商业秘密6个月。但凹凸科技公司无法证明巨力有限公司基于侵占行为确实存在商业优势，法院因此驳回凹凸科技公司要求使用禁令的申请。[2]

---

[1] 399 F. Supp. 2d 1064.
[2] 参见黄武双等译《美国商业秘密判例1 公共政策、构成要件和加害行为》，法律出版社，2011，第1~4页。

在 USM 公司诉马森固件公司侵害商业秘密案[①]中，就竞争优势而言，其主要表现为抽象的领先时间，权利人可以请求以丧失的领先时间来折算损害赔偿额，这也是法院在决定禁令期限时的主要依据。本案中，法院主要依据侵权人的获利来计算金钱救济数额，并依据竞争优势向被告签发了禁令。[②] 另外，美国法院认为在今后一段时间内停止侵权行为，可能会带来许多负面影响，那么可以由法院要求侵害商业秘密的一方向商业秘密权利人支付一定的款项作为经济补偿，而不再停止当前和今后一段时间的使用行为。

总之，如果商业秘密尚未公开，可以判决被告停止侵权，颁布永久禁令。当然，也可以基于公共利益方面的需要，允许被告继续使用，但需要支付对价。如果商业秘密已经公开，可以基于诚信原则方面的要求，考虑到原告竞争优势方面的因素，判决被告在一定时间内不得使用。

二 销毁侵权设备

《最高人民法院关于当前经济形势下知识产权审判服务大局若干问题的意见》第15条规定："……根据当事人的诉讼请求、案件的具体情况和停止侵害的实际需要，可以明确责令当事人销毁制造侵权产品的专用材料、工具……"因此，在诉讼请求中可以将销毁设备明确列为诉讼请求之一。不过，有相当一部分案件当事人并未提出销毁涉案产品专用设备的诉讼请求。根据"不告不理"的原则，法院不会判令被告销毁设备。

[①] 392 Mass. 334，467 N. E. 2d 1271.
[②] 参见黄武双等译《美国商业秘密判例1 公共政策、构成要件和加害行为》，法律出版社，2011，第77页。

该项诉讼请求得到支持有两个前提。

第一，该设备须为专用工具。从理论上讲，侵权设备并非侵权产品，而仅仅是生产侵权产品的手段。因此，只有在权利人举证证明该设备专门或主要是为了生产侵权产品时，才适用该项民事责任。对那些具有其他用途的设备，不应判令销毁。

第二，原告必须举出专用设备的相关信息，比如，数量、存放地点等。否则的话，判决如何履行在实践中也是一个很棘手的问题。被告往往声称已经自行销毁设备，但不提供任何销毁证据，案件执行也只能就此结案。

2010年11月发布的《江苏省高级人民法院侵犯专利权纠纷案件审理指南》第7.2.2条指出："如果判决被告停止制造、销售等侵权行为已经能够有效阻止侵权产品继续流向市场，达到保护专利权人合法利益目的的，一般不需要判决销毁侵权产品、销毁制造侵权产品的模具。如果判决销毁专用模具的，应当要求原告举证证明专用模具确实存在以及数量、存放地点等信息，以避免执行上的困难。"

《江苏省高级人民法院侵犯商业秘密民事纠纷案件审理指南（修订版）》中"4.3侵权物品的处置"部分规定："原告请求判决侵权人返还或者销毁商业秘密载体，清除其控制的商业秘密信息的，一般应当予以准许。但销毁侵权载体会损害社会公共利益，或者销毁侵权载体不具有可执行性等情形的除外。"

当然，侵权设备毕竟也是社会财富的一部分，完全销毁也是一种损失。如果完全销毁损失太大，可以考虑判决将该部分侵权设备交付给原告。

案例参考：湖南天联复合材料有限公司诉吕运征等侵害商业秘密

纠纷案①。在该案中,法院认为,原告天联公司的商业秘密应受法律保护。被告吕运征利用其所掌握的原告的复合材料井盖生产技术与被告鑫程公司签订转让协议并获利。被告丁恩榜利用所掌握的原告的复合材料井盖生产技术为被告鑫程公司生产谋利,被告鑫程公司明知其使用的技术是原告的复合材料井盖生产技术而受让利用,生产、销售其产品,并使用原告的图片进行不切实际的引人误解的虚假宣传,三被告的行为均构成了侵犯原告天联公司商业秘密的不正当竞争行为。原告要求被告承担停止生产、销售侵犯原告特有的复合材料井盖技术的行为,并赔偿经济损失的诉讼请求,法院予以支持。原告没有提供其在被侵权期间所受到的经济损失的证据,也没有提供被告在侵权期间获得的利益,法院根据侵权行为的性质、期间、后果、范围、商业价值、制止侵权行为的合理开支以及被告在本案侵权行为中所起作用等因素确定赔偿数额。原告要求被告鑫程公司销毁制造复合材料井盖的专用设备、模具、画册等相关材料以及销毁尚未售出的复合材料井盖产品的诉讼请求,不属于民事诉讼的审查范围,法院未予支持。

在该案中,人民法院否定了销毁侵权专用设备的诉讼请求,认为这不属于民事诉讼的审查范围,匪夷所思。

三 不得泄露或使用

侵权一方使用不正当手段获得权利人之商业秘密,还未泄露的,不得泄露;还没有使用的,也不得使用。在美国典型商业秘密侵权案件 *Curtiss-Wright Corporation v. Edel-Brown Tool & Die Co., Inc.* 案②中,

---

① 湖南省长沙市中级人民法院(2007)长中民三初字第0180号一审民事判决书。
② 381 Mass. 1, 407 N. E. 2d 319 (1980).

原告 Curtiss-Wright Corporation 是美国海军部门订购某种活塞装置的唯一供应商，因双方具有合作关系，美国海军部门得以持有原告生产的活塞的设计图纸。1978 年 1 月，在一次合作性会晤中，被告 Edel-Brown Tool 和 Die Co., Inc. 被美国海军部门问及是否拥有足够技术能力研制并生产同一款活塞，美国海军部门当场出示了含有原告产品信息的图纸。在仔细了解了图纸中的技术信息后，被告表示有能力投入生产，并与美国海军部门初步达成合作意向。同年 8 月，原被告一同出席了一次由美国海军部门发起的招标活动，在产品介绍环节中，原告惊讶地发现被告生产的活塞装置具有原告产品的所有创造性特征，并在询问后得知其技术秘密泄露，随即决定起诉。本案终审法院马萨诸塞州最高法院在其最终判决中勒令被告将与案中活塞装置有关的"所有文件、电脑程序、工具、模具和生产计划书"返还原告，同时要求其赔偿原告的经济损失，并发布了禁止其再生产类似活塞装置的永久禁令。①

四 返还或销毁侵权载体

权利人有权要求商业秘密的侵权人将有关商业秘密的材料（包括相关材料的原件、复印件）物归原主，或者将相关载体全部销毁。《最高人民法院关于审理侵犯商业秘密民事案件适用法律若干问题的规定》第 18 条规定："权利人请求判决侵权人返还或者销毁商业秘密载体，清除其控制的商业秘密信息的，人民法院一般应予支持。"

我国有部门规章和地方性法规对返还原物请求权在商业秘密保护中的适用作出了具体规定。例如，国家工商行政管理局《关于禁止侵

---

① 参见蔡元臻《原物返还请求权的知识产权适用以商业秘密为分析对象》，《法律适用》2016 年第 12 期。

犯商业秘密行为的若干规定》第 7 条第 2 款第 1 项、《浙江省技术秘密保护办法》第 20 条、《广东省技术秘密保护条例》第 16 条、《深圳经济特区企业技术秘密保护条例》第 32 条，都可视为返还原物请求权之规范基础。

商业秘密侵害行为以外的其他法律行为也可能导致返还原物请求权的产生。如《宁波市企业技术秘密保护条例》第 12 条第 2 款规定："当事人不得因合同无效或者被撤销而擅自披露企业技术秘密，因该合同取得的技术资料、样品、样机等，应当及时返还权利人，不得保留复制品。"该规定实际上涉及合同解除或无效后恢复原状请求权的行使，若采用意思主义的物权变动模式，则该请求权也构成物权性质的返还原物请求权。在审理侵犯商业秘密案件时，原商业秘密持有人通常会请求法院判令对方返还载体，但是该诉求得到支持的案例并不多，也就是说，我国法院判令侵权人返还含有商业秘密载体的情况尚不十分普遍。

这一现象背后的原因分为几种。首先是举证困难。例如，权利人无法证明侵权人持有载体，或者尽管侵权人曾经持有载体，但无法证明该载体是否已经遭到销毁，以及侵权人掌握的载体中是否明确承载了与商业秘密有关的信息。除此以外，也有法院认为既然商业秘密已经泄露给了侵权人，鉴于其包含信息的无形性，要求返还载体的诉求已经失去了实际意义。法院一般只支持停止侵权和损害赔偿的诉求。但是，诚如上述所言，停止侵权和经济赔偿的实现，虽然能够在一定程度上打击侵权行为，但无法在根本上对未来潜在的侵权危险予以最大限度的消除，也就失去了返还原物请求权"消解权利受到侵害之虞"的真正价值。[①]

---

① 参见蔡元臻《原物返还请求权的知识产权适用以商业秘密为分析对象》，《法律适用》2016 年第 12 期。

五　赔偿损失

1. 计算方式

侵犯商业秘密损害赔偿通常以参照侵犯专利权损害赔偿额方法进行。实践中存在下列几种计算方式。

一是，侵权人的销售额减去权利人的成本。该方式常常不能准确反映权利人的实际损失。主要原因在于：权利人生产成本中可能包括技术使用费、广告费，通常远高于侵权人的生产成本，而侵权人为抢占市场，销售价格可能远低于权利人正常的销售价格。

二是，侵权产品销售额乘以同行业的平均利润率。该种计算方式可操作性不强，同行业的平均利润率往往难以估算，同时存在前述侵权产品销售收入不高的问题。

三是，侵权产品销售量乘以权利人被侵权前的平均销售利润率。此种计算方式充分考虑到侵权行为的直接后果，既挤占了权利人产品的市场份额，又较为准确地估算出权利人的损失数额，具有可操作性。[1]

四是，参照许可费确定赔偿额。《最高人民法院关于审理侵犯商业秘密民事案件适用法律若干问题的规定》第20条第1款规定："权利人请求参照商业秘密许可使用费确定因被侵权所受到的实际损失的，人民法院可以根据许可的性质、内容、实际履行情况以及侵权行为的性质、情节、后果等因素确定。"

《最高人民法院关于审理侵犯商业秘密民事案件适用法律若干问题的规定》第19条规定："因侵权行为导致商业秘密为公众所知悉

---

[1] 参见徐清《认定侵犯商业秘密罪不可忽视两个细节》，《检察日报》2014年11月26日，第3版。

的，人民法院依法确定赔偿数额时，可以考虑商业秘密的商业价值。人民法院认定前款所称的商业价值，应当考虑研究开发成本、实施该项商业秘密的收益、可得利益、可保持竞争优势的时间等因素。"

《最高人民法院关于审理侵犯商业秘密民事案件适用法律若干问题的规定》第 23 条规定："当事人主张依据生效刑事裁判认定的实际损失或者违法所得确定涉及同一侵犯商业秘密行为的民事案件赔偿数额的，人民法院应予支持。"第 24 条规定："权利人已经提供侵权人因侵权所获得的利益的初步证据，但与侵犯商业秘密行为相关的账簿、资料由侵权人掌握的，人民法院可以根据权利人的申请，责令侵权人提供该账簿、资料。侵权人无正当理由拒不提供或者不如实提供的，人民法院可以根据权利人的主张和提供的证据认定侵权人因侵权所获得的利益。"

2. 惩罚性赔偿

设立惩罚性措施，对故意侵犯商业秘密的侵权行为给予处罚，有助于从根源上遏制侵犯商业秘密现象，维护商业竞争伦理，同时有利于保护当事人的商业秘密所带来的经济利益。

针对故意、恶意侵犯商业秘密的侵权行为，美国《保护商业秘密法》规定了惩罚性赔偿金，权利人可以通过起诉获得不高于补偿性赔偿金两倍的惩罚性赔偿金。但并非在所有商业秘密纠纷中权利人都可以获得惩罚性赔偿金。从美国的商业秘密保护司法裁判实践来看，法官对于惩罚性赔偿金的态度十分谨慎，如果被告仅仅实施了不诚信的行为，那么法官并不会支持原告的惩罚性赔偿金请求。一般只有当被告故意、恶意或者极度恶意地实施商业秘密侵权行为时，法官才会支持原告的惩罚性赔偿金请求。换言之，如果原被告之间存在合同关系，原告以违约提起的是违约之诉，那么原告的惩罚性赔偿金请求很难获得法官支持，除非他能够证明被告存在"蓄意或极度恶意"。此外，法官适用惩罚性赔偿金还存在几个限制性条件：其一，惩罚性赔偿金须以补偿性赔偿金存在为前提条件，换言之，如果不存在补偿性赔偿也就无所谓惩罚性赔偿；其二，惩罚性赔偿金与补偿性赔偿金并存时，二者的比例应当具有合理性。例如在 Proler v. Modern Equipment Co. 案①中，陪审团裁决的1美元的补偿性赔偿金与7500万美元的惩罚性赔偿金就被法院认定为不合理。②

我国台湾地区很早就制定了针对商业秘密保护的特别规定"营业秘密法"，并在该规定中规定了惩罚性赔偿责任。该规定第13条规定，商业秘密侵权损害赔偿数额有四种计算方式：第一种为原告所受实际损失；第二种为加害人利用商业秘密所获之不当得利；第三种是权利人在侵权事实发生前预期经营收益减去侵权事实发生后实际经营收益；第四种为惩罚性赔偿规定，即当侵权行为人主观上故意实施侵犯他人商业秘密的行为时，法院可以依原告之请求，判令其承担不高于已经证明的损害数额三倍的赔偿金。

我国现行《反不正当竞争法》第17条规定，"经营者恶意实施侵犯商业秘密行为，情节严重的，可以在按照上述方法确定数额的一倍以上五倍以下确定赔偿数额"。该法条还将侵犯商业秘密的法定判赔额的上限提高至500万元。但对于什么是"恶意实施""情节严重"，并无细化规定。

我国《民法典》第1185条规定了侵害知识产权的惩罚性赔偿，即故意侵害他人知识产权，情节严重的，被侵权人有权请求相应的惩罚性赔偿。按照立法者的理解，自然也包括侵犯商业秘密在内。

---

① 225U. S. P. Q. 1244（E. D. Wis. 1985）.
② 参见韩俊英《商业秘密侵权惩罚性赔偿问题研究》，《情报杂志》2017年第5期。

2021年4月15日公布的《江苏省高级人民法院侵犯商业秘密民事纠纷案件审理指南（修订版）》中"4.4.3惩罚性赔偿"部分规定："行为人故意侵犯商业秘密，情节严重的，可以在按照上述方法确定数额的1-5倍确定赔偿数额。"

（1）"故意"的认定

综合考虑被告与原告或者利害关系人之间的关系、侵犯商业秘密行为和手段的具体情形、从业时间、受保护记录等因素认定被告主观上是否存在故意。对于下列情形，可以初步认定被告具有侵犯商业秘密的故意。

①被告或其法定代表人、管理人是原告或者利害关系人的法定代表人、管理人、实际控制人；

②被告与原告或者利害关系人之间存在劳动、劳务、合作、许可、经销、代理、代表等关系，且接触过或知悉被侵害的商业秘密；

③被告与原告或者利害关系人之间有业务往来或者为达成合同等进行过磋商，且接触过或知悉被侵害的商业秘密；

④被告以盗窃、贿赂、欺诈、胁迫、电子侵入或者其他不正当手段获取原告的商业秘密；

⑤被告经原告或者利害关系人通知、警告后，仍继续实施侵权行为；

⑥其他可以认定为故意的情形。

（2）情节严重的认定

综合考虑侵犯商业秘密行为的手段、次数、性质、持续时间、地域范围、规模、后果，侵权人在诉讼中的行为等因素，认定情节是否严重。被告有下列情形的，可以认定为情节严重。

①因侵犯商业秘密被行政处罚或者法院裁判其承担责任后，再次

实施相同或者类似侵权行为；

②以侵权为业；

③伪造、毁坏或者隐匿侵权证据；

④拒不履行保全裁定；

⑤侵权获利或者权利人受损巨大；

⑥侵权行为可能危害国家安全、公共利益或者他人人身健康；

⑦其他可以认定为情节严重的情形。

（3）计算基数

法院确定惩罚性赔偿数额时，应当以原告实际损失数额或者被告因侵权所获得的利益为基数。该基数不包括原告为制止侵权所支付的合理开支。

原告的实际损失数额或者被告因侵权所获得的利益均难以计算的，法院依法参照许可使用费的合理倍数确定基数。

（4）倍数的确定

法院依法确定惩罚性赔偿数额的倍数时，应当综合考虑被告主观过错程度、侵权行为的情节严重程度等因素。

因同一侵权行为已经被处以行政罚款或者刑事罚金且执行完毕，被告主张减免惩罚性赔偿责任的，法院不予支持，但在确定上述所称倍数时可以综合考虑。

六 销毁侵权产品

所谓"销毁侵权产品"，是指销毁涉及侵犯商业秘密的商品。这一点是否属于诉讼请求的范围存在争议。一种观点认为，从原《民法通则》第134条可以看出，销毁侵权产品并不属于法定的民事责任方式或者民事制裁措施，其在性质上属于行政处罚措施；还有一种观点认为,原告提出的责令被告"销毁侵权产品"的请求属于民事制裁范畴,并不属于民事诉讼权利请求范围,故应驳回原告的诉讼请求。

从理论上讲,侵犯商业秘密的行为中并不包括销售侵权产品,但在侵犯专利权、商标权、著作权等知识产权案件中,知识产权权能中通常包括禁止销售、发行,甚至在《专利法》上连许诺销售都不行。从这个角度上考虑,控告侵犯商业秘密并不能禁止被告销售侵权产品。

但从减少原告损失的角度上看,被告销售侵权产品的结果是扩大了原告的损失,确应当阻止被告继续销售侵权产品,这样做也符合国际条约的精神。TRIPs协议第46条"其他救济"规定:"为了对侵权活动造成有效威慑,司法当局应有权在不进行任何补偿的情况下,将已经发现的正处于侵权状态的商品排除出商业渠道,排除程序以避免对权利持有人造成任何损害为限,或者,只要不违背宪法的要求,应有权责令销毁该商品。"

值得注意的是,这里的停止销售侵权商品,仅仅是针对被告而言的,对于其他销售商而言,其购买、销售侵权商品的行为并非侵权行为,有权继续进行销售。

当然,对侵权产品是否采用销毁方式处理,这是需要考虑的一个问题。销毁了侵权产品,毕竟是社会财富的损失。在房树磊、珠海矽微电子科技有限公司侵害欧比特公司1553BIP技术秘密纠纷二审案[1]中,法院判决房树磊、珠海矽微公司停止侵犯商业秘密,销毁已经生产、正在生产和销售的相关侵权产品,并在相关网站上删除构成侵害案涉商业秘密的1553控制器IP核的内容介绍。

在扬州恒春电子有限公司与扬州爱博德自控设备制造有限公司等

---

[1] 广东省高级人民法院(2016)粤民终770号二审民事判决书。

侵犯商业秘密纠纷案①中,权利人恒春公司要求回收并销毁已生产销售的侵权产品。人民法院认为恒春公司主张该侵权责任并无明确的法律依据,且回收处于使用过程中的侵权产品会严重影响善意购买者的利益,爱博德公司等就侵犯商业秘密生产销售侵权产品也须进行赔偿,故对该项主张也不予支持。

另外,关于能否要求被告召回侵权产品,《江苏省高级人民法院侵犯专利权纠纷案件审理指南》"7.2.3 召回侵权产品"规定:"侵权产品一旦售出,其所有权已经不再归于被告,被告无权进行处置。并且鉴于销售市场的广泛性和不确定性,召回侵权产品势必耗费巨大的费用,也存在执行上的巨大困难,因此一般不判决召回侵权产品。"

七 关于赔礼道歉

赔礼道歉作为一种民事责任方式,主要是针对侵犯人格权的行为实施的一种情感补偿。考虑到赔礼道歉的伦理属性,《民法通则》第120条第1款具体规定了其适用范围,即"公民的姓名权、肖像权、名誉权、荣誉权受到侵害的,有权要求……赔礼道歉"。在知识产权法领域中,明确将"赔礼道歉"纳入民事责任承担方式的,只有《著作权法》第47条和第48条,其对侵犯著作人格权规定了赔礼道歉的方式,其他法律(包括《反不正当竞争法》)都没有进行规定。《江苏省高级人民法院关于审理商业秘密案件有关问题的意见》第19条明确规定:"商业秘密侵权案件一般不适用赔礼道歉、消除影响的民事责任形式。"

从法理上讲,赔礼道歉的适用条件:首先是侵犯人格权,包括著作人格权;其次,受害者一般是自然人。赔礼道歉的意义在于弥补精

---

① 江苏省高级人民法院(2010)苏知民终字第0179号二审民事判决书。

神痛苦，而法人等组织并不存在心理意义上的精神，也就不存在精神痛苦问题。《反不正当竞争法》所保护的法益也是一种财产性权益，不应适用赔礼道歉的民事责任方式。但在我国司法实践中，多起判定侵犯商业秘密的判决都确认了赔礼道歉的责任方式。

在富士宝家用电器有限公司诉家乐仕电器有限公司专利侵权及侵犯商业秘密纠纷案件[①]中，佛山市中级人民法院一审判决被告家乐仕公司在本判决生效后10日内，在《南方日报》上书面向原告富士宝公司公开赔礼道歉，消除影响。二审法院维持了一审判决。

在佛陶集团股份有限公司陶瓷研究所诉金昌陶瓷辊棒厂非专利技术秘密侵权纠纷案[②]中，佛山市中级人民法院于1995年7月13日判决金昌陶瓷辊棒厂在判决书发生法律效力后10日内，向广东佛陶集团股份有限公司陶瓷研究所登报赔礼道歉，登报内容须经法院审查。

在原告北京斯威格－泰德电子工程公司诉被告北京市银兰科技公司、刘永春等人不正当竞争纠纷案[③]中，海淀区人民法院认为，银兰公司以及刘永春、丛伟滋、刘生洪等人利用其掌握泰德公司商业秘密，进行不正当竞争，构成对泰德公司商业秘密的侵犯，故判决被告在一家全国发行的非专业报刊上向原告赔礼道歉。

在宁夏福民蔬菜脱水集团有限公司与宁夏正洋物产进出口有限公司案[④]中，原审法院判决福民公司自判决生效起10日内，于本地主要报刊上刊登向正洋公司道歉的声明。不过，二审判决认为，赔礼道歉的民事责任适用于加害人的行为侵害公民或法人的人格权，给受害人

[①] 广东省高级人民法院1998年12月30日审结，载于《最高人民法院公报》1999年第2期。
[②] 广东省佛山市中级人民法院1995年7月13日审结，载于《最高人民法院公报》1995年第4期。
[③] 北京市海淀区人民法院1997年12月01日审结，载于《最高人民法院公报》1998年第3期。
[④] 最高人民法院（2007）民三终字第1号二审民事判决书。

造成商誉、名誉损害的情形。现尚无证据证明福民公司的侵权行为已造成正洋公司名誉或者商业信誉受损，故福民公司可不必承担赔礼道歉的法律责任。

八 关于消除影响

消除影响，是指行为人因其行为侵害他人的人格权、知识产权造成了不良影响，而需要以一定方式消除该不良影响。如果说，"赔礼道歉"的作用在于保护受害人的内心尊严和自我评价，而"消除影响"的主要目的则是恢复受害人的社会评价。

消除影响责任适用的范围是十分广泛的，既包括侵犯人格权案件，也包括侵犯知识产权案件。受害人既可能是自然人，也可以是法人，与赔礼道歉的适用范围明显不同。只要对原告的名誉、信誉等社会评价造成损失，法院均可以支持原告该项诉讼请求。由于商业秘密的非公知性特点，商业秘密侵权通常不会涉及权利人的社会信誉，侵权行为往往只是给权利人造成财产损失，故商业秘密侵权行为人一般不应承担消除影响的责任，如权利人的社会信誉却因此受到损失，也可以支持该项诉讼请求。

第九节 确认不侵权诉讼

一 确认不侵犯知识产权诉讼

确认不侵犯知识产权诉讼是防止权利人滥用知识产权的重要手段，在我国是一种新兴的诉讼类型。2002年7月12日，最高人民法院民事审判第三庭作出《关于苏州龙宝生物工程实业公司与苏州朗力福保健品有限公司请求确认不侵犯专利权纠纷案的批复》，这是我国确认不侵犯知识产权诉讼的最早依据。

2008年4月1日起施行的《民事案件案由规定》，其中的第152个案由确定为确认不侵权纠纷，而且最高人民法院将此类纠纷定义为"利益受到特定知识产权影响的行为人，以该知识产权权利人为被告提起的，请求确认其行为不侵犯该知识产权的诉讼"。至此，确认不侵权纠纷成为三级案由。[①]

商业秘密通常被认为是知识产权的对象，因而也会产生确认不侵犯商业秘密纠纷。不过，《民事案件案由规定》中并没有明确包括请求确认不侵犯商业秘密纠纷。这就产生一个问题：该诉讼是否属于人民法院受理范围？最高人民法院于2009年4月21日发布的《最高人民法院关于当前经济形势下知识产权审判服务大局若干问题的意见》第13条规定："……继续探索和完善知识产权领域的确认不侵权诉讼制度，充分发挥其维护投资和经营活动安全的作用。……探索确认不侵犯商业秘密诉讼的审理问题，既保护原告的合法权益和投资安全，又防止原告滥用诉权获取他人商业秘密。"这就是说，确认不侵犯商业秘密属于探索问题。

二 认为不属于人民法院受理范围的主要理由

第一，无法确认诉争商业秘密的具体内容，因而无法判断商业秘密是否存在。商业秘密权是一种绝对权、支配权，需要对象特定化，需要明确具体的权利对象。在对象没有特定化的情况下，就没有办法对特定商业秘密是否存在进行判断。

第二，原告无法充分举证自己不侵权。在知识产权确认不侵权案件的审理中，法院一般是将原告使用的技术、标志或作品与被告的权

---

① 刘宁：《知识产权确认不侵权之诉程序问题探讨》，《科技与法律》2010年第2期。

利对象进行比对,以此来判定被警告人的行为是否构成侵权。但在确认不侵犯商业秘密案件中,由于无法确定具体的商业秘密对象,因而客观上无法判断原告是否使用了被告的哪些商业秘密。

在原告上海华明电力设备制造有限公司诉被告贵州长征电气股份有限公司确认不侵犯商业秘密纠纷一案中,一审法院认为:原告提起请求确认其不侵犯被告的商业秘密的诉讼,不属于人民法院受理民事诉讼的范围,裁定驳回起诉。[①] 二审法院认为:被上诉人在相关媒体上发表上诉人涉嫌侵权的相关言论,被上诉人又未在合理期限内提起相应的民事诉讼,给上诉人的正常生产经营活动造成了不良影响;上诉人在起诉中,有明确的被告;有具体的诉讼请求和事实、理由;本案属于法院受理民事诉讼的范围和原审法院管辖。[②]

三 本书观点

1. 确认不侵犯商业秘密诉讼应当属于人民法院受理范围

确认不侵权诉讼本质上属于市场竞争的一种手段。当事人向他人或第三人发送侵犯商业秘密的函件,但又不及时提起相关诉讼,使得他人在市场竞争中处于不利境地。通过提起确认不侵权诉讼,明确是否存在侵权行为,以结束是否侵权的不确定状态,使得市场恢复到正常竞争状态。这是确认不侵犯商业秘密诉讼、确认不侵犯知识产权诉讼存在的根本理由。据此,确认不侵犯商业秘密诉讼的对象应当属于人民法院的受理范围。

2. 讼争对象可以明确

在审理过程中,讼争对象一定要明确,否则案件无法继续审理。

[①] 上海市第二中级人民法院(2008)沪二中民五(知)初字第108号一审民事判决书。
[②] 上海市高级人民法院(2014)沪高民三(知)终字第43号二审民事判决书。

明确的路径有两个。

第一，由被告明确。在庭审中由被告承担举证责任，主要基于其在发函时应当清楚原告侵犯了被告的哪些商业秘密，包括以何种方式侵犯商业秘密。如果被告不能明确的，则应承担举证不能的法律后果。

第二，由原告明确。在实际生活中，被告针对原告的侵权行为，往往采取刑事报案的方式，通过本地公安机关追究其离职员工窃取、泄露商业秘密并将该商业秘密使用于原告方面的刑事责任。在刑事案件审理过程中，原告必然明确具体的商业秘密范围。原告可以据此确定不侵犯商业秘密的具体对象。另外，如果原告针对其离职员工提起侵权诉讼或指责其窃取了某项技术，则可以明确诉争的商业秘密对象。

3. 商业秘密属性的举证

在明确了讼争对象之后，审理的关键就是所涉信息是否具有商业秘密属性，即具有非公知性、价值性、保密性。这些内容仍然应当由被告举证；原告无法对该些事项进行举证，但可以举出反驳证据，如涉案的商业秘密很明确地属于公知技术，或者缺少商业秘密的其他属性。

4. 侵权行为举证责任的分担

在侵犯知识产权案件中，原告可以举证自己的作品、商标、技术和被告的不一致，因而没有侵权。但是在确认不侵犯商业秘密诉讼中，原告如何举证证明自己没有使用讼争的商业秘密，是一件非常困难的事情，如同一个人无法举证其没有做过什么事情。

总之，从举证责任分配角度上看，确认不侵犯商业秘密诉讼实际上就是商业秘密侵权诉讼的翻版，无非是由"侵权人"主动提起的。举证责任仍然应当由被告承担，被告应提供原告侵权的证据，无法或拒不提供的，则应当承担不利后果。

需要注意到，由于地方保护主义的存在，确认不侵犯商业秘密诉讼是一柄双刃剑，既可能产生积极效果，也可能产生消极效果。

就积极效果而言，可以使原告避免成为其他地方司法保护主义的牺牲品。特别是在被告肆意利用本地优势，推动本地公检法机关介入市场竞争，采用"先刑后民""先追究个人后追究企业"的手段，通过追究商业秘密刑事责任打击竞争对手的情况下，确认不侵犯商业秘密诉讼有助于维护自身的合法权益，阻止滥用公权力介入市场竞争的企图。

就消极效果而言，原告容易借助确认不侵犯商业秘密诉讼，逃避应有的法律责任。如果确实存在侵犯商业秘密的事实，原告利用本地法院的司法保护，在权利人提起民事诉讼之前先行提起确认不侵权诉讼，会给权利人提起侵权诉讼制造障碍。因此，对于权利人而言，发出警告函时应当特别小心，如果不及时提出维权措施，势必要准备承担应对确认不侵权诉讼的风险。

案例参考：丹东克隆集团有限责任公司与江西华电电力有限责任公司确认不侵犯商业秘密纠纷案[①]。2009年11月2日，江西华电向丹东克隆发出律师函，称江西华电是螺杆膨胀动力机技术秘密的权利人，丹东克隆正在进行的螺杆膨胀动力机开发、生产和经营活动侵害了江西华电的合法权益。2010年7月14日和2011年2月23日，江西华电又向丹东克隆的客户发出律师函，称丹东克隆侵犯了江西华电的技术秘密，客户在知悉相关情况的前提下仍购进"侵权产品"，将承担共同侵权责任。丹东克隆向江西华电回函称丹东克隆没有侵害江西

---

① 最高人民法院（2015）民申字第628号审判监督民事裁定书、辽宁省高级人民法院（2013）辽民三终字第18号二审民事裁定书。

华电的合法权益。江西华电对此再未向丹东克隆回复，但向公安机关报案。后丹东克隆向丹东中院提起诉讼，请求确认丹东克隆生产螺杆膨胀动力机所依赖的技术属公知技术，不侵犯江西华电的商业秘密。丹东中院一审支持了原告的诉讼请求，二审法院认为，本案审理过程中无法明确讼争的商业秘密对象，直接导致本案的诉讼请求不明确，案件主要事实不明确，故裁定驳回起诉。丹东克隆向最高人民法院申请再审。

最高人民法院认为，本案中，江西华电向丹东克隆及其客户发送侵权警告函，但在将近三年的时间里又未向人民法院提起侵权诉讼，丹东克隆为此提起本案诉讼，请求确认其生产的螺杆膨胀动力机未侵害江西华电的商业秘密。与专利权等传统知识产权相比，商业秘密不具有外显性，本案虽是由丹东克隆提起，但根据双方的举证能力和获取证据的难易，江西华电应当明确其侵权警告函中所称的被丹东克隆侵害的商业秘密的具体内容。如果江西华电拒绝明示其商业秘密，则应由其承担不利的法律后果。二审法院以本案涉案商业秘密不明，诉讼权利义务指向对象难以确定为由认定本案不属于人民法院受理民事诉讼的范围，适用法律错误，应予纠正。据此，最高人民法院裁定指令辽宁省高级人民法院再审本案。

本书作者参与了该案的一审和二审。本案的核心问题不在于案涉商业秘密的范围不确定，而在于原告的诉讼请求不切实际，原告如何能够证明自己使用的技术全部是公知技术？就像一个人一样，如何证明自己没有任何隐私？此外，还有一个重要的情况是，江西华电已经就丹东克隆涉嫌侵犯商业秘密罪问题向公安机关举报，公安机关已经开始侦办。因此，此种情况下，本案还不具备确认不侵权的立案条件。

四 受理条件

第一，原告必须是受到商业秘密侵权警告直接影响的人，即收到来自商业秘密权利人的威胁、举报、投诉、通知等方式的侵权警告，从而对自身的生产经营活动产生了消极影响，造成不稳定状态。制造商、销售商以及中介服务组织均有可能成为原告。被告则是商业秘密的名义权利人，其作出侵权警告，但不一定是真正的权利人。

第二，被告向原告方发出了侵权警告。侵权警告是原告生产经营状态产生不稳定的根本原因，也是启动确认不侵权诉讼的关键证据。侵权警告有直接和间接之分，直接方式包括向原告发出警告函、律师函，向法院起诉后又无故撤诉；间接方式包括向相关部门投诉、举报，或者向媒体或公众散播所谓的侵权事实等。

第三，被警告人经书面催告后，权利人怠于行使权利。权利人发出侵权警告后，经过被警告人的书面催促，仍然不行使权利，未采用合法途径寻求救济，即构成懈怠，使得被警告人的生产经营状态继续处于不稳定状态。

2009年12月28日最高人民法院颁布《关于审理侵犯专利权纠纷案件应用法律若干问题的解释》，该解释第18条规定："……权利人收到该书面催告之日起一个月内或者自书面催告发出之日起二个月内，权利人不撤回警告也不提起诉讼，被警告人或者利害关系人向人民法院提起请求确认其行为不侵犯专利权诉讼的，人民法院应当受理。"

第四，被警告人的生产经营状况因侵权警告处于不稳定状态。难以判断自身的生产经营是否会侵犯他人的权利，是否需要继续履行协议，能不能扩大生产经营等。这种法律状态上的不稳定可能会给被警告人造成各种直接、间接的损失。

案例参考：常州常荣电器有限公司与宁波生方横店电器有限公司确认不侵害知识产权纠纷案①。本案中，虽然生方公司未向常荣公司发出过明确的警告信函，但是2007年8月生方公司向国家工商行政管理总局投诉钱根良、常荣公司侵犯其公司商业秘密。随后，常州市工商行政管理局根据国家工商行政管理总局的交办，派员对常荣公司进行现场调查取证，因生方公司就相同商业秘密侵权纠纷对钱根良等向浙江省宁波市中级人民法院起诉，故国家工商行政管理总局决定中止案件调查。2010年8月，生方公司再次就相同商业秘密向国家工商行政管理总局投诉钱根良、常荣公司侵害其公司商业秘密，常州市工商行政管理局再次对常荣公司现场调查、抽样取证，后因生方公司拒绝在江苏省科技咨询中心进行鉴定，调查工作无法继续下去，常州市工商行政管理局向江苏省工商行政管理局汇报并终止了相关调查工作。由此可见，生方公司与常荣公司之间曾因是否侵犯商业秘密发生过行政投诉，工商行政管理部门受理行政投诉并进行实质性的调查取证，据此可以认为双方之间存在关于是否侵犯商业秘密的利害冲突以及由此引起的利益不稳定状态，并且，该利益不稳定状态自2007年8月市场监管部门受理生方公司的投诉并进行实质性调查取证，至常荣公司2013年12月提起确认不侵害知识产权诉讼，已存续了相当长的时间，常荣公司为避免其利益可能遭到的损害，请求人民法院确认其不侵害生方公司的商业秘密，符合确认不侵害商业秘密诉讼的实质条件。一审判决确认常荣公司2009年4月至2011年7月生产HPA530空调压缩机内置热保护器产品的行为不侵犯生方公司商业秘密。生方公司认为

---

① 江苏省常州市中级人民法院（2015）常知民终字第26号二审民事判决书。

本案不符合确认不侵权之诉的受理条件，原审法院不应受理，对此二审法院不予采纳。

五　案由、管辖及冲突处理

在争议的商业秘密能够确定、确认不侵犯商业秘密诉讼成立的情况下，有以下几个程序性问题需要注意。

第一，关于案由。确认不侵犯商业秘密满足上述条件的案件，人民法院应当依法予以受理。因《民事案件案由规定》中未列确认商业秘密不侵权纠纷案由，实践中可以上一级案由，即以"确认不侵权纠纷"案由为替代。

第二，确认不侵犯商业秘密纠纷案件的管辖。北京市高级人民法院在审理确认不侵犯"彼得兔"商标管辖权异议一案[1]中认为："确认不侵权的诉讼请求，就其内容实质上是对其实施的某一行为是否构成对他人依法享有的某项权利的侵犯而向人民法院提出的一种确认请求。人民法院审理此种纠纷所适用的法律与审理民事侵权纠纷是一致的。因此，确认不侵权之诉属于民事侵权纠纷……"可见，"确认不侵权之诉"属于侵权类诉讼，适用侵权行为地或权利人住所地法院管辖的原则，在司法实践中是得到确认的。

第三，冲突处理。在商业秘密纠纷中，针对同一个商业秘密，确认不侵权案件和侵权案件之间是一种什么样的关系？是否可以并存，在管辖问题上如何进行处理？本书认为，可以分为以下几种情形。

一是在商业秘密权利人提出侵权诉讼后，被控侵权人一般不能再提出确认不侵权诉讼，因其已经不符合确认不侵权诉讼的起诉条件。

---

[1]　北京市高级人民法院（2004）高民终字第675号二审民事裁定书。

如果被控侵权人提出确认不侵权之诉，应当裁定驳回起诉。

二是权利人已经提起诉讼，但由于送达问题文书没有及时到达被控侵权人，被控侵权人提出了确认不侵权诉讼，而且案件已经被人民法院受理。如果能够确定侵权诉讼受理在前的，应当裁定驳回起诉。

三是在特别巧合的情况下，侵权诉讼和确认不侵权诉讼同时提出。在这种情况下，不宜采取驳回起诉方式，应当合并审理。至于由哪一个法院进行审理，同时基于便于诉讼方面的考量，由两家法院协商确定，协商不成的，由共同的上级法院指定管辖。

四是在被控侵权人提出确认不侵权诉讼后，权利人是否可以再提出侵权诉讼？从法理上讲，一方面涉及同一事实（是否侵权）的重复审理问题，有可能造成司法资源的浪费，也会产生司法判决的冲突；另一方面，侵权诉讼和确认不侵权诉讼并不完全重合，二者所涉及的商业秘密的对象可能不一样。另外，侵权诉讼中往往包含着侵权赔偿给付之诉，原被告主体也可能不一致。因此，不宜驳回在后提出的侵权诉讼，比较适宜的做法是合并管辖。在合并管辖的时候，可以考虑由先管辖的法院进行统一审理；发生争议的时候，由共同的上级法院指定管辖。

案例参考：联奇开发股份有限公司与上海宝冶集团有限公司等侵害发明专利权纠纷案。2018年11月14日，联奇公司向原审法院同时提起两起专利侵权诉讼。第一件为产品专利侵权诉讼，联奇公司请求判令被告停止侵犯其"混凝土楼板预留开孔的成型装置"发明专利权[①]。第二件为方法专利侵权诉讼，联奇公司请求判令被告停止侵犯

---

① 最高人民法院（2019）最高法知民辖终2号二审民事裁决书。

其"一种混凝土楼板预留开孔的施工方法"发明专利权[1]。另查明，惠亚公司于 2018 年 7 月 24 日向上海知识产权法院提起诉讼，请求确认其"奇氏筒"产品不落入联奇公司"混凝土楼板预留开孔的成型装置"发明专利保护范围，上海知识产权法院受理并进行了审理。

最高人民法院曾在〔2004〕民三他字第 4 号《关于本田技研工业株式会社与石家庄双环汽车股份有限公司、北京旭阳恒兴经贸有限公司专利纠纷案件指定管辖的通知》（以下简称《通知》）中指出："涉及同一事实的确认不侵犯专利权诉讼和专利侵权诉讼，是当事人双方依照民事诉讼法为保护自己的权益在纠纷发生过程的不同阶段分别提起的诉讼，均属独立的诉讼，一方当事人提起的确认不侵犯专利权诉讼不因对方当事人另行提起专利侵权诉讼而被吸收。但为了避免就同一事实的案件为不同法院重复审判，人民法院应当依法移送管辖合并审理。"根据已查明的事实，联奇公司在本案中诉请保护的专利为"混凝土楼板预留开孔的成型装置"发明专利，与惠亚公司在上海知识产权法院起诉的（2018）沪 73 民初 753 号案件中请求确认不侵权的专利相同，且上海知识产权法院立案在先。若仅单纯考虑此两案上述情况，依照上述《通知》精神，因本案与上海知识产权法院受理的（2018）沪 73 民初 753 号案件涉及同一产品专利，可将本案移送立案在先的上海知识产权法院合并审理。

《通知》所确立的基本精神是基于同一事实的确认不侵犯专利权诉讼与专利侵权诉讼均属独立的诉讼，不应相互吸收。依据《民事诉讼法》及司法解释的相关规定，综合考虑本案实际情况，广州知识产权法院受理上述两起专利侵权案件符合民事诉讼法关于地域管辖的规定，其对本案具有管辖权。同时从有利于保障和便利当事人诉讼、有

---

[1] 最高人民法院（2019）最高法知民辖终 1 号二审民事裁决书。

利于人民法院公正高效审理案件出发，本案不宜移送至上海知识产权法院审理。至于上海知识产权法院和广州知识产权法院就确认不侵犯专利权纠纷与侵犯专利权纠纷分别审理是否会出现冲突，因其上诉统一由最高人民法院知识产权法庭审理，这一可能出现的问题能够通过上诉机制解决。

主要参考文献

一 著作

1. 赖源河：《公平交易法新论》，中国政法大学出版社、元照出版公司，2002。

2. 吴晓波：《大败局》，浙江大学出版社，2013。

3. 佟柔主编《中国民法》，法律出版社，1990。

4. 刘春田主编《知识产权法》，中国人民大学出版社，2009。

5. 郑成思：《知识产权论》，法律出版社，2003。

6. 张俊浩：《民法学原理》，中国政法大学出版社，1997。

7. 吴汉东等：《知识产权基本问题研究》，中国人民大学出版社，2005。

8. 陈宗明、黄华新主编《符号学导论》，河南人民出版社，2004。

9. 邬焜、李琦：《哲学信息论导论》，陕西人民出版社，1987。

10. 黎明：《信息哲学论——恢复哲学的尊严》，中国社会出版社，2005。

11. 邬煜：《信息认识论》，中国社会科学出版社，2002。

12. 〔美〕丹尼斯·昂科维克：《商业秘密》，胡翔、叶方恬译，企业管理出版社，1991。

13. 张耕等：《商业秘密法》，厦门大学出版社，2006。

14. 郑成思主编《知识产权保护实务全书》，中国言实出版社，1995。

15. 沈强：《TRIPS协议与商业秘密民事救济制度比较研究》，上海交通大学出版社，2011。

16. 黄武双等译《美国商业秘密判例1　公共政策、构成要件和加害行为》，法律出版社，2011。

17. 张玉瑞：《商业秘密法学》，中国法制出版社，1999。

18. 李锡鹤：《民法哲学论稿》，复旦大学出版社，2000。

19. 王泽鉴：《民法总则》，中国政法大学出版社，2001。

20. 陈卫佐：《德国民法总论》，法律出版社，2007。

21. 王泽鉴：《侵权行为法》（第一册），中国政法大学出版社，2001。

22. 史尚宽：《民法总论》，中国政法大学出版社，2000。

23. 王泽鉴：《债法原理》（第一册），中国政法大学出版社，2001。

24. 曾世雄：《民法总则之现在与未来》，中国政法大学出版社，2001。

25. 王伯琦：《民法总则》，（台湾）"国立编译馆"，1979。

26. 龙卫球：《民法总论》，法制出版社，2002。

27. 杨立新：《人格权法专论》，高等教育出版社，2005。

28. 王利明：《人格权法研究》，中国人民大学出版社，2005。

29. 马俊驹、余延满：《民法原论》，法律出版社，1998。

30. 郑成思：《知识产权法》，法律出版社，1997。

31. 刘青峰：《让科学的光芒照亮自己——近代科学为什么没有在中国产生》，新星出版社，2006。

32. 唐庆增：《中国经济思想史》，商务印书馆，2010。

33. 纪良纲主编《商业伦理学》，中国人民大学出版社，2011。

34. 〔美〕威廉·M. 兰德斯、〔美〕理查德·A. 波斯纳：《知识产权法的经济结构》，金海军译，北京大学出版社，2005。

35. 孔祥俊：《商业秘密保护法原理》，中国法制出版社，1999。

36. 范健、王建文：《商法的价值、源流及本体》，中国人民大学出版社，2004，第231页。

37. 最高人民法院编写《中国刑事审判参考指导案例》，法律出版社，2009。

38. 张耕等：《商业秘密法》，厦门大学出版社，2006。

39. 郑成思主编《知识产权保护实务全书》，中国言实出版社，1995。

40. 唐海滨主编《美国是如何保护商业秘密的》，法律出版社，1999。

41. 吴汉东等：《知识产权基本问题研究（分论）》，中国人民大学出版社，2009。

42. 〔美〕迈克尔·波特：《竞争优势》，陈丽芳译，中信出版社，2014。

43. 〔美〕罗伯特·P. 墨杰斯等：《新技术时代的知识产权法》，齐筠、张清等译，中国政法大学出版社，2003。

44. 宋建宝：《美国商业秘密的法律保护》，法律出版社，2019。

45. 姚建军：《中国商业秘密保护司法实务》，法律出版社，2019。

46. 齐爱民、李依：《商业秘密保护法体系化判解研究》，武汉大学出版社，2008。

47. 〔美〕马克·R. 哈里根、〔美〕理查德·F. 韦加德：《商业秘密资产管理》，余仲儒译，知识产权出版社，2017。

二 论文

1. 齐树洁、贺绍奇：《论商业秘密的法律保护》，《厦门大学学报》（哲学社会科学版）1996年第1期。

2. 程合红：《商事人格权刍议》，《中国法学》2000年第5期。

3. 孙明良：《古代罗马奴隶制农庄的经营管理》，《山东大学学报》（哲学社会科学版）1996年第1期。

4. 江涌：《工业间谍：搜窃中国商业机密》，《世界知识》2009年第16期。

5. 张群：《论中国古代保密文化》，《北京电子科技学院学报》2013年第1期。

6. 彭学龙：《商业秘密法基本问题研究》，载《民商法论丛》（第25卷），金桥文化出版（香港）有限公司，2002。

7. 刘荣等：《无孔不入的日本"工业间谍"活动》，《中外企业文化》2001年12月刊。

8. 汤茂仁：《商业秘密民事法律保护研究》，博士学位论文，南京师范大学，2013。

9. 郭杰：《合同约定"禁止反向工程"条款的效力分析》，载王立民、黄武双主编《知识产权法研究》（第9卷），北京大学出版社，2011。

10. 刘德良：《个人信息的财产权保护》，《法学研究》2007年第3期。

11. 王长松：《商业秘密的法律保护》，《河北法学》2000年第5期。

12. 黄荔、罗苏平：《商业秘密司法鉴定探讨》，《中国司法鉴定》2012年第3期。

13. 张玉瑞：《商业秘密保护中的不可避免泄露、使用原则——以百事可乐诉快克公司、雷蒙德案为例》，《法律适用》2005年第4期。

14. 徐清：《认定侵犯商业秘密罪不可忽视两个细节》，《检察日报》2014年11月26日，第3版。

15. 冯辉、姜婷婷、于海纯：《〈中美经贸协议〉中的商业秘密保护条款及我国的法律回应》，《国际贸易》2020年第8期。

16. 周作斌、李宁：《〈中美经贸协议〉中商业秘密的规定及我国应对路径》，《电子知识产权》2020年第4期。

17. 闫宇晨、徐棣枫：《创新保护与危机：美国商业秘密蟑螂问题研究》，《科学管理研究》2018年第4期。

18. 莫洪宪、刘峰江：《法益转向：商业秘密私权确立之刑事应对》，《电子知识产权》2018年第7期。

19. 顾成博：《经济全球化背景下我国商业秘密保护的法律困境与应对策略》，《学海》2020年第5期。

20. 唐稷尧：《扩张与限缩：论我国商业秘密刑法保护的基本立场与实现路径》，《政治与法律》2020年第7期。

21. 王文静：《论侵犯商业秘密罪中"重大损失"的认定原则》，《法学评论》2020年第6期。

22. 郑友德、钱向阳：《论我国商业秘密保护专门法的制定》，《电子知识产权》2018 年第 10 期。

23. 陈庆安：《论我国刑法中商业秘密与国家秘密的区别与认定》，《郑州大学学报》（哲学社会科学版）2017 年第 3 期。

24. 李薇薇、郑友德：《欧美商业秘密保护立法新进展及对我国的启示》，《法学》2017 年第 7 期。

25. 周克放：《欧盟商业秘密保护例外问题研究》，《电子知识产权》2018 年第 7 期。

26. 贺志军：《侵犯商业秘密罪"重大损失"之辩护及释法完善》，《政治与法律》2020 年第 10 期。

27. 冯晓青、涂靖：《商业秘密案件民刑交叉问题研究》，《河南大学学报》（社会科学版）第 6 期。

28. 邓恒：《商业秘密保护中竞业禁止的现实困境及解决路径考察制度的理论基础为研究范式》，《法学论坛》2021 年第 2 期。

29. 费艳颖、周文康：《商业秘密反向工程的功能、关系与路径探析》，《科技与法律》2021 年第 1 期。

30. 张海宁：《商业秘密即发侵权保护：不可避免披露制度的引人与重构》，《电子知识产权》2020 年第 10 期。

31. 谢焱：《商业秘密刑事条款与新〈反不正当竞争法〉的衔接》，《交大法学》2020 年第 4 期。

32. 朱尉贤：《商业秘密与员工基本技能的区分及冲突解决》，《知识产权》2019 年第 7 期。

33. 林秀芹：《商业秘密知识产权化的理论基础》，《甘肃社会科学》2020 年第 2 期。

34. 孜里米拉·艾尼瓦尔：《试论反不正当竞争法修正案的商业秘密条款》，《科技与法律》2020 年第 2 期。

35. 陈灿平、李妍:《我国商业秘密专门立法探讨》,《湖南大学学报》(社会科学版) 2021 年第 2 期。

36. 李治安、刘静雯:《由普通法观点论对商业秘密和机密信息的保护》,《交大法学》2020 年第 4 期。

37. 马忠法、李仲琛:《再论我国商业秘密保护的立法模式》,《电子知识产权》2019 年第 12 期。

38. 江苏省高级人民法院课题组:《知识产权诉讼中防范商业秘密泄露问题研究》,《法律适用》2018 年第 9 期。

39. 周澎:《中美商业秘密保护问题及对策研究》,《法学杂志》2020 年第 9 期。

40. 傅宏宇:《〈美国保护商业秘密法〉的立法评价》,《知识产权》2016 年第 7 期。

41. 宋建宝:《美国侵犯商业秘密罪的量刑依据问题及借鉴以美国〈经济间谍法〉为中心》,《法律适用》2015 年第 2 期。

42. 郑友德、王活涛、高薇:《日本商业秘密保护研究》,《知识产权》2017 年第 1 期。

43. 聂鑫:《商业秘密不可避免披露原则的制度发展与移植设想》,《知识产权》2016 年第 9 期。

44. 徐瑞:《商业秘密的保护与限制》,《知识产权》2015 年第 1 期。

45. 杨晓培:《商业秘密的罪与罚:经济学的进路分析》,《福建论坛》(人文社会科学版) 2016 年第 8 期。

46. 韩俊英:《商业秘密侵权惩罚性赔偿问题研究》,《情报杂志》2017 年第 5 期。

47. 董慧娟、李雅光:《商业秘密权中知识产权与信息财产权的耦合》,《江西社会科学》2015 年第 11 期。

48. 蔡元臻:《原物返还请求权的知识产权适用以商业秘密为分析对象》,《法律适用》2016 年第 12 期。

三 电子文献

1. 郑州中级人民法院民三庭:《商业秘密司法保护问题调研报告》,郑州市中级人民法院网站,2010 年 9 月 16 日,http://zzfy.hncourt.gov.cn/public/detail.php?id=15478。

2. 何建华:《从该案看侵犯商业秘密刑事案重大经济损失的认定侵害人已经生产的产品价值应认定为已经造成的经济损失的最低数额》,中国法院网,2004 年 8 月 6 日,https://www.chinacourt.org/article/detail/2004/08/id/127536.shtml。

3. 陈吉利、郑海山:《我国政府数据开放中的商业秘密数据保护路径探讨》,《电子政务》2021 年首发论文,https://kns.cnki.net/kcms/detail/11.5181.TP.20210127.1544.018.html。

后　记

　　商业秘密到底是什么？这一直是困扰笔者的问题。通说认为其属于知识产权，但为什么它和其他知识产权的差别如此之大？其他知识产权都是通过公开换取一种垄断性保护，而商业秘密则否。而且，既然是一种知识产权的话，为什么要放在反不正当竞争法中进行保护？如果不是一种知识产权的话，那又是什么？其在民法体系中到底占据一个什么样的地位？这是笔者10多年来一直思考的问题。在这个过程中，笔者又陆陆续续地处理了一些商业秘密案件，既有普通技术案件，也有软件程序方面的案件；既有民事案件，也有刑事案件；既有诉讼案件，也有非诉案件；既有侵权案件，也有确认不侵权案件。在这个过程中，笔者获得了大量第一手的资料和办案感受，加之通过对知识产权以及民法基础理论的学习和研究，逐步形成了自己的一些思考，本书即为这些思考系统化、成文化的体现。

　　本书的核心观点可以归纳为以下几点：第一，反不正当竞争法所保护的是不确定的法益，是竞争伦理，它对商业秘密所提供的是一种消极的保护，对商业秘密的积极利用、处分不能提供有效的指导；第二，商业秘密权的对象不同于知识产权的对象，也不同于其他民事权利的对象，商业秘密权的对象是各种信息，物权的对象是物，知识产权的对象是符号，债权的对象是债务人的行为，而第一层次的各种民事权利，如物权、债权、知识产权等，其划分的依据就是权利对象；第三，有必要在民法权利体系中列入一种新的权利，即商业秘密权，商业秘密权和物权、债权、知识产权等其他民事权利处于同一个层次上；第四，对企业而言，应当从战略、管理、利用、保护等四个角度全方位、全过程地考量商业秘密问题，建构商业秘密战略体系、管理体系、利用体系、保护体系，而不能仅仅局限于保护。

正是基于上述核心观点，本书描述商业秘密保护的历程和故事，梳理商业秘密保护的各种理论观点，厘清商业秘密的表现形式、载体、密点等核心概念，论述商业秘密的主要特征，划清商业秘密的界限，提出企业商业秘密建设的四大体系，描述企业商业秘密的各种实务保护模式，研究商业秘密侵权案件的各种处理技巧、经验做法，力求让读者对商业秘密基础理论、企业商业秘密保护实务以及商业秘密民事侵权处理实务等方面有全景式的了解和把握。

本书的写作起于 2017 年 5 月，断断续续，一直到 2019 年 7 月完成初稿，再到 2021 年 7 月经历多次修改。其间，关于商业秘密的法律规定变化较大。先是 2020 年 1 月 5 日中美达成经贸协议，其中，知识产权问题是中美经贸交往中存在的首要问题，而商业秘密问题已经上升为中美经贸谈判中知识产权领域的首要问题。2020 年 8 月 24 日，最高人民法院审判委员会第 1810 次会议通过《最高人民法院关于审理侵犯商业秘密民事案件适用法律若干问题的规定》。2020 年 12 月 26 日，第十三届全国人民代表大会常务委员会第二十四次会议通过《刑法修正案（十一）》，商业秘密部分的规定变动较大。本书陆续增补了相关内容。

感谢浙江省社会科学院的领导和同事多年来在科研和生活方面给予的各种帮助、支持和包容，使我能够怡然从事自己喜欢的研究工作。感谢邦信阳杭州分所杨高波主任及其他律所同人提供良好的办公环境。另外，还需要特别提及杭州电子科技大学法学院郑海味书记、刘晓峰老师以及北京天达共和（杭州）律师事务所谢平律师，我们一起参与了某大型上市公司商业秘密体系的梳理、讨论和建构，使我获得了大量一手资料。感谢邦信阳杭州分所何峻律师以及北京天达共和（杭州）律师事务所谢平律师对本书的校对。感谢上海市通力律师事务所王展律师团队经常参与讨论，团队成员包括姜哲律师、李婷律师、元柳芸律师、徐郡藜律师等。本书的责任编辑杨春花老师和文稿编辑王楠楠老师及时发现并修复了书稿中存在的众多瑕疵，在此一并致谢。

王　坤

2022 年 4 月于杭州

图书在版编目(CIP)数据

商业秘密的法理与技术 / 王坤著. -- 北京：社会科学文献出版社，2024.1（2024.5重印）
（中国地方社会科学院学术精品文库. 浙江系列）
ISBN 978-7-5228-1864-1

Ⅰ.①商… Ⅱ.①王… Ⅲ.①商业秘密-保密法-研究-中国 Ⅳ.①D923.404

中国国家版本馆CIP数据核字（2023）第095262号

中国地方社会科学院学术精品文库·浙江系列
商业秘密的法理与技术

著　　者 / 王　坤
出 版 人 / 冀祥德
组稿编辑 / 宋月华
责任编辑 / 韩莹莹
文稿编辑 / 王楠楠
责任印制 / 王京美

出　　版 / 社会科学文献出版社·人文分社（010）59367215
　　　　　 地址：北京市北三环中路甲29号院华龙大厦　邮编：100029
　　　　　 网址：www.ssap.com.cn
发　　行 / 社会科学文献出版社（010）59367028
印　　装 / 唐山玺诚印务有限公司
规　　格 / 开　本：787mm×1092mm　1/16
　　　　　 印　张：19.5　字　数：241千字
版　　次 / 2024年1月第1版　2024年5月第2次印刷
书　　号 / ISBN 978-7-5228-1864-1
定　　价 / 128.00元

读者服务电话：4008918866

版权所有 翻印必究